100 %
VISUEL

Lightroom 5

© Adobe

Jean-Claude Vallot

Micro Application

SOMMAIRE

1 INTERFACE ET PRINCIPES DE BASE

2 IMPORTER, EXPORTER, PUBLIER, RENOMMER

3 VISUALISER, TRIER

4 ORGANISER VOS PHOTOS

5 MODULE DÉVELOPPEMENT

SOMMAIRE

6 CORRECTIONS D'ORDRE TECHNIQUE

7 LES CORRECTIONS GLOBALES

8 LES CORRECTIONS LOCALES

9 IMPRESSION, LA MISE EN PAGE

10 IMPRIMER VOS PHOTOS

11 PERSONNALISER UN MODÈLE DE GALERIE

SOMMAIRE

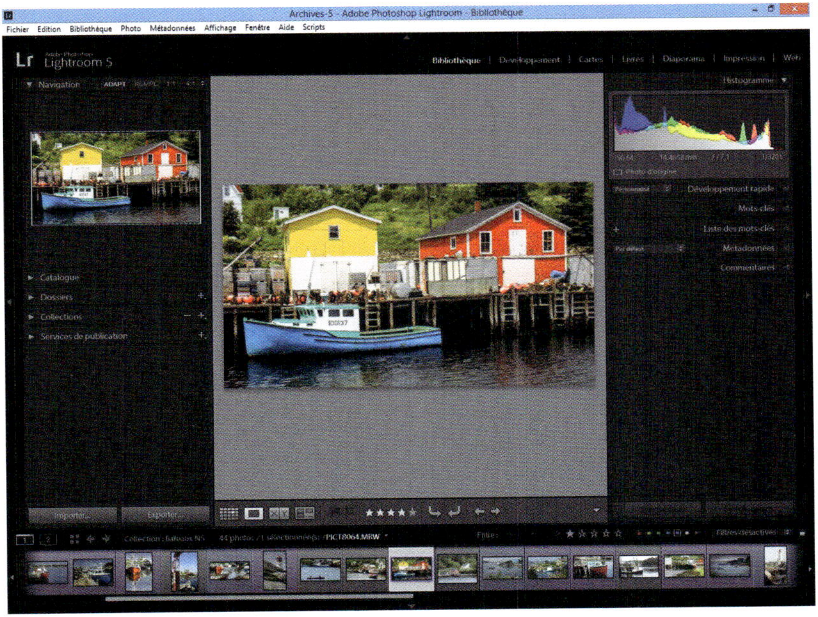
Archives-5 - Adobe Photoshop Lightroom - Bibliothèque
Fichier Edition Bibliothèque Photo Métadonnées Affichage Fenêtre Aide Scripts
Lightroom 5
Bibliothèque | Développement | Cartes | Livres | Diaporama | Impression | Web
Navigation
Histogramme
Développement rapide
Mots-clés
Liste des mots-clés
Métadonnées
Commentaires
Catalogue
Dossiers
Collections
Services de publication
Importer...
Exporter...
PICT8064.MRW

CHAPITRE 1

INTERFACE ET PRINCIPES DE BASE

Découvrir l'interface

Lightroom est un logiciel de traitement d'images modulaire. Il vous permet d'enregistrer, de trier, d'organiser, de développer et de partager vos images. Pour ce faire, son interface modulable offre la possibilité d'adapter votre espace de travail en fonction des tâches à accomplir.

1 L'espace de travail.

2 Les panneaux latéraux et leurs onglets.

3 La Bande film (présente dans tous les modules).

4 Le Sélecteur de modules. Cliquez sur un titre pour changer de module de travail.

5 Ces triangles permettent de masquer ou de rappeler les divers panneaux de manière à adapter l'espace de travail.

6 Accédez aux options automatiques ou semi-automatiques de masquage et de rappel des panneaux par **clic droit** sur un des triangles.

APPRENEZ LES RACCOURCIS CLAVIER **Dès le début, n'hésitez pas à apprendre les raccourcis clavier de Lightroom. Cela vous facilitera la vie. Ce n'est pas très compliqué. La plupart des raccourcis fonctionnent soit sur un mode alternatif (tapez plusieurs fois sur Tab) soit sur un mode circulaire (tapez plusieurs fois sur L comme « lumière » !). La touche F permet de passer en mode de Plein écran et d'en sortir (alternatif).**

7 Raccourcis clavier : **Tab** masque et rappelle les panneaux latéraux ; **Maj enfoncée** + **Tab** masque et rappelle tous les panneaux.

8 Masquez ou affichez vos onglets par **clic droit** sur leur titre. L'option **Mode Solo** est très pratique. Elle permet de n'avoir qu'un onglet ouvert à la fois.

9 Accédez, par **clic droit** sur un des noms de modules, aux options de masquage.

10 Notez ces deux triangles à tête opposées. En cliquant dessus, où que vous les rencontriez, ils donnent accès à un menu déroulant d'options. Vous pouvez aussi cliquer sur la ligne de texte, c'est peut-être plus facile.

Régler les Préférences

On accède au réglage des Préférences par le menu Édition (PC) et Fichier (Mac). Le réglage des Préférences de Lightroom permet d'ajuster à votre goût le fonctionnement de Lightroom sur des points de détail. La liste proposée ici n'est pas exhaustive.

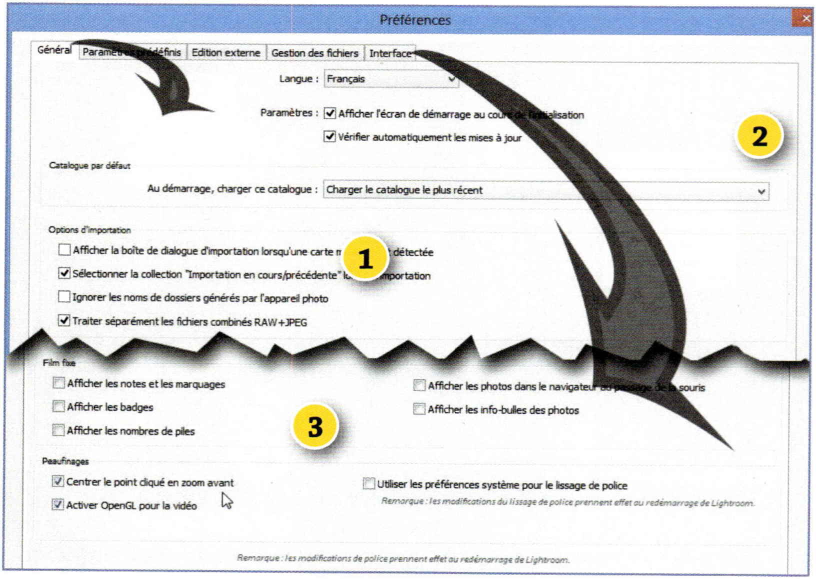

1 **Onglet Général** : optez pour ces réglages. Cela vous évitera d'ouvrir LR chaque fois que vous branchez une clé USB et d'avoir vos fichiers en double quand vous shootez en RAW + JPEG. Décochez l'option : **Sélectionner la collection Importation en cours...** pour ne pas être ramené dans cette collection alors que vous travailliez sur d'autres photos après avoir lancer l'importation.

2 Laissez le réglage par défaut **Charger le catalogue le plus récent**.

3 **Onglet Interface** : cochez les deux cases **Centrer le point cliqué en zoom avant** et **Activez Open GL pour la vidéo** et réglez les options d'affichage des informations de la Bande film à votre convenance. Les badges de la Bande film (film fixe) peuvent parfois être gênants.

LES RÉGLAGES RELATIFS À L'ONGLET ÉDITION EXTERNE sont traités en détail dans la fiche consacrée à l'utilisation d'Éditeurs de traitement photo externes à Lightroom. Ils portent essentiellement sur la qualité des fichiers créés à cette occasion (format, espace colorimétrique, profondeur de bits), ainsi que sur leur dénomination (différenciées par rapport à l'original) cf. fiche 065.

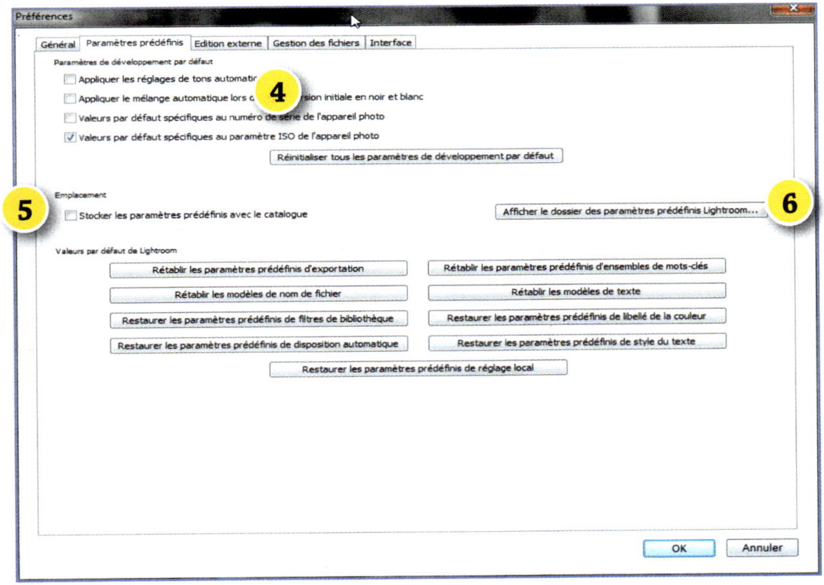

Onglet Paramètres prédéfinis :

4 Cochez ou pas l'option **Valeurs par défaut spécifiques au paramètre ISO de l'appareil photo en fonction de vos choix** (cf. fiche **050**).

5 Tous les réglages prédéfinis de Lightroom sont enregistrés par défaut dans un dossier **Lightroom** sur le disque **C**. Cette option (**Stocker les paramètres**...) permet aux nomades qui travaillent sur plusieurs ordinateurs d'enregistrer leurs paramètres prédéfinis avec leur catalogue, sur un disque externe, et non sur ces ordinateurs.

6 Accédez aux dossiers des paramètres Lightroom prédéfinis par ici quand vous souhaitez en faire une sauvegarde par exemple.

Bien organiser vos dossiers

Par défaut lors de l'installation, le logiciel crée un dossier Lightroom dans le dossier Images. C'est là que sont stockés deux banques de données : le Catalogue et les Previews ou Aperçus et un dossier : le dossier Backups.

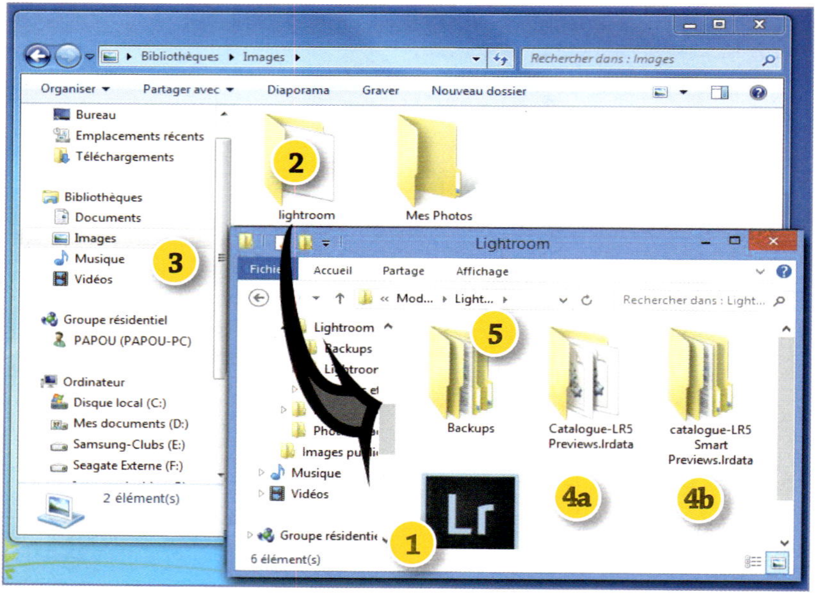

1 Emplacement par défaut du Catalogue (fichier en .lrcat) qui contient tout votre travail sous forme d'instructions de calcul au format **.txt**.

2 Dossier **Lightroom** lui-même.

3 Dossier **Images**.

4a Dossier **Previews**, contient tous les aperçus créés. Ceux que vous voyez quand vous utilisez Lightroom et non pas vos photos originales.

4b Dossier **Aperçus dynamiques** (cf. fiche **019**).

5 Les sauvegardes catalogue, **Backups**, sont placées ici par défaut.

MODIFIEZ L'ORGANISATION DE VOS DOSSIERS PHOTO **Réservez un disque dur externe dédié à la photo sur lequel installer votre dossier Lightroom à côté de tous vos dossiers photo regroupés dans un dossier parent. Cela vous permettra de travailler où que vous soyez sur vos photos à partir de n'importe quel ordinateur équipé de Lightroom.**

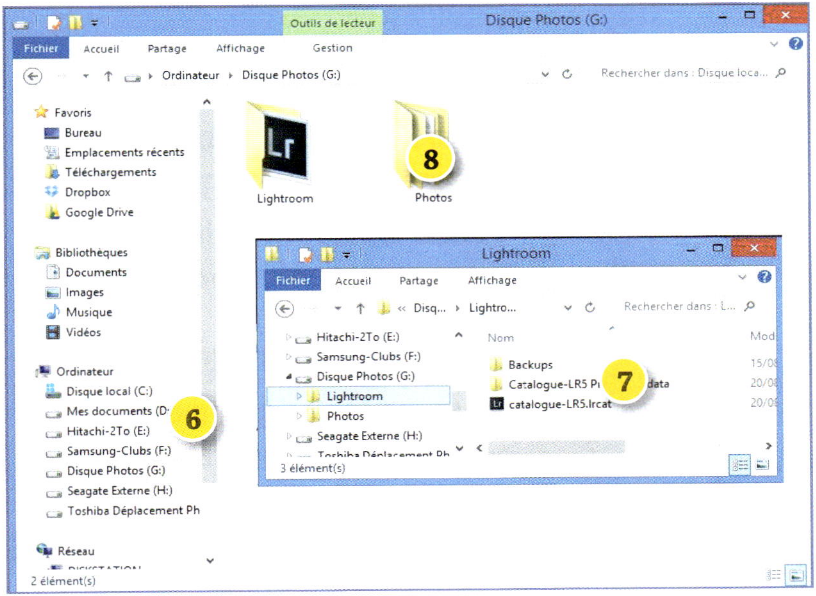

6 Un disque dur externe dédié à la photographie.

7 Votre fichier catalogue et, à côté, le dossier des aperçus. Après avoir déplacé votre catalogue, ouvrez-le aussitôt par **double-clic** sur le fichier en .lrcat, sinon vous obtiendrez un message d'erreur **catalogue Lightroom introuvable** à la prochaine ouverture. Notez que les sauvegardes sont ailleurs sur un autre disque dur pour ne pas mettre tous ses œufs dans le même panier !

8 Les dossiers parents de vos dossiers photos. Ici **Mes Photos**.

Synthèse des principes de fonctionnement

Assimilez ces quelques concepts pour réussir votre apprentissage. Cela représente cinq minutes de lecture pour bien les comprendre et quelques jours d'efforts pour s'habituer à les utiliser. Vous serez récompensé au centuple !

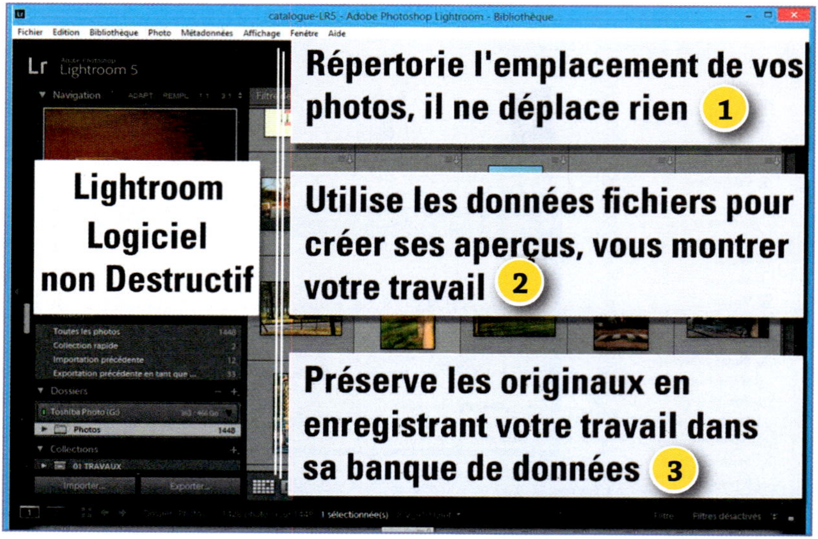

1 C'est ce que vous faites en procédant à l'opération appelée trompeusement **Importer**.

2 Ces aperçus sont créés à la volée en fonction des besoins. Pour votre confort et la rapidité de lecture, le dernier aperçu fabriqué est enregistré en cache dans le dossier **Previews**. Si ce dossier venait à être détruit, cela serait sans importance puisque Lightroom peut reconstruire ces aperçus à la demande tant qu'il sait où se trouvent les fichiers originaux.

3 Tout ce que vous faites sur vos photos : développement, attribution de mots-clés, légendes, etc. est enregistré dans un petit registre au format texte, associé au nom de la photo dans le fichier **Catalogue.lrcat**. Ce fichier est donc très précieux.

ADOPTEZ UN PROCESSUS DE TRAVAIL (WORKFLOW) C'est une question d'organisation, de méthodologie à adopter dans votre façon de procéder. Cela vous libère de préoccupations secondaires et vous place dans un climat de sécurité propice à l'action créative. Adopter les trois points évoqués ci-dessous fait partie intégrante du « WorkFlow » Lightroom...

Changez vos habitudes !

Lightroom enregistre l'emplacement de vos photos de manière à toujours avoir sous la main les données du fichier et pouvoir ainsi construire à la volée les aperçus qui vous permettent de visualiser vos corrections... Dans un certain nombre d'autres modules (Impression, Livre), LR a besoin d'accéder à tous les pixels de l'image pour réaliser ce que vous lui demandez. Dans beaucoup de cas les aperçus dynamiques permettent de suppléer aux originaux. (cf. fiche **019**).

RENONCEZ À UTILISER VOTRE EXPLORATEUR DE DOSSIERS

N'utilisez plus cet outil pour renommer, déplacer des fichiers ou des dossiers, réorganiser vos photos. Lightroom perdrait le chemin qui mène à ces fichiers et vous iriez au devant de graves ennuis : fichiers manquants, vignettes avec « **!** ».

Enregistrer sous ? C'est inutile !

Enregistrer votre travail après avoir réglé une image est inutile. Lightroom le fait automatiquement. Il enregistre tout ce que vous faites sous forme d'instructions au format texte dans sa banque de données : le catalogue.

Le dernier stade de développement d'une image est toujours disponible dans tous les modules.

Ctrl + **Z** permet de revenir dans l'ordre chronologique inverse sur toutes les étapes de votre travail. **Ctrl** + **Y** de faire le chemin inverse si nécessaire.

Sauvegarder le catalogue ? C'est indispensable!

C'est une étape incontournable de votre processus de travail. C'est la première chose à paramétrer (cf. fiche **006**).

Pensez à enregistrer cette sauvegarde sur un autre disque dur que celui sur lequel est enregistré votre catalogue.

Notez que Lightroom ne s'embarrasse pas à vous proposer la sauvegarde de l'autre Banque de données que sont les Aperçus (**Previews**). Il peut les reconstruire à la volée.

Localiser vos photos

Où sont vos photos une fois importées dans Lightroom? C'est une question qui hante les utilisateurs débutants et même confirmés... La réponse est : là où vous les avez enregistrées. En revanche, Lightroom vous permet de les voir toutes d'un seul coup !

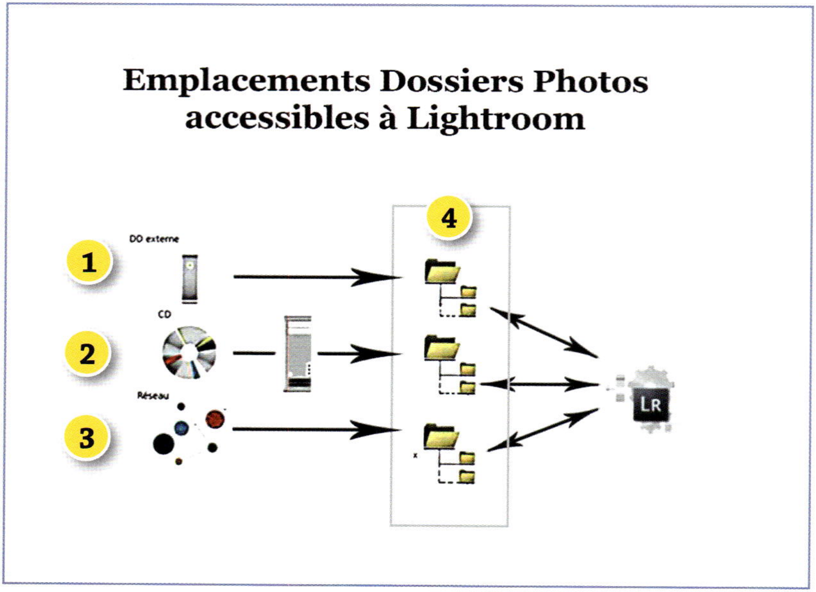

1 Disques durs système ou externes.

2 CD ou DVD.

3 Emplacements réseau.

4 Ensemble des dossiers Photos répertoriés dans l'onglet Dossiers de Lightroom.

Note : Il est en revanche impossible de stocker le catalogue (.lrcat) sur un emplacement réseau !

LIGHTROOM NE MODIFIE JAMAIS VOS FICHIERS ORIGINAUX **Faites l'expérience avec une photo que vous avez profondément modifiée dans Lightroom. Retrouvez et lisez l'original à l'aide d'une autre application. Vous constaterez que l'original n'a pas été modifié et se trouve toujours à la même place, dans le dossier où il a été enregistré...**

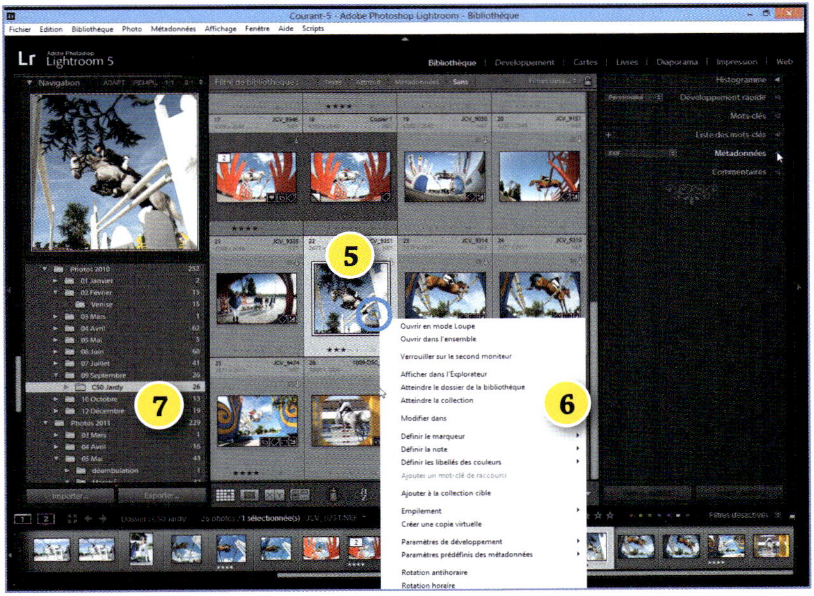

5 Sélectionnez une photo.

6 **Clic droit** puis sélectionnez **Afficher dans l'Explorateur**. Vous accédez ainsi au dossier qui contient l'original de cette image. Vous pouvez l'ouvrir et constater qu'elle n'a pas été modifiée. Lightroom a enregistré toutes les modifications dans sa Banque de données : le catalogue en .lrcat. **Attention, pour lire les fichiers Raw avec le lecteur Windows** vous devez installer le Pack "Microsoft Camera Codec" : faites une recherche sur le Net pour le télécharger.

7 La même option **Afficher dans l'explorateur** existe pour un dossier...

Paramétrer les Sauvegardes du Catalogue

La sauvegarde de votre catalogue se paramètre en deux temps : d'abord, vous réglez la fréquence des sauvegardes, ensuite, vous définissez l'emplacement où celles-ci sont enregistrées.

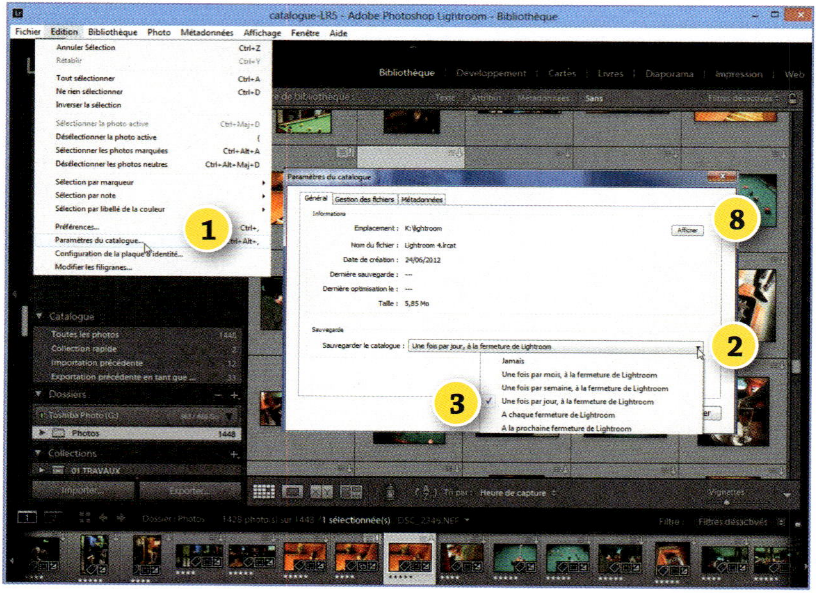

1 Menu **Édition** (PC) **Lightroom** (Mac). Sélectionnez **Paramètres du catalogue**.

2 Choisissez la fréquence des sauvegardes.

3 Confirmez votre choix en cliquant sur **OK** et rouvrez les paramètres catalogue pour choisir cette fois l'option **A la prochaine fermeture de Lightroom**. Confirmez ce choix et fermez le catalogue.

4 À la fermeture, **Sélectionner** l'emplacement de vos sauvegardes. (Illustration page suivante).

5 Choisissez un disque dur différent de celui qui abrite votre catalogue.

CARACTÉRISTIQUES DES SAUVEGARDES **Sachez qu'elles ne sont pas incrémentales. Chaque sauvegarde est une copie conforme de tout votre catalogue. Il faudra donc supprimer les plus anciennes de temps en temps. Par ailleurs, tous vos paramètres prédéfinis sont stockés sur le disque C. Vous avez intérêt à en faire une copie manuellement car ils ne font pas partie de la sauvegarde (voir fiche 002, point 6 pour y accéder).**

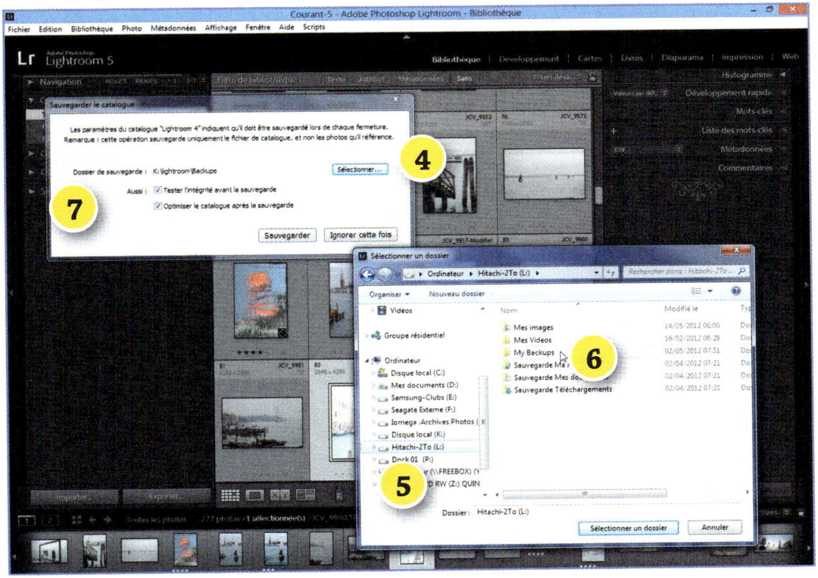

6 Enregistrez vos sauvegardes dans un dossier **Backups** qu'il faudra aller vider de temps en temps. Chaque sauvegarde est enregistrée dans un dossier qui a pour titre la date de l'opération. En cas de besoin, il suffit de remplacer par copier-coller le catalogue défaillant par la dernière sauvegarde. Les deux fichiers sont strictement identiques.

7 À chaque sollicitation, pensez à cocher les cases **Tester l'intégrité avant la sauvegarde catalogue** et **Optimiser le catalogue**.

8 Sachez que si vous avez des doutes, vous pouvez retrouver l'emplacement où est enregistré votre catalogue par le biais de ce bouton. (Voir illustration page précédente).

Maîtriser les métadonnées, doubler vos sauvegardes

Les métadonnées sont des informations rédigées en format texte. À la prise de vue, l'appareil photo en écrit un certain nombre dans les fichiers photo (EXIF). Lightroom les enregistre à l'importation. Par la suite, il écrit tout ce que vous faites sous forme de métadonnées dans sa banque de données. (Étoiles, mots-clés, corrections, etc.)

1 Ouvrez l'onglet Métadonnées et cliquez sur la fenêtre à côté du titre.

2 Choisissez **Description rapide** dans la liste. Les pros préfèrent plus d'informations (EXIF et IPTC).

3 Lightroom affiche les principales métadonnées, associées à l'image sélectionnée, dans cette fenêtre. Cela dépasse largement les Exifs.

4 Ajoutez-en ! Attribuez **Titres** et **Légendes** personnalisés à vos photos en cliquant dans les cases de saisie de texte.

5 Cliquez sur une de ces flèches pour retrouver dans l'ensemble de vos photos toutes celles qui ont la même caractéristique de date, d'objectif, de sensibilité d'ISO... que celle de la photo sélectionnée.

METTRE À JOUR LES MÉTADONNÉES : UNE DEUXIÈME SAUVEGARDE **Lightroom a la possibilité de compléter les métadonnées du fichier (Exifs) en ajoutant à celles-ci toutes les informations en sa possession. Il écrit cela dans le fichier pour les TIFF et les JPEG. Il l'enregistre dans un fichier annexe (XMP) pour les RAW. Ces informations sont directement exploitables par les logiciels Adobe et constituent ainsi une autre sauvegarde.**

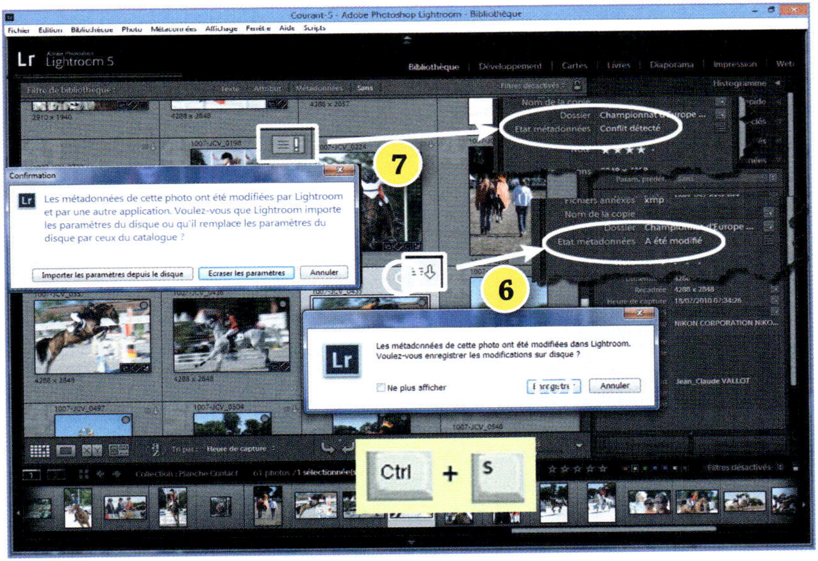

6 Cette icône indique qu'il y a une différence entre les métadonnées enregistrées dans le fichier JPEG, TIFF ou XMP (RAW) et les métadonnées enregistrées par Lightroom dans sa banque de données. L'information est répétée dans **État métadonnées**. Rien de plus normal puisque vous avez travaillé sur cette image dans Lightroom. Vous résolvez ce problème en cliquant sur la flèche puis sur **Enregistrer**. Vous pouvez aussi utiliser le raccourci clavier **Ctrl** + **S**.

7 Un point d'exclamation signifie que vous avez modifié la photo dans Photoshop sans passer par Lightroom. Cliquez dessus et décidez quelle est la version à conserver.

Créer un modèle de métadonnées

La sauvegarde par mise à jour des métadonnées n'est pas une chose essentielle ni primordiale dans votre routine de travail, dans la mesure où vous avez pris soin de programmer une sauvegarde régulière du catalogue comme indiqué dans la fiche **006**.

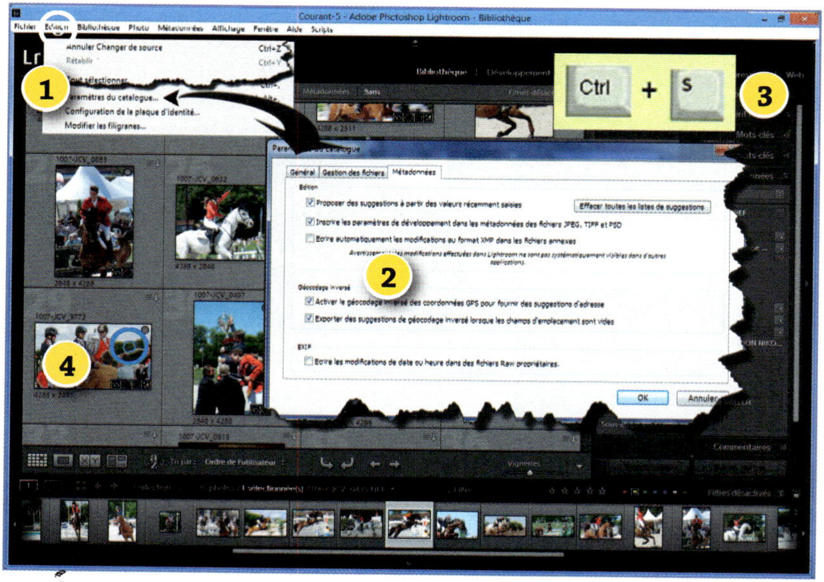

1 Ouvrez **Paramètres du catalogue** dans le menu **Édition** (PC) **Lightroom** (Mac).

2 Cochez dans la fenêtre **Métadonnées** la case **Écrire les paramètres de développement ... //... PSD**. Ne pas cocher **Écrire automatiquement les modifications au format XMP...** Cela ralentit le fonctionnement de Lightroom.

3 Choisissez d'enregistrer tout votre travail dans les métadonnées, à votre initiative, en utilisant le raccourci clavier **Ctrl + S**.

4 Par **clic droit** sur une image, choisissez **Afficher dans l'explorateur** pour voir à quoi ressemble un fichier .xmp. Modifiez son extension en .txt et ouvrez-le... (pensez à lui rendre son extension ensuite).

CRÉER UN MODÈLE DE MÉTADONNÉES **Les métadonnées offrent une protection très relative de vos droits d'auteur. Cela dépend de l'honnêteté des utilisateurs en bout de chaîne. Pour plus d'informations pertinentes dans ce domaine, consultez le site de Joëlle Verbrugge « Droit et Photographie ». À ces réserves près, il est intéressant de toujours associer un copyright à vos photos à l'aide d'un modèle de métadonnées.**

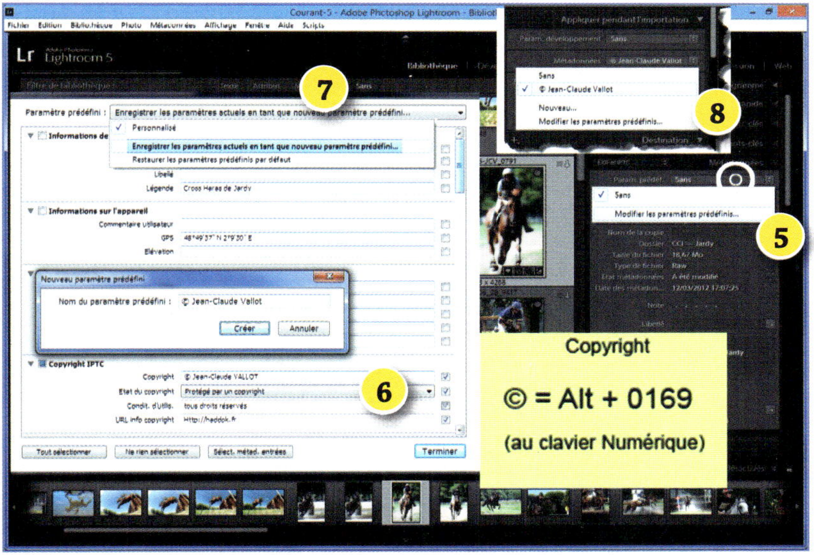

5 Cliquez sur la fenêtre de **Paramètre prédéfini** et choisissez l'option **Modifier...**

6 Remplissez soigneusement les champs de **Copyright IPTC**. Assurez-vous que seules sont cochées les cases dont les renseignements portés dans le champ sont applicables à toutes vos photos.

7 Cliquez sur la fenêtre **Paramètre prédéfini** et choisissez l'option **Enregistrer les paramètres actuels en tant que nouveau paramètre prédéfini**.

8 Appliquez ce modèle à toutes les photos à l'importation en le sélectionnant dans **Métadonnées** de l'onglet **Appliquer pendant l'importation**.

Note : Appliquez cela rétroactivement à vos photos. Sélectionnez-les toutes. Cliquez sur **Param. prédéf**. Choisissez votre modèle. Appliquez-le à toutes.

CHAPITRE 2

IMPORTER, EXPORTER, PUBLIER, RENOMMER

Répertorier des photos existantes

C'est la première chose à faire une fois que vous avez installé Lightroom. Beaucoup de débutants n'osent pas tout répertorier. En général pour des raisons de tri, ou par peur de ce qui peut se passer... C'est pourtant sans risque puisque Lightroom ne déplace rien.

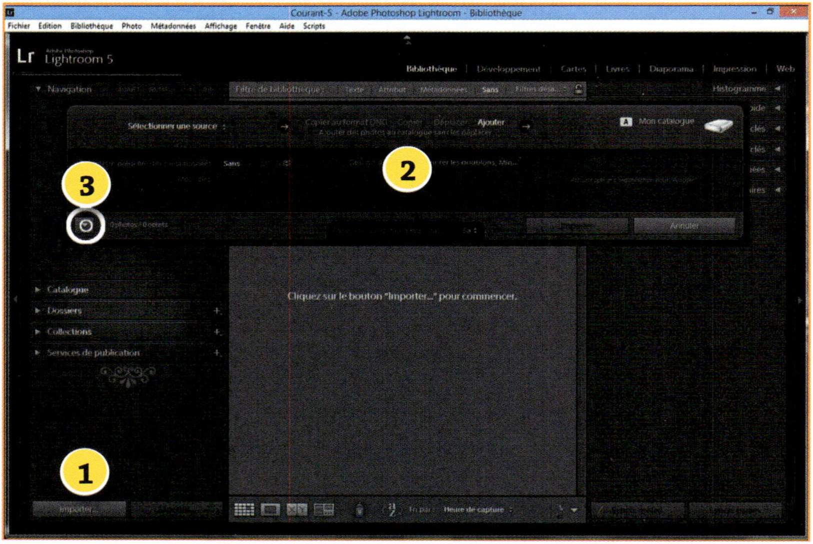

1 Cliquez sur **Importer**.

2 Boîte d'importation réduite.

3 Déployez l'interface en cliquant sur ce petit triangle.

4 Sélectionnez le ou les dossiers photo. Effectuez une sélection multiple de dossiers photo par **Ctrl** + **clic** (voir les puces sur la page de droite).

5 Cochez la case **Inclure les sous-dossiers**. Il faut qu'un dossier soit sélectionné pour qu'elle soit visible.

6 Sélectionnez l'option **Ajouter**. Vous ne faites, encore une fois, qu'ajouter le chemin qui mène aux photos originales dans la banque de données de Lightroom : le **Catalogue**.

RETROUVEZ FACILEMENT SUR QUELS CD/DVD SONT VOS PHOTOS **Quand vous répertoriez des photos qui sont enregistrées sur des CD ou DVD, écrivez au fur et à mesure un nom sur chaque CD /DVD au feutre indélébile et attribuez aussitôt ce nom en tant que mot-clé à toutes les images importées (fiche 029). Cela vous permet ensuite de retrouver facilement sur quel CD /DVD sont vos photos en lisant les mots-clés qui leur sont attribués.**

7 Assurez-vous que **Ne pas importer d'éventuels doublons** est coché, choisir l'option **Minimum** dans **Rendu des aperçus** (plus rapide).

8 N'utilisez pas à ce stade un réglage de développement prédéfini, attendez d'être familier avec ces options. En revanche, appliquez votre modèle de métadonnées (cf. fiche **008**).

9 Sélectionnez toutes les photos de l'espace central si ce n'est pas déjà fait. Il est vain de vouloir faire une sélection des images à importer à ce stade. C'est tellement plus facile de trier, une fois que les photos sont dans Lightroom.

10 Cliquez sur **Importer**.

Mettre à jour un catalogue, photos manquantes

On peut utiliser deux méthodes (Synchroniser ou Importer). On privilégiera la méthode Synchroniser, décrite ci-dessous, quand on aura ajouté (enregistré) des photos dans un dossier avec ordre, mais pas avec la bonne méthode...

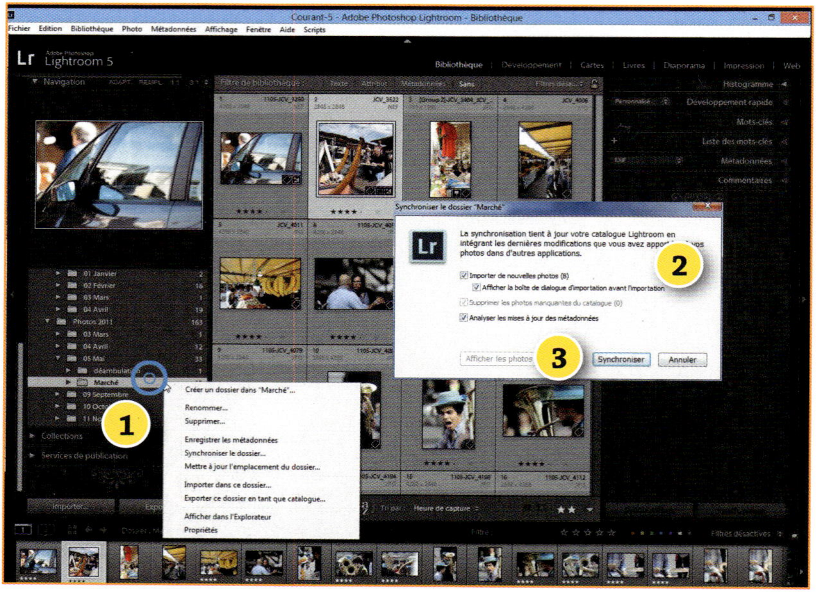

1 Sélectionnez l'option **Synchroniser le dossier** par clic droit sur le dossier à mettre à jour.

2 Cochez les options **Importer de nouvelles photos** et **Afficher la boîte de dialogue avant ... // ... importation** Ne cochez pas : **Supprimer les photos manquantes du catalogue**, c'est dangereux si ces photos sont ailleurs, en raison d'une manipulation intempestive à l'extérieur de Lightroom, vous perdriez tout le travail réalisé sur ces photos. L'opération efface dans la banque de données le «registre» dans lequel sont enregistrées toutes les interventions que vous avez faites. Vous garderiez néanmoins les originaux. Ils ne risquent rien dans l'opération.

3 Cliquez sur **Synchroniser**.

IMPORTER, EXPORTER, PUBLIER, RENOMMER 010

UTILISEZ LA FONCTION IMPORTER POUR METTRE À JOUR VOTRE CATALOGUE Procédez ainsi quand vous avez omis d'importer toutes vos images la première fois ou quand vous avez inconsidérément renommé, modifié l'emplacement de dossiers et/ou de photos, et que vous ne vous souvenez plus de ce que vous avez fait et n'auriez pas dû faire...

Lancez une importation puis :

4 à **8** vérifiez que toutes les options sont bien réglées (cf. fiche **009**).

9 Ces photos grisées existent déjà dans le catalogue. Ce sont des doublons écartés par les réglages que vous avez fait précédemment.

10 Lancez l'importation. Elle répertorie les nouvelles photos et permet de retrouver les photos perdues (renommées, déplacées, etc.). Vous risquez néanmoins de perdre une partie du travail réalisé sur ces photos si Lightroom n'arrive pas à réconcilier les informations qu'il possède dans sa banque de données avec ces photos.

Importer à partir d'une carte mémoire

Cette opération diffère des précédentes en ce qu'elle permet de transférer des photos vers un nouvel emplacement de stockage. Deux types d'enregistrement sont possibles selon le mode d'organisation que vous préférez : par dossiers ou par dates.

1 Carte mémoire automatiquement détectée (puis rejetée à la fin).

2 L'option **Copier** est sélectionnée automatiquement. Vous pouvez aussi choisir **Copier au format DNG**.

3 Créez une sauvegarde et/ou renommez les fichiers à l'importation.

4 Choisir **Organiser dans un dossiers**.

5 Sélectionnez le dossier de destination. Éventuellement créez un nouveau dossier par clic droit sur le titre du dossier parent.

6 Enregistrez éventuellement vos photos dans un sous-dossier.

7 Cliquez sur **Importer**.

IMPORTEZ ET CLASSEZ VOS PHOTOS PAR DATE **Année/mois/jour. C'est la technique recommandée. Elle permet de regrouper vos photos par thème si l'on considère que vous prenez rarement deux thèmes différents dans la même journée. Combinée avec une organisation de vos photos en collection, cette méthode est très efficace !**

8 Choisissez l'option par date.

9 Choisissez la formulation des dates. Lightroom créera les dossiers nécessaires et rangera les futures importations dans les bons dossiers dates à condition de rester homogène et d'adopter cette option à long terme.

10 Aperçu du résultat en fonction des choix de formulation des dates.

11 Importez toutes les photos.

12 Vous avez la possibilité d'enregistrer ces réglages comme paramètres d'importation prédéfinis (utile uniquement si vous gérez plusieurs catalogues clients répartis sur plusieurs disques différents).

Gérer vos dossiers et photos

Dès que vous avez lancé une importation, vous basculez dans le module Bibliothèque. Petit à petit, les vignettes de vos photos s'affichent et vous retrouvez dans l'onglet Dossiers toute l'arborescence des dossiers photo importés (si vous avez coché la case "Sélectionnez l'importation en cours..." dans les Préférences).

1 **Importation précédente** dans l'onglet **Catalogue** permet de retrouver toutes les photos de la dernière opération d'importation.

2 L'onglet **Dossiers** fonctionne comme votre Explorateur de dossiers.

3 En superposition, l'Explorateur de dossiers - Les deux arborescences Dossiers sont identiques.

4 Ce menu contextuel obtenu par clic droit sur le titre d'un dossier (**cmd** + **clic** sur Mac) permet de créer, supprimer, renommer un dossier.

5 Déplacez un ou des dossiers par **glisser-déposer.** Consultez l'étude détaillée sur la gestion des dossiers dans la fiche **031**.

RETROUVER DES PHOTOS MANQUANTES **Si vous utilisez l'Explorateur de dossiers pour réorganiser, renommer ou déplacer vos dossiers et/ou vos photos au lieu de faire cela depuis Lightroom, vous serez confronté au discret message d'erreur Photos manquantes (6). Si vous vous souvenez de ce que vous avez fait, voici la méthode pour « réconcilier » Lightroom avec le chemin qui mène aux photos ou dossiers manquants.**

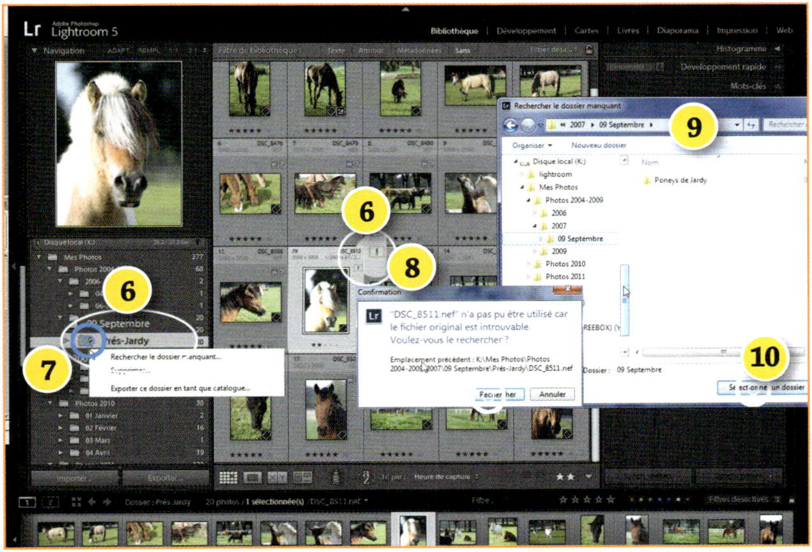

6 Les **« ! »** des fichiers manquants et les « **?** » des dossiers manquants.

7 Par un clic droit, sélectionnez l'option **Rechercher le dossier manquant**.

8 Par un **Clic direct** sur le point d'interrogation d'une photo, choisissez l'option **Rechercher**.

9 Utilisez l'exportateur de dossiers pour indiquer à Lightroom le nouvel emplacement du dossier ou de la photo qui manque.

10 Cliquez sur **Sélectionner un dossier**.

Note : Ne soyez pas étonné, tous les outils du module Développement sont grisés, inopérants en cas de photo manquante sauf si vous avez un aperçu dynamique.

Exporter des photos

La fonction Exporter est le corollaire du mode de fonctionnement non destructif de Lightroom. Les photos enregistrées sur votre ordinateur sont restées telles qu'elles ont été faites à la prise de vue. Pour les montrer à l'extérieur, il faut « exécuter » toutes les instructions enregistrées dans le catalogue et créer un autre fichier photo.

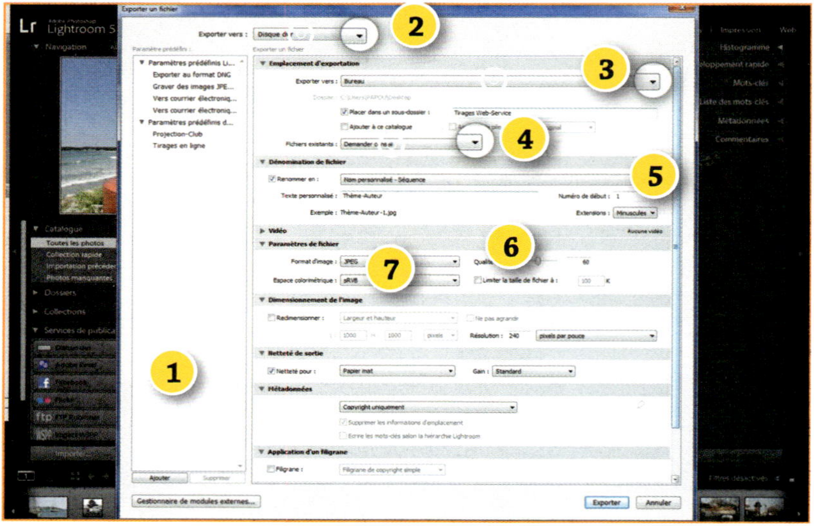

1 Sélectionnez les photos à exporter et cliquez sur le bouton **Exporter** du panneau latéral gauche dans le module **Bibliothèque**.

2 Choisissez le type d'exportation.

3 Choisissez éventuellement l'emplacement du dossier ou sous-dossier d'exportation.

4 Laissez le réglage par défaut **Demander conseil**.

5 **Fonction renommer** voir fiche **018**.

6 Réglez le format fichier.

7 Réglez l'espace colorimétrique. Choisir sRVB pour le Web ou pour des impressions en ligne, ProPhotoRVB pour des tirages par des labos professionnels.

TOUTES LES RESSOURCES DE PARTAGE ET D'EXPORTATION INTÉGRÉES **Les modules Livre, Diaporama, Impression, Web et dans le module Bibliothèque les services de publication vers Facebook, Flickr et la fonction intégrée d'envoi de photos par e-mail limitent le recours à la fonction Exporter à quelque cas particuliers comme l'envoi de photos pour un concours, une présentation par vidéoprojection, etc.**

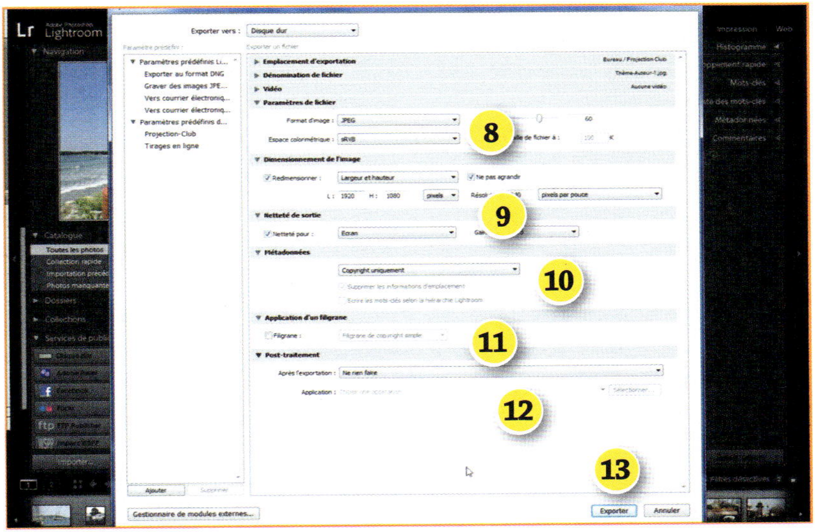

8 Définissez les paramètres de redimensionnement.

9 Netteté : définissez les paramètres d'accentuation, le type de support, la puissance (**Faible** = portrait, pastel ; **Élevé** = paysages, matière ; **Standard** quand on hésite).

10 **Métadonnées** : limitez ou pas la publication des informations associées (Exifs, mots-clés, lieu).

11 Appliquez ou pas un **filigrane**.

12 Post-traitement : option **Afficher dans l'explorateur** pour vérifier que vous n'avez pas oublié de photos !

13 Cliquez sur **Exporter**.

Paramètres d'exportation prédéfinis

D'une façon générale, les réglages prédéfinis font partie de ces petites choses qui vous permettent d'utiliser davantage votre appareil photo plutôt que de perdre du temps devant votre ordinateur. Beaucoup de ces préréglages sont installés par défaut. On peut aussi très facilement créer les siens.

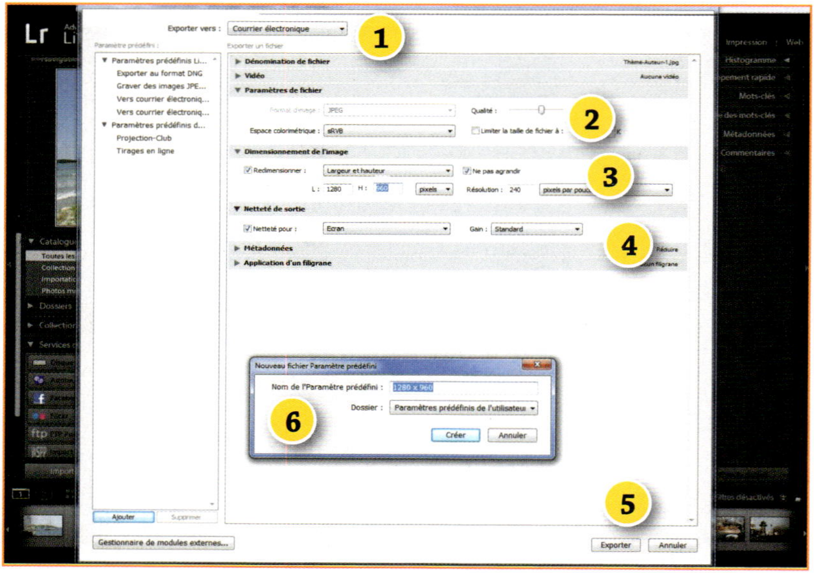

1 Choisissez le type d'exportation à régler (ici courrier électronique).

2 Utilisez les réglages paramètres fichiers par défaut **sRGB**, **JPEG**.

3 Définissez des dimensions spécifiques du fichier à l'exportation (attention au poids !).

4 Choisissez une accentuation en fonction de la nature et de la destination finale de vos images (écran ou papier / détails - portraits).

5 Cliquez sur **Ajouter**.

6 Donnez un nom (ex : 1 280 x 960) à ce nouveau paramètre prédéfini. Choisissez dans quel dossier l'enregistrer et cliquez sur **Créer**.

UTILISEZ UN PARAMÈTRE D'EXPORTATION PRÉDÉFINI **La fonction Exporter offre un certain nombre de réglages prédéfinis qui accélèrent l'exécution des tâches en évitant d'avoir à reprendre tous les réglages d'exportation pour certains cas types. Ces réglages prédéfinis par défaut peuvent être enrichis de réglages prédéfinis utilisateurs.**

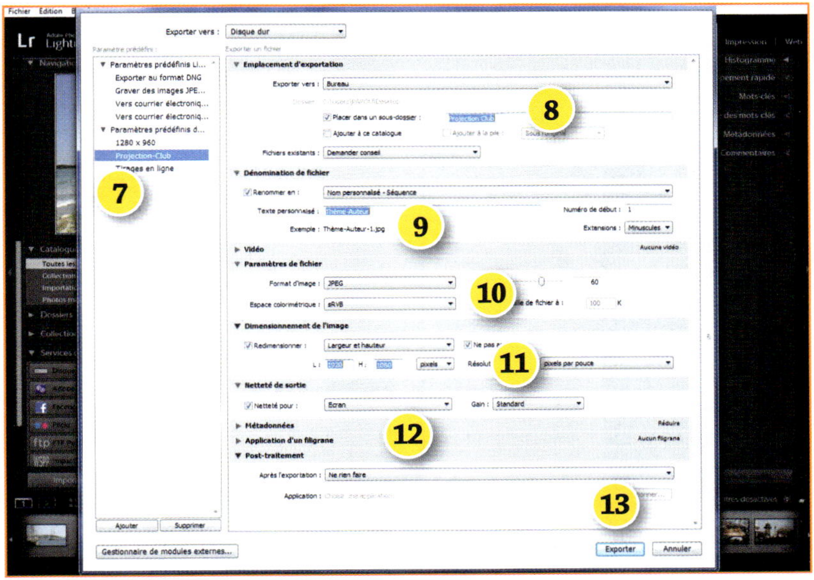

7 Choisissez un réglage prédéfini ou utilisateur (ici Club) enregistré pour préparer des images à projeter.

8 Positionnez le dossier sur le Bureau (durée de vie éphémère).

9 **Renommer en** : saisissez dans Texte personnalisé les paramètres d'identification que vous souhaitez.

10 **Paramètres de fichier** (sRGB, JPEG) est réglé.

11 **Dimensionnement de l'image** est réglé.

12 Choisissez les paramètres d'accentuation (**Netteté**).

13 Cliquez sur **Exporter**...

Envoyer des photos par courrier électronique

La fonction Envoyer des photos par e-mail est très pratique. Elle vous évite d'avoir à exporter à un format et à des dimensions spécifiques vos images dans un dossier provisoire pour les envoyer ensuite par e-mail et mettre le dossier provisoire à la poubelle...

1 Sélectionnez une ou plusieurs photos.

2 Appelez le menu contextuel par clic droit sur une photo et choisissez **Envoyer des photos par courrier électronique**.

3 La première fois, cliquez ici pour accéder au **Gestionnaire du compte de messagerie de Lightroom** muni des paramètres de connexion fournis par votre prestataire de services.

PARAMÉTRAGE DE VOTRE COMPTE DE MESSAGERIE **La première fois que vous accédez à cette fonction, vous devez commencer par ajouter un compte. Ne soyez donc pas surpris si les champs qui permettent d'identifier votre compte de messagerie sont inopérants tant que vous n'avez pas créé un nouveau compte.**

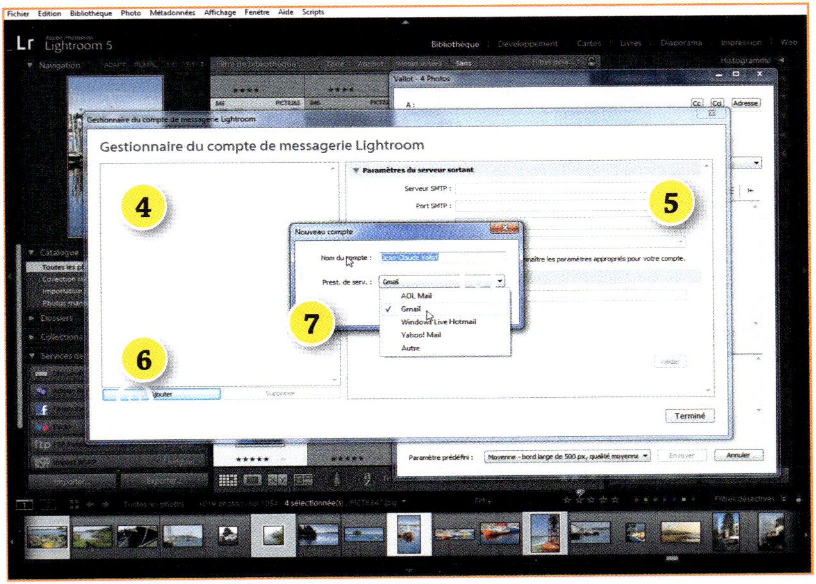

4 L'espace est vide la première fois que vous accédez à votre **Gestionnaire du compte de messagerie de Lightroom**.

5 Les champs sont inactifs.

6 Cliquez sur **Ajouter**.

7 Choisissez dans la liste des prestataires de services répertoriés. Si le vôtre n'y est pas, choisissez **Autre**. Les modalités d'inscription sont les mêmes. Certains champs ne seront simplement pas préremplis. Notez que le nom du compte que vous créez sera celui utilisé pour identifier les messages que vous enverrez.

Envoyer des photos par courrier électronique

Quand un nouveau compte a été créé, vous pouvez alors renseigner tous les champs d'identification en utilisant les informations transmises par votre opérateur.

8 Le nouveau compte apparaît ici.

9 Renseignez tous ces champs à l'aide des informations fournies par votre prestataire de services de messagerie.

10 Cliquez sur **Terminer** pour valider.

11 Si les renseignements que vous avez fournis sont bons, votre prestataire de services accepte la liaison. Lightroom affiche en vert le nouveau compte de messagerie que vous avez créé.

ENVOYER UN E-MAIL - CARNET D'ADRESSES **La boîte de dialogue (extensible) de Lightroom vous permet d'envoyer un e-mail avec toutes les facilités de mise en forme habituelles. Il manque cependant, à l'heure où nous publions, la possibilité d'importer votre carnet d'adresses dans Lightroom. Il faudra le recréer au fur et à mesure en fonction des besoins.**

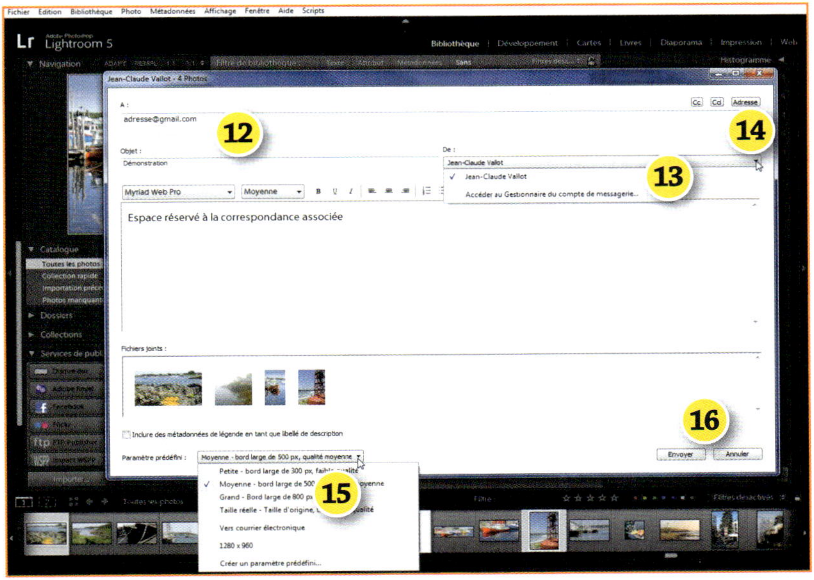

12 Renseignez tous les champs habituels. Notez que vous disposez d'un certain nombre d'outils de mise en forme du contenu de vos courriels...

13 Vous pouvez envoyer vos courriels sous différentes adresses (personnelle, professionnelle, etc.).

14 L'accès au carnet d'adresses est pour l'heure très limitatif.

15 Définition de la taille des photos envoyées (notez que le préréglage effectué précédemment fait partie de la liste). **Créer un paramètre prédéfini** ouvre la boîte de dialogue **Exporter** qui permet de modifier ce paramètre.

16 Envoyez votre message.

Utiliser les services de publication

Voici la procédure de mise en œuvre pour Flickr. Tous les autres services fonctionnent sur le même principe, en particulier le formidable plugin WSPP qui permet de créer de très élégants sites photo à partir de Lightroom…

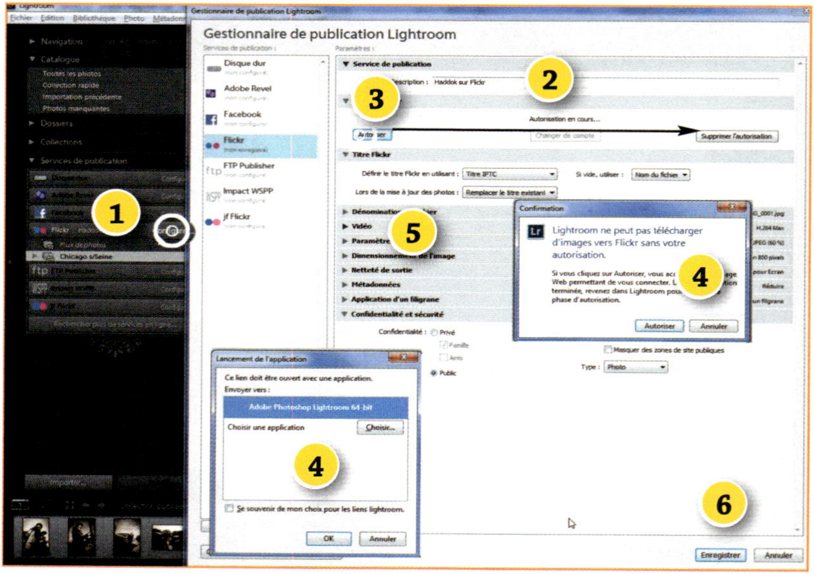

1 Cliquez sur **Configurer**.

2 Donner un titre permet d'identifier différents comptes.

3 La première fois, cliquez sur **Autoriser** pour donner à Lightroom le droit d'accéder à votre compte.

4 Suivez la procédure d'identification propre au service que vous utilisez.

5 Définissez les paramètres de publication (format, taille, espace colorimétrique, métadonnées, filigrane, etc.). Définissez la politique de Titre-Photo propre à Flickr (gardez les valeurs par défaut - **Titre IPTC)** ainsi que les réglages de confidentialité.

6 Enregistrez, vous êtes prêt !

CRÉEZ VOTRE PREMIER ALBUM SUR FLICKR, OU AILLEURS **La procédure est très simple. Sélectionnez la ou les photos que vous voulez publier, créez un album (sur Flickr) et publiez-le en quelques clics ! La procédure à mettre en oeuvre serait équivalente pour publier des photos sur Facebook.**

7 Clic droit sur le titre de votre service de publication **Flickr**, choisissez l'option **Créer Album photos...**

8 Donnez un titre à votre album. Si vous cochez la case **Créer des copies virtuelles** vos images publiées auront une vie indépendante de l'original (cf. fiche **039**).

9 Cliquez sur **Créer**. Toutes vos photos se retrouvent désormais bien rangées dans l'ensemble des albums (collections) publiés ou à publier. Rien n'est encore publié pour le moment. C'est juste une indication qui permet d'identifier très facilement ce que vous voulez publier ou avez publié.

Utiliser les services de publication

Une fois créé et publié, un album fonctionne comme une collection : c'en est une en fait. Vous pouvez y ajouter des images, modifier celles-ci. Quel que soit le module dans lequel vous fassiez cela, Lightroom le notera et vous indiquera ici, que vous devez mettre à jour votre page Flickr ou Facebook...

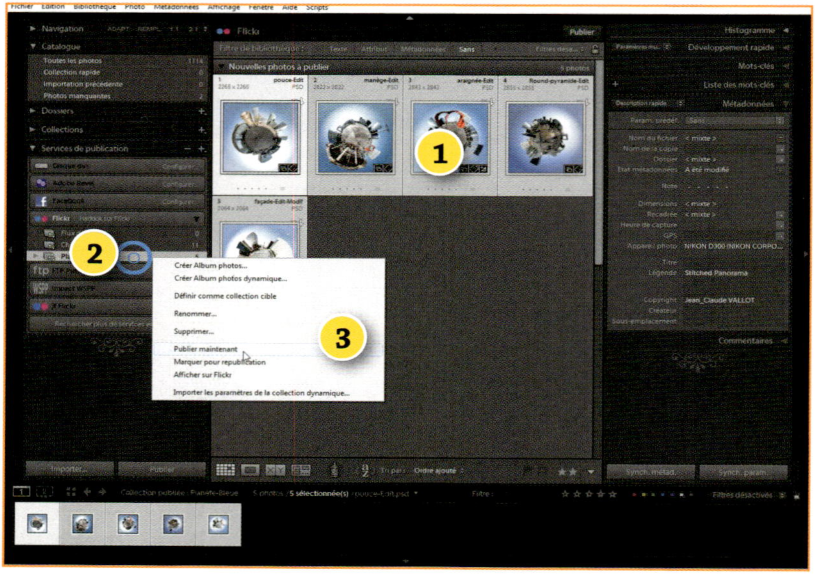

1 Toutes les photos publiées ou à publier sont facilement identifiables.

2 Faites un clic droit sur le titre de votre album pour le publier. Option **Publier maintenant**.

3 Notez toutes les options que vous offre ce menu contextuel. Explorez-en toutes les possibilités.

METTRE À JOUR LES PAGES PUBLIÉES Plus besoin de noter les images que vous avez publiées, celles que vous avez modifiées et que vous devez republier... Dans l'exemple ci-dessous, je vais donner un « Titre IPTC » à mes images pour qu'il s'affiche en lieu et place de l'horrible nom de fichier (options Flickr) et percer du même coup le mystère que cela représente. En trois clics, ma page sera mise à jour !

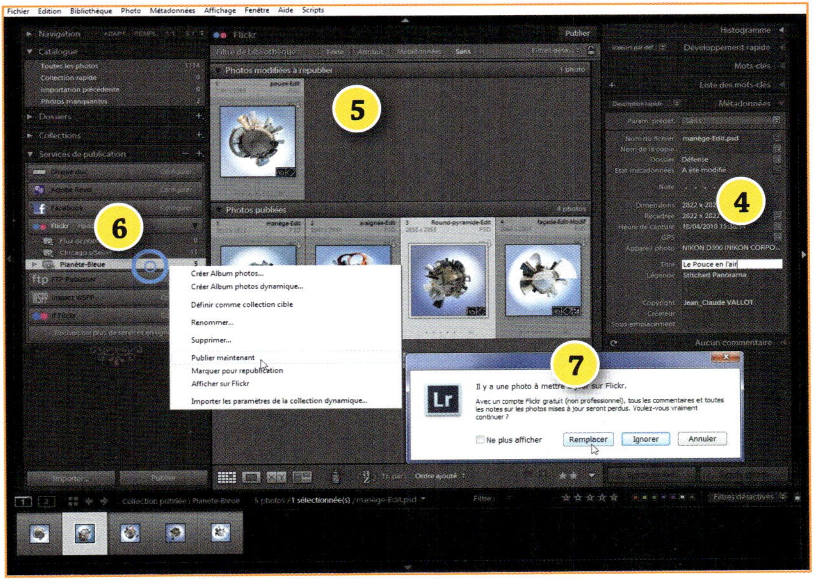

4 Donnez un titre à vos images dans l'onglet **Métadonnées**, (une par une, c'est du sur-mesure, cf. § 4 fiche **007**).

5 À peine l'opération terminée, Lightroom place la première photo modifiée dans la fenêtre **Photos à republier**.

6 Clic droit sur le titre de l'Album, option **publier maintenant**.

7 Lightroom vous avertit qu'en ce qui concerne Flickr, vous risquez de perdre les commentaires associés à cette photo. À vous de prendre vos risques en cliquant sur **Remplacer** !

Créer un filigrane

Vous avez la possibilité d'ajouter un filigrane à vos photos dans à peu près tous les modules d'exportation qu'offre Lightroom. Essayez, sauf si vous vivez de vos photos, de trouver une signature discrète qui ne défigure pas trop vos images !

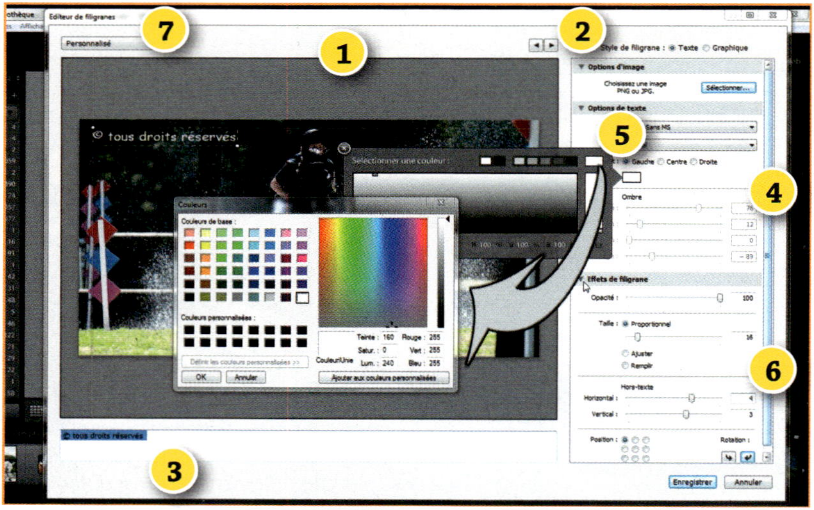

1 Accédez à l'interface par le menu **Édition** (PC) **Fichiers** (Mac) / **Modifier les filigranes**.

2 Choisissez l'option **Style de filigrane : Texte**.

3 Tapez votre texte personnalisé.

4 Choisissez la **Police,** le **Style,** l'**Alignement,** la **Couleur** de texte.

5 Accédez au nuancier de couleur en cliquant sur la droite du sélecteur.

6 Définissez l'**Opacité, la Taille, la Position** du filigrane. Les curseurs **Hors-texte** permettent d'affiner la position.

7 Cliquez sur **Personnalisé** pour enregistrer ces réglages et ne pas avoir à les refaire chaque fois.

À PROPOS DE LA PROTECTION DE VOS IMAGES SUR LE WEB Sachez qu'il n'y a aucune possibilité d'empêcher quelqu'un de télécharger une image sur Internet. En France, si vous le découvrez, vous pouvez faire jouer vos droits d'auteur qui sont imprescriptibles. À l'étranger, c'est beaucoup plus difficile. Si vous avez recours à un filigrane, essayez de respecter vos lecteurs honnêtes en faisant quelque chose de discret.

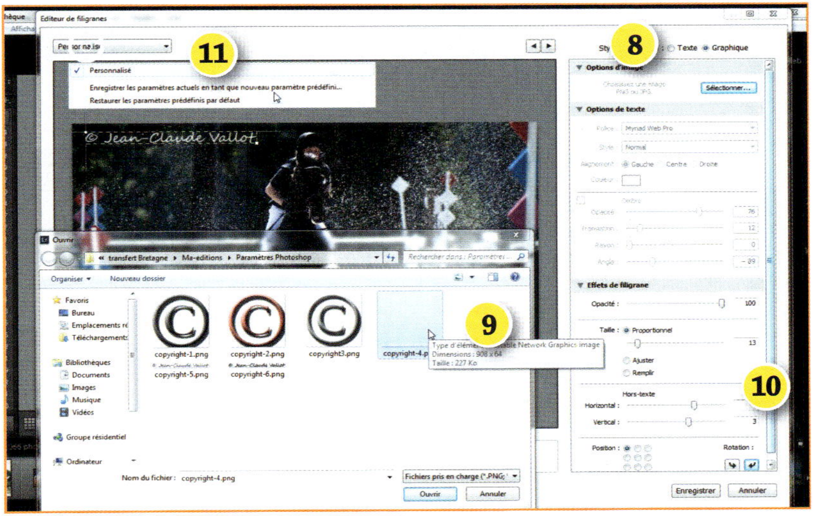

8 Choisissez l'option **Style de filigrane Graphique** pour insérer un pictogramme.

9 Choisissez une image que vous avez préparée sous Photoshop au format **PNG** pour conserver la transparence.

10 Réglez la position du pictogramme comme vous le feriez avec un texte.

11 Pensez à enregistrer votre travail sous forme de réglage prédéfini pour une utilisation plus rapide la prochaine fois.

Renommer vos photos

Il y a mille et une raisons plus ou moins bonnes de renommer vos photos. Lightroom est capable de répondre à tous vos caprices. C'est cependant un exercice périlleux dans le temps. Il vaut donc mieux y réfléchir à deux fois avant de se lancer dans l'opération !

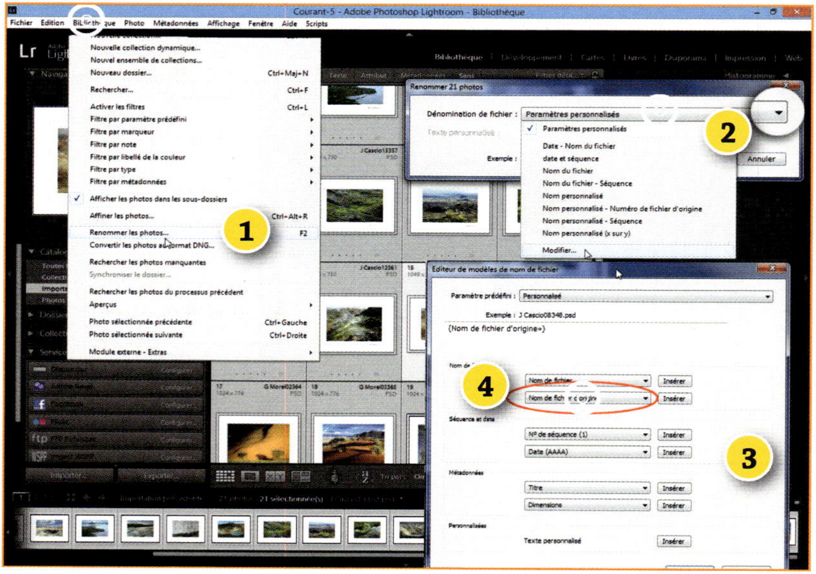

Renommer à partir de la Bibliothèque

1 Accédez à la fonction par le biais du menu **Bibliothèque/Renommer la photo**.

2 Choisissez un modèle prédéfini.

3 Si besoin, créez un modèle personnalisé (**Modifier**) en utilisant les boutons **Insérer** pour combiner les diverses options disponibles.

4 Notez que vous pouvez toujours rendre son nom d'origine (d'importation) à un fichier renommé dans la **Bibliothèque**.

Note : C'est lorsque vous avez besoin de présenter des photos dans un ordre donné que cette fonction **Renommer**, combinée avec **Ordre utilisateur** (cf. fiche **022**), est la plus utile.

AUCUNE MÉTHODE POUR RENOMMMER VOS FICHIERS N'EST LA MEILLEURE La bonne sera celle qui correspond à vos besoins (à condition que vous sachiez vous y tenir). La méthode qui consiste à utiliser les deux derniers chiffres de l'année, du mois et du jour enregistrés dans les Exifs associés au numéro de prise de vue du boîtier n'est pas très jolie, mais est parfaitement sûre !

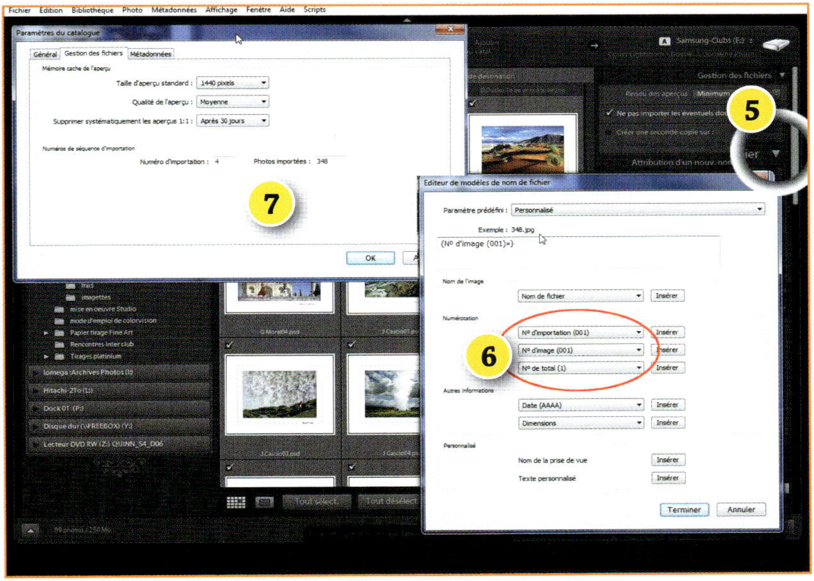

Renommer à l'importation

5 Vous disposez exactement des mêmes possibilités que dans la **Bibliothèque**. **En revanche, c'est définitif**. Pour Lightroom cela devient l'original !

6 Vous avez en outre la possibilité de renommer vos fichiers à l'importation en fonction du nombre de photos importées et/ou du nombre d'importations effectuées.

7 Pour cela, Lightroom tient le compte des importations réalisées dans **Paramètres catalogue / Gestion des fichiers**. Attention : il n'y a incrémentation de ces compteurs que lorsque vous utilisez cette méthode.

Tirer partie des aperçus dynamiques

Un aperçu dynamique est une version redimensionnée (2500 px maximum) du fichier RAW original, enregistrée sous format DNG avec une compression JPEG (avec pertes). Il pèse beaucoup moins lourd mais accepte toutes les corrections faites dans le module Développement sur un fichier RAW (Balance des blancs, etc.).

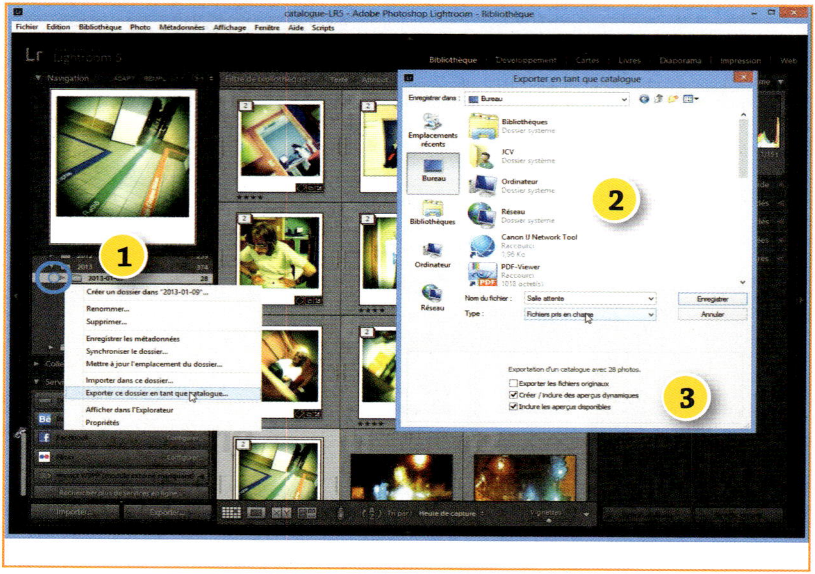

1 Par un clic droit sur un dossier choisissez l'option **Exporter en tant que catalogue**.

2 Définissez l'emplacement et le nom sous lesquels ce catalogue sera enregistré.

3 Décochez **Exporter les fichiers originaux** et cochez **Créer/inclure des aperçus dynamiques** et **Inclure les aperçus disponibles**.

Comparez le poids des dossiers contenant les fichiers RAW originaux, les aperçus dynamiques et les simples aperçus.... Emplacement dans le dossier Lightroom créé (cf. point 5 page de droite).

Note 1 : Bien qu'ils améliorent l'accès au module Développement, créer et utiliser des aperçus dynamique dans votre catalogue principal ne se justifie pas (poids par rapport aux aperçus normaux).

LES APERÇUS DYNAMIQUES PEUVENT INTÉRESSER LES NOMADES Exporter en tant que catalogue un corpus d'images sous forme d'aperçus dynamiques ne pèse pas trop lourd et permet à ceux qui le souhaitent d'emporter du travail en déplacement sur leur portable. En rentrant il suffit de mettre à jour les métadonnées du catalogue principal (où sont restés les originaux) comme indiqué ci-dessous.

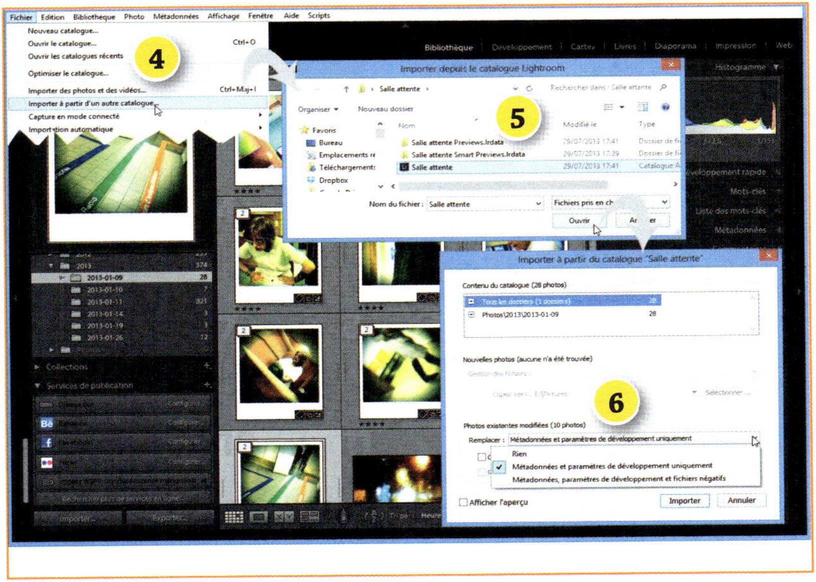

4 Cliquez sur le menu **Fichier / Importer à partir d'un autre catalogue**.

5 Conduisez Lightroom jusqu'au catalogue que vous aviez emporté en voyage. Vous aurez peut-être besoin de le transférer sur une clé USB ou un disque dur portable pour y avoir accès de votre ordinateur principal.

6 Sélectionnez l'option **Métadonnées et paramètres de développement uniquement** pour mettre à jour votre catalogue principal.

Note 2 : Si vous aviez enregistré de nouvelles photos dans ce catalogue pendant votre voyage, Lightroom vous proposerait de les importer et de copier les fichiers originaux dans un nouvel emplacement sur votre ordinateur principal.

Un ou plusieurs catalogues ? Cas de l'ordinateur portable

Vous n'aurez qu'un seul catalogue. C'est ce qui correspond le mieux au besoin des amateurs avertis. Par contre, cela ne sera pas le cas si comme beaucoup de photographes, vous utilisez un portable en déplacement pour enregistrer vos images et les traiter. Voyons comment récupérer ce travail sur votre unité centrale au retour.

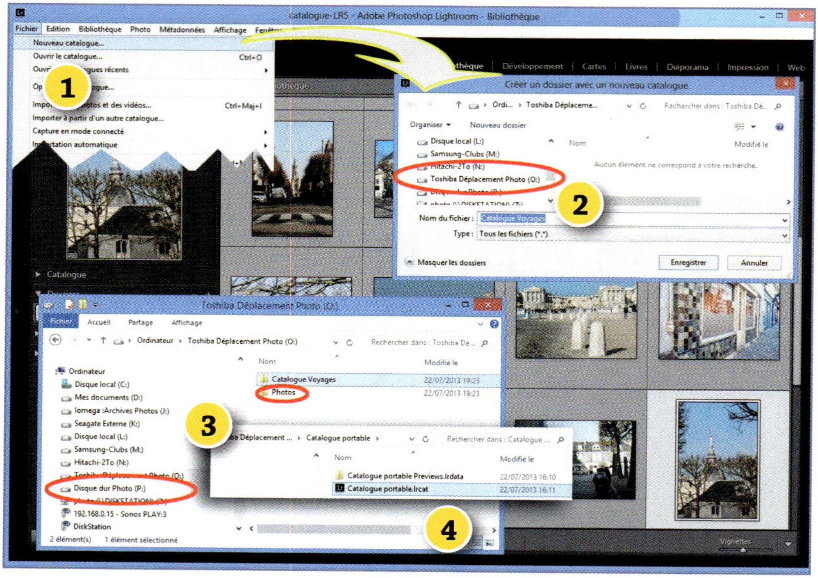

Si vous le pouvez, dédiez un petit disque dur externe 2,5" au stockage de votre catalogue et de vos photos lors de vos déplacements, sinon utilisez votre dossier **Mes images**.

1 Créez un nouveau catalogue : menu **Fichier / Nouveau catalogue**.

2 Installez-le comme indiqué sur votre disque dédié ou votre disque dur.

3 Profitez-en pour créer, juste à coté de votre dossier «Catalogue Voyage», un dossier «Photos» qui accueillera vos nouvelles images.

4 Ouvrez ce nouveau catalogue, lors de vos déplacements avec votre portable, et commencez à y importer, trier, classer vos nouvelles photos. (Il faut que Lightroom 5 soit installé sur votre portable pour cela).

LA LIMITE DE L'ORDINATEUR PORTABLE, C'EST SON ÉCRAN Il est très difficile à calibrer, et par conséquence, il est fortement recommandé d'éviter de procéder à des réglages colorimétriques sur celui-ci. Vous avez cependant le loisir de trier, annoter avec des mots clés, organiser vos photos sur place et importer tout ce travail dans votre catalogue principal une fois rentré à la maison... C'est ce que nous allons voir ci-dessous.

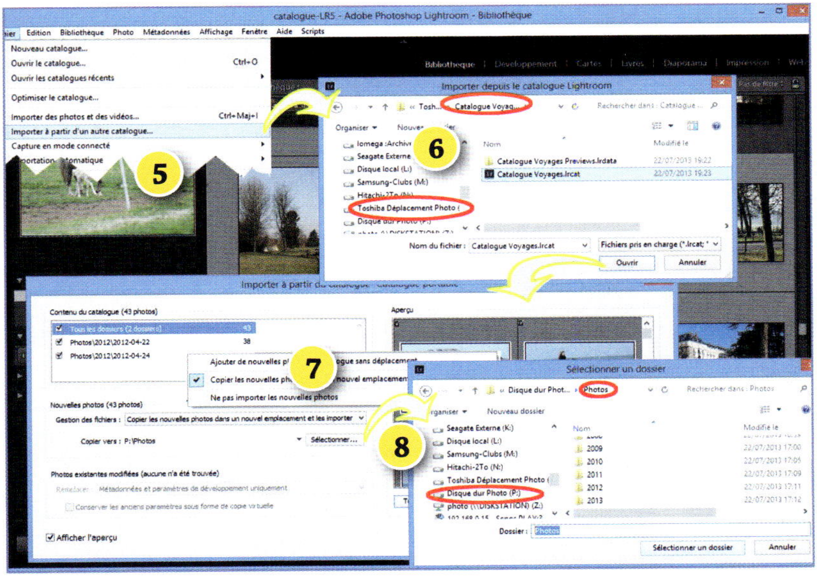

Connectez votre petit disque dur portable à votre station principale. Si votre catalogue de voyage et vos photos sont sur le disque dur interne, vous devrez faire une **Exportation en tant que catalogue** sur clé USB pour retrouver la même configuration.

5 **Importer à partir d'un autre catalogue** (menu **Fichier**).

6 Conduisez Lightroom jusqu'à votre «Catalogue de voyage».

7 Choisissez l'option **Copier les nouvelles photos vers un nouvel emplacement et les importer**.

8 Cliquez sur **Sélectionner** pour choisir l'emplacement où vous stockez habituellement vos photos.

Note : Voir page suivante comment **Exporter en tant que catalogue** vos nouvelles images.

Exporter un catalogue
Fusionner deux catalogues

Vous utiliserez la fonction Exporter en tant que catalogue dans trois cas : pour récupérer le travail enregistré sur le disque dur de votre portable, pour imprimer des photos avec Lightroom dans votre club photo quand celui-ci est équipé d'une imprimante professionnelle, enfin pour «emmener du travail» en voyage...

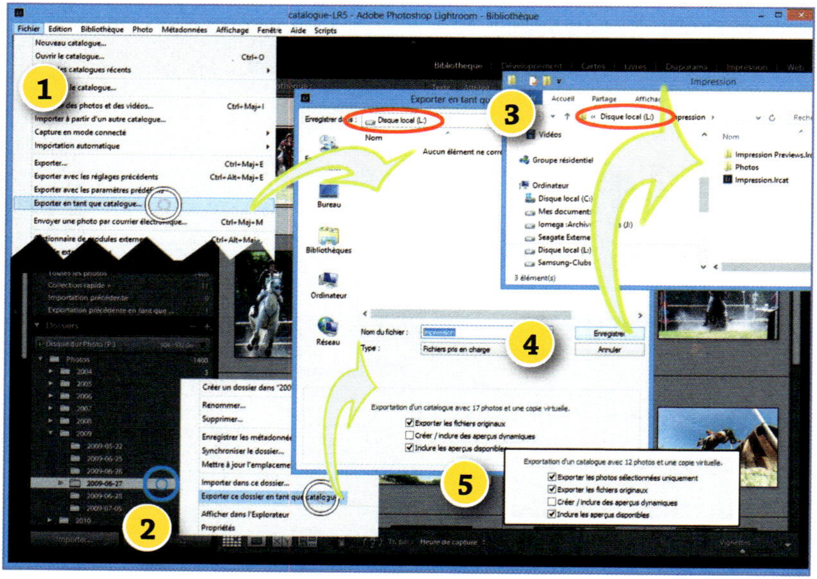

1 Choisissez l'option **Exporter en tant que catalogue** du menu **Fichier** pour n'exporter que certaines photos que vous aurez sélectionnées.

2 Utilisez la même option obtenue par clic droit sur le titre d'un dossier ou d'une collection pour **Exporter en tant que catalogue** un ensemble d'images.

3 Choisissez d'enregistrer ce nouveau catalogue et les originaux sur un disque dur externe ou une clé USB de bonne taille.

4 Donnez un nom à cet ensemble.

5 Vous choisirez d'exporter les fichiers originaux. Notez la différence d'options, selon que vous exportez un ensemble d'images ou des images sélectionnées. (Pour les aperçus dynamiques cf. fiche **019**).

L'OPÉRATION DE FUSION DE DEUX CATALOGUES EST UN PEU COMPLEXE Il y a un petit distinguo à faire selon que vos images ont fait un aller-retour pour impression au club où que ce soient de nouvelles images faites en voyage. Dans le premier cas, les originaux sont restés sur votre catalogue principal mais vous pouvez en avoir modifié les réglages pour l'impression, éventuellement avoir créé des copies virtuelles...

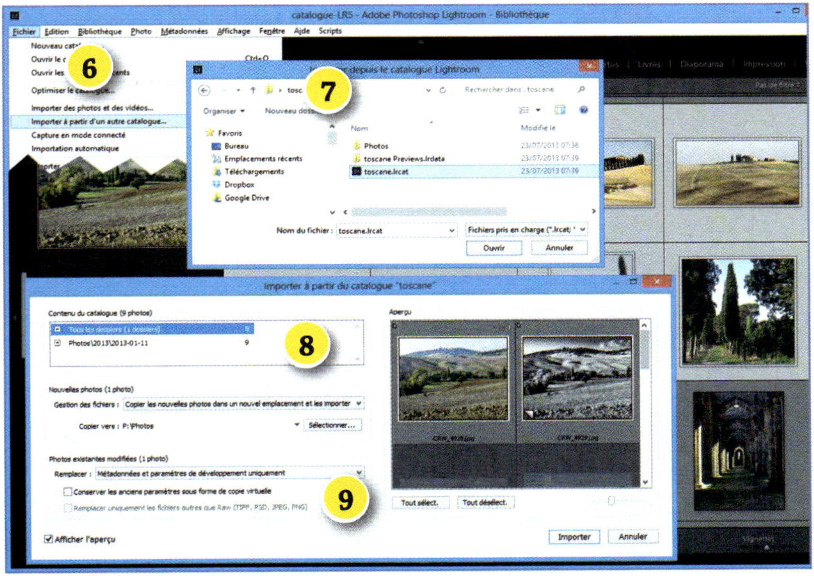

6 Dans tous les cas, choisissez l'option **Importer à partir d'un autre catalogue**.

7 Conduisez Lightroom jusqu'au catalogue « transitoire » que vous avez créé (page précédente).

8 Lightroom répertorie ici les « nouvelles » photos qu'il détecte : les copies virtuelles que vous avez créées pour fignoler vos impressions ou les nouvelles photos de voyage.

9 Pour les photos que vous rapatriez avec des modifications, il suffit de mettre à jour les métadonnées. Pour les autres, il faut les copier dans (votre) emplacement (habituel) et les importer.

CHAPITRE 3

VISUALISER, TRIER

Visualiser vos photos en mode Grille

Le mode Grille (raccourci clavier **G**) permet de travailler sur de grands ensembles de photos. À ce titre, c'est le lieu privilégié pour exploiter le résultat de vos opérations de tri et réorganiser vos dossiers, mais surtout organiser vos images en collections.

1 L'espace central, aménagé, permet d'embrasser d'un seul coup d'œil, sans cloisonnement, l'ensemble des images sélectionnées en (2) ou (3).

2 Toutes les photos du catalogue.

3 Les photos des collections ou des dossiers choisis.

4 **Tri par** permet de choisir l'ordre d'affichage des photos. **Utilisateur** n'est disponible que pour des photos appartenant à un même dossier ou à une même collection statique.

5 Définir la taille des vignettes.

6 Un clic sur ce triangle permet d'afficher l'ensemble des options d'affichage des outils dont **Taille des vignettes**.

CHOISISSEZ ENTRE EFFICACITÉ ET SOBRIÉTÉ ! **Lightroom vous offre la possibilité de régler la présentation de vos images dans le mode Grille exactement comme vous le souhaitez. Quand vous aurez acquis un peu de pratique, passez quelques instants sur les options d'affichage de la Bibliothèque (Ctrl + J ou menu Affichage / options d'affichage).**

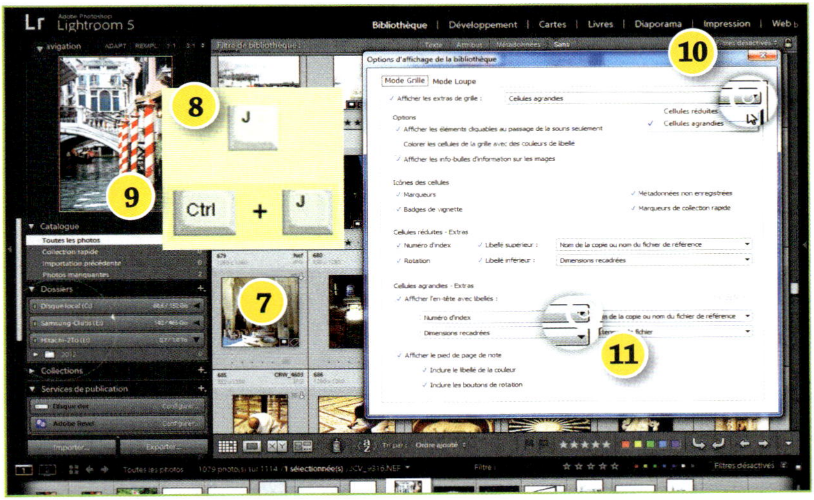

7 Faire le distinguo entre vignette (l'image) et cellule (la case grise).

8 **J** permet de « jongler » entre les divers types de présentation des informations associées aux photos en mode **Grille**.

9 Avec **Ctrl** + **J** définissez quelles informations afficher.

10 Faites l'essai : permutez entre cellules réduites et agrandies. Vous constaterez que vos modifications sont répercutées immédiatement sur l'interface.

11 Choisissez ici quelles informations afficher, parmi une kyrielle de possibilités. Fermez, c'est réglé.

Visualiser vos photos en mode Loupe

Vous accédez très facilement au mode Loupe en double-cliquant sur une vignette (vous revenez en mode Grille de la même manière). C'est le mode privilégié de vos opérations de tri. En un clic supplémentaire, vous êtes en zoom à 100 % pour juger de la mise au point. Avec quelques raccourcis clavier, vous allez très vite !

1 En mode **Loupe**. (Le panneau droit est masqué et l'espace de travail est coupé en deux pour montrer l'aperçu en **Zoom**).

2 Curseur souris en forme de loupe pour accéder au **Zoom** en un clic.

3 Curseur souris en forme de main pour circuler par glisser-déposer dans l'image grossie à 100 %.

4 Le cadre dans l'onglet **Navigation** indique dans quelle partie de l'image vous naviguez.

5 C'est là que vous déterminez la présentation en mode **Loupe** (**ADAPT** ou **REMPL.**), ainsi que le taux de **Zoom** par défaut, 100 % ou un autre taux (double triangle à droite de **1:1**).

VISUALISEZ VOS IMAGES EN CINÉMASCOPE ! En plein écran faites le noir dans la salle et faites défiler vos images au rythme qui vous convient... Ajoutez un vidéoprojecteur calibré, un bel écran perlé, passez en mode deuxième écran. Imaginez le succès de vos présentations !

6 En mode **Loupe** plein écran, partie droite « lumières éteintes ».

7 Le raccourci clavier **F** permet de passer en visualisation plein écran ou de revenir dans le mode de visualisation qu'on a quitté, Grille ou Loupe.

8 Si des incrustations vous gênent, la touche **I**, comme Incrustations vous en débarrasse (ou les appelle).

9 **Ctrl** + **J** comme dans le mode **Grille**, vous permet de définir quelles informations afficher en incrustation !

10 Les icônes pour le deuxième écran sont sur la Bande film.

Trier vos photos

Le tri est la première étape du processus de travail dans Lightroom (Workflow). Dès la fin de l'importation, toutes les nouvelles photos sont regroupées dans l'onglet Catalogue / Importation précédente. Sélectionnez-le, sélectionnez la première photo, passez en mode Avance automatique (en 1) et enfoncez la touche « **F** » !

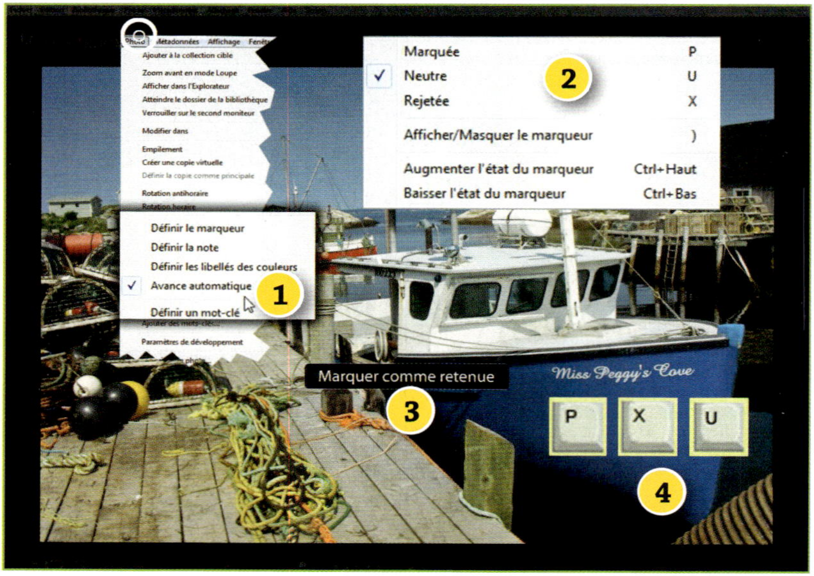

1 Sélectionnez **Avance automatique** dans le menu **Photo**.

2 L'aide mémoire des raccourcis clavier se trouve dans le menu **Photo** option **Définir le marqueur**, **...la note**, **... les libellés couleur**.

3 Affichage temporaire qui confirme l'action engagée par l'usage d'un des raccourcis clavier utilisé. En mode **Avance automatique,** cette indication s'affiche après que l'on soit passé à l'image suivante. C'est un coup à prendre. Il faut avoir confiance dans ce que vous faites. De toute manière, rien n'est irréversible, vous pourrez toujours réviser votre jugement par la suite. Si sur le coup vous voulez revenir en arrière, vous pouvez toujours utiliser les flèches de déplacement clavier.

4 Raccourcis **P**, **X**, **U** très utiles !

DE QUELLE MANIÈRE MENER UN TRI, UTILISER LES ATTRIBUTS Lightroom met à votre disposition trois outils de marquage pour effectuer les opérations de tri : les marqueurs (petits drapeaux), les notes (les étoiles) et les libellés couleur. Chacun a en fait une utilité particulière qu'il faut bien comprendre.

Les marqueurs ?

C'est le moyen de tri le plus efficace et le plus naturel à mettre en oeuvre en photographie. À l'aide de ces drapeaux, vous faites trois tas comme au bon vieux temps :

J'aime - Je n'aime pas - J'hésite

Au niveau des raccourcis clavier cela donne :
J'aime (je prends) **P**, Je n'aime pas (barré, une croix) **X**, j'hésite (euh) **U**...
Vous verrez dans les prochaines fiches que vous pouvez isoler chaque «tas» pour visualiser de nouveau les photos qu'ils contiennent et revenir ainsi sur vos choix. À la fin, après un délai de réflexion, vous finirez par supprimer toutes les photos avec un drapeau noir (marquées rejetées).

Les notes ?

C'est un procédé très relatif et plutôt délicat à utiliser. Vous arrivez assez bien à imaginer ce que 5 et 1 étoiles peuvent représenter dans l'échelle de valeur que vous accordez à vos photos. C'est plus délicat de faire la différence entre 4, 3 et 2 étoiles...
En définitive, qu'avez-vous besoin de conserver ? Vos très bonnes photos d'un côté et celles que vous n'avez pas le cœur d'éliminer de l'autre, pour, peut-être, les revoir de temps en temps et éventuellement réviser votre jugement... C'est du Oui/Peut-être !

Les libellés couleur ?

Vous devez penser « catégories d'images » quand vous utilisez cette forme de marquage.
Les libellés couleur sont d'un usage éphémère. Utilisez-les pour une tâche particulière à durée déterminée (cf. fiche **034**).
Si vous souhaitez séparer de manière plus permanente différentes catégories d'images, vous avez à votre disposition des outils beaucoup plus efficaces avec les collections.

Affiner le tri

C'est par le biais des outils de la barre de filtre de la Bibliothèque, uniquement disponibles en mode Grille, que vous pouvez affiner votre travail de tri en regroupant vos photos par « tas » (J'aime, je n'aime pas, peut-être) et en les passant de nouveau en revue pour corriger des erreurs.

1 Barre de filtre **$**. Cliquez sur **Attribut**, en choisir un. Lightroom limite l'affichage aux seules photos portant cet attribut. Vous pouvez alors repasser en mode **Loupe** pour affiner, confirmer ou infirmer votre choix.

2 La barre de filtres de la Bande film joue le même rôle.

3 Elle peut être invisible, repliée au bout de la barre d'outils. Cliquez sur le double triangle pour la déployer.

4 Un certain nombre d'icônes d'attribut se voient mal, en particulier le drapeau **Neutre**. S'il vous semble que quelque chose ne fonctionne pas bien avec les filtres attributs, pensez à la fonction **Filtres désactivés**.

5 Photos de la dernière importation.

EXPLOITEZ LE PLUS SIMPLEMENT DU MONDE VOTRE TRAVAIL **Le but de tout photographe est de garder ses meilleures images, celles qui comptent, et d'y accéder très facilement. Un moyen très simple, avant de parler des collections, pour « masquer les seconds choix » consiste à utiliser les facilités que nous offrent les différentes barres de filtres...**

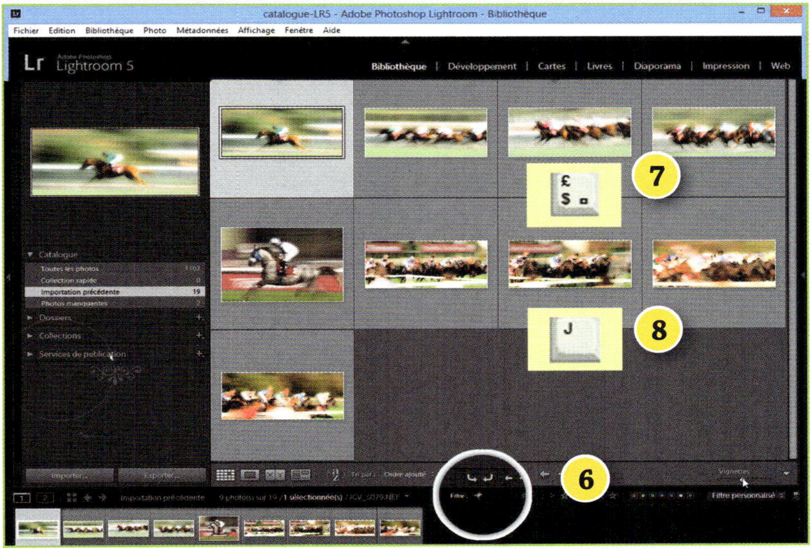

6 Sélectionnez l'icône «drapeau blanc» (**marqueurs retenus**) dans la barre de filtre de la Bande film comme dans l'exemple.

7 Masquez délibérément la barre de filtres supérieure avec le raccourci clavier **$**. On gagne un peu de place.

8 Utilisez le raccourci clavier **J** pour « jongler » avec les divers modes de présentation des images jusqu'à arriver à la présentation simple et dépouillée sans la moindre information parasite.

Note : Attention ! Si l'une de vos barres d'outils ou de filtres a disparu, pensez aux raccourcis **T** et **$**.

Le mode de visualisation Ensemble

Ensemble permet, une fois le premier tri effectué, d'affiner celui-ci en juxtaposant pour les comparer des images semblables. Il ne faut pas en avoir trop. Vous procédez alors par élimination successive des images les plus faibles, vous pouvez même passer en mode Loupe et Zoom pour entrer dans les détails.

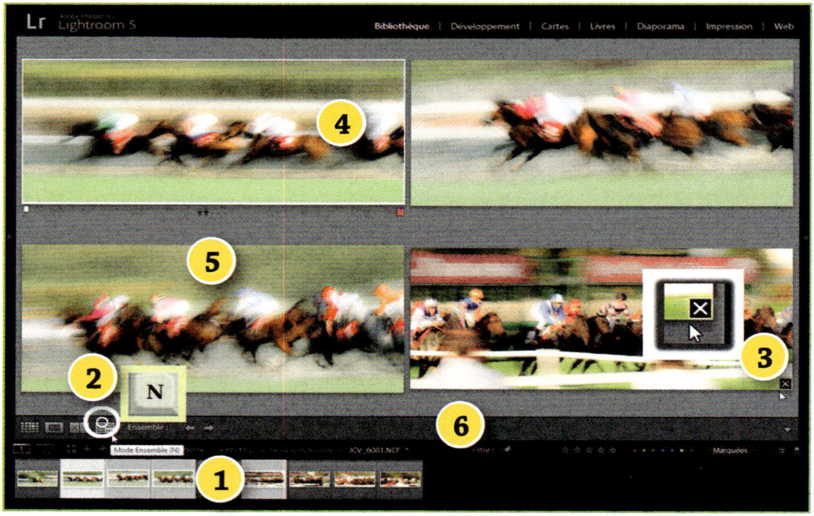

1 Sélectionnez les photos à comparer.

2 Engagez la fonction ou tapez **N** comme « Nombreuses ».

3 Éliminez les plus faibles **X** (la croix pas le raccourci).

4 **Double-cliquez** sur une image pour passer en mode **Loupe**. **Double-cliquez** de nouveau pour revenir en mode de comparaison **Ensemble**.

5 Au terme de votre sélection, vous pouvez attribuer le marqueur de votre choix aux rescapées (Retenu, Note ou Libellé couleur).

6 Revenez en mode **Grille** en utilisant l'icône ou le raccourci **G**.

TIREZ PARTI DU MODE COMPARER DANS LE MODULE DÉVELOPPEMENT **Quand vous avez besoin d'harmoniser les tonalités, la colorimétrie de deux images, pensez à combiner l'utilisation de la fonction deuxième écran avec celle du mode de visualisation « Ensemble ». Vous aurez ainsi côte à côte vos deux images ce qui facilite bien les choses !**

7 Module **Développement**.

8 Sélectionnez les deux images à harmoniser dans la Bande film.

9 Activez le mode deuxième écran et sélectionnez le mode d'affichage **Ensemble**.

10 Deuxième écran. Même si vous n'en avez pas, il s'affiche par-dessus le principal. Redimensionnez-le, placez-le au mieux, les images sont petites, mais de taille suffisante pour harmoniser couleurs et tonalités.

11 La photo active, celle sur laquelle vous agissez avec les outils de développement, est entourée d'un liseré blanc.

Le mode de visualisation Comparer

Ce mode permet, comme le mode de visualisation Ensemble, d'affiner le tri de vos images quand vous en avez beaucoup. Il est particulièrement adapté si vous travaillez en rafale pour saisir l'instant décisif d'une scène d'action ou l'expression juste de votre modèle favori ! Vous pouvez alors comparer ces images deux à deux.

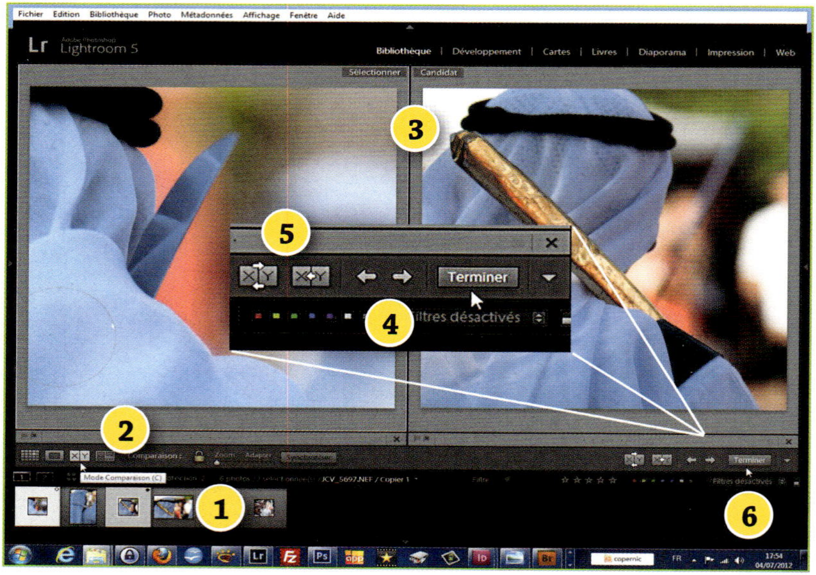

1 Sélectionnez tout un lot d'images.

2 Appelez la fonction, raccourci **C**.

3 La photo **Sélectionner**, qui correspond à la plus blanche dans la Bande film, sert de référence. C'est elle que l'on va comparer au **Candidat** jusqu'à ce qu'un de ces candidats vous plaise plus.

4 Utilisez les flèches **Navigation** pour faire défiler les candidats.

5 Utilisez l'un ou l'autre de ces boutons pour remplacer la photo sélectionnée par la photo **Candidat** que vous préférez.

6 Ensuite ajouter les **Attributs** que vous voulez à la meilleure photo et cliquez sur **Terminer**.

UN REPÈRE POUR TRAVAILLER AVEC MÉTHODE ET SAVOIR OÙ VOUS EN ÊTES **Sélectionnez dans la Bande film toutes les images à comparer et cliquez sur la vignette de la première pour qu'elle soit la plus sélectionnée. Elle porte un petit losange blanc. La candidate (la suivante) porte un petit losange noir qui se déplace au fur et à mesure que vous passez en revue les candidates. Vous savez ainsi toujours où vous en êtes...**

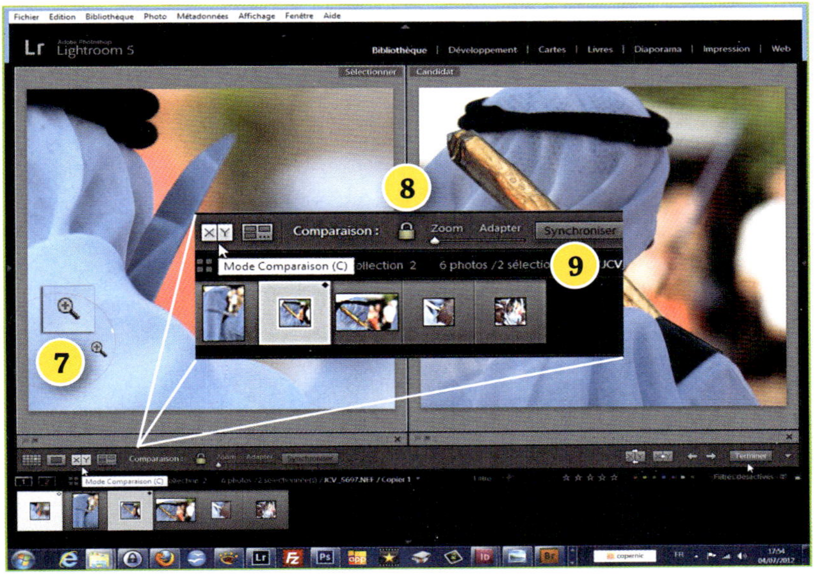

7 Vous pouvez passer en mode **Loupe** et même "zoomer" dans une photo pour apprécier les détails en un clic.

8 Quand le cadenas est verrouillé, les modes **Loupe** ou **Zoom** s'appliquent aux deux images, leurs déplacements sont étroitement liés. Quand il est déverrouillé, vous travaillez séparément sur chaque image. Vous réglez le taux de grossissement avec le curseur.

9 **Synchroniser** permet de neutraliser temporairement le déverrouillage du cadenas en ramenant les deux photos au même taux de grossissement du même point « géographique » dans les images.

CHAPITRE 4

ORGANISER VOS PHOTOS

Définir vos besoins

Autrefois, les photographes empilaient leurs boîtes de diapositives dans des cartons à chaussures. Classer leurs photos par thèmes était une opération compliquée. Aujourd'hui avec le numérique et en particulier Lightroom, c'est devenu un plaisir !

1 Onglet **Dossiers** bien rangé, un dossier par jour : année/mois/jour.

2 L'onglet **Collections** et ses ensembles de collections organisés par thèmes.

3 **Voyage** est un ensemble de collections.

4 **Amériques** est un sous-ensemble de collections.

5 **Nouvelle Écosse** est une collection.

6 Cet ensemble de collections, **Collections dynamiques**, est créé automatiquement lors de l'installation de Lightroom.

IL FAUT DISTINGUER DEUX NIVEAUX D'ORGANISATION L'un au stade de l'enregistrement de vos photos sur supports numériques. C'est la partie « hard ». L'autre purement « soft » dans lequel Lightroom met tout simplement en mémoire dans sa banque de données l'organisation que vous imaginez, sans toucher aux photos sur le « hard ». Ce sont les collections. Elles sont disponibles dans tous les modules, à l'inverse des dossiers.

Dossiers ou collections ?

Réfléchissez à la question. Organiser vos dossiers, c'est tout un travail. Il n'est pas rare qu'une carte mémoire, remplie sur plusieurs jours, contiennent des photos de natures différentes. Comment faire ? Fractionner l'importation en plusieurs temps pour enregistrer ces images dans différents dossiers ? Procéder à la réorganisation en question juste après l'importation ? Il est bien plus simple d'importer vos photos par dates. Chaque jour a de fortes chances de rassembler des images prises sur le même thème et qu'importe, en attribuant alors à ces images quelques mots-clés basés sur les thèmes qui vous inspirent, cela permet à Lightroom de les affecter sans autre intervention de votre part aux diverses collections dans lesquelles sont organisées vos photos. Comme dans ce domaine il n'y a aucune vérité absolue, toute autre forme d'organisation intermédiaire peut être plus adaptée à vos besoins. Le tout est d'en imaginer une qui fonctionne.

Mots-clés ?

En « Stock Photography » surtout, éventuellement pour avoir un site web mieux référencé, une attribution de mots-clés très rigoureuse et très puissante est un impératif incontournable pour les photographes qui souhaitent attirer l'attention de commanditaires. C'est une opération particulièrement sérieuse, longue et difficile à réaliser. Il est recommandé pour ce faire d'acheter des thésaurus relativement dispendieux. Cela dépasse le propos de ce livre. On peut, en revanche, utiliser avec efficacité un nombre limité de mots-clés qui aideront à constituer des collections.

Collections ?

C'est le meilleur choix pour les amateurs éclairés. Une collection ne pèse rien. C'est une sorte de dossier virtuel dans lequel est rangé un certain nombre de photos. Une même photo peut être affectée à plusieurs collections. Elle reste physiquement dans son dossier d'origine sur le disque dur. Lightroom a simplement associé une ou plusieurs « puces » à ce fichier dans le « registre » qu'il tient à jour pour chaque fichier dans sa banque de données. Une collection, c'est l'ensemble des images dont le « registre » contient une « puce » caractéristique de la collection !

Créer et utiliser une liste de mots-clés

Après l'importation de nouvelles photos, attribuer des mots-clés à vos images est la deuxième chose à faire, immédiatement après le tri. Vous serez beaucoup plus efficace dans l'exécution de cette tâche si vous commencez par définir une liste de mots-clés qui correspondent à vos centres d'intérêt photographiques.

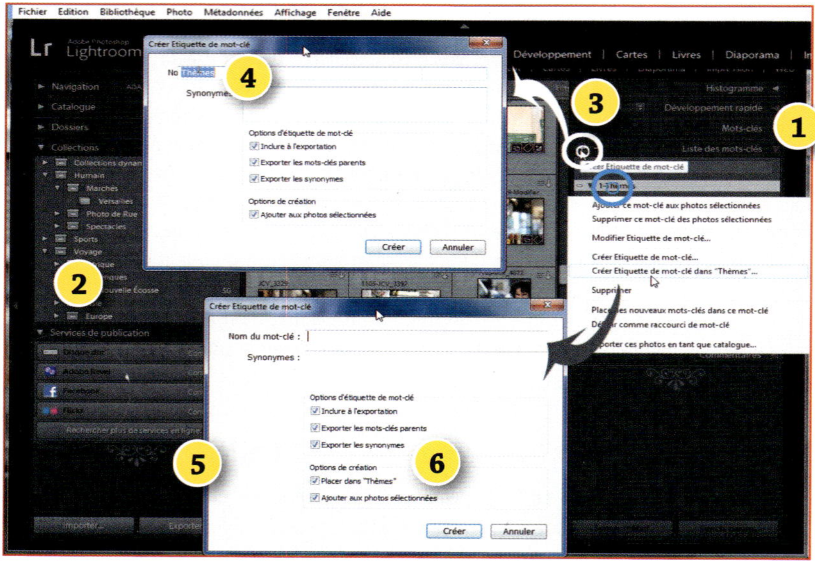

1 **Liste de mots-clés** organisée en ensembles calqués sur les ensembles et sous-ensembles de collections.

2 Ensembles de collections par **Thèmes**.

3 Cliquez sur le signe **+** de l'onglet pour créer un mot-clé .

4 Définissez le **Nom du mot-clé** et des **Synonymes** (très utiles en cas de recherche). Cliquez sur **Créer**.

5 Sélectionnez-le pour créer un ensemble de mots-clés à partir de celui-là.

6 Créez un autre mot-clé (signe **+** ou clic droit sur le mot-clé sélectionné) et cochez la case **Placer dans « Thèmes »**.

RENSEIGNEZ SOIGNEUSEMENT VOS ÉTIQUETTES DE MOT-CLÉS **Le réglage des différentes options (5) dépend de l'usage que vous faites de vos mots-clés. Lors de la création d'un mot-clé vous pouvez l'associer ou non à des photos sélectionnées. Vous pouvez par la suite associer des mots-clés à vos photos et enrichir votre liste autant que nécessaire , éventuellement rééditer une étiquette par double-clic sur un mot-clé de la liste.**

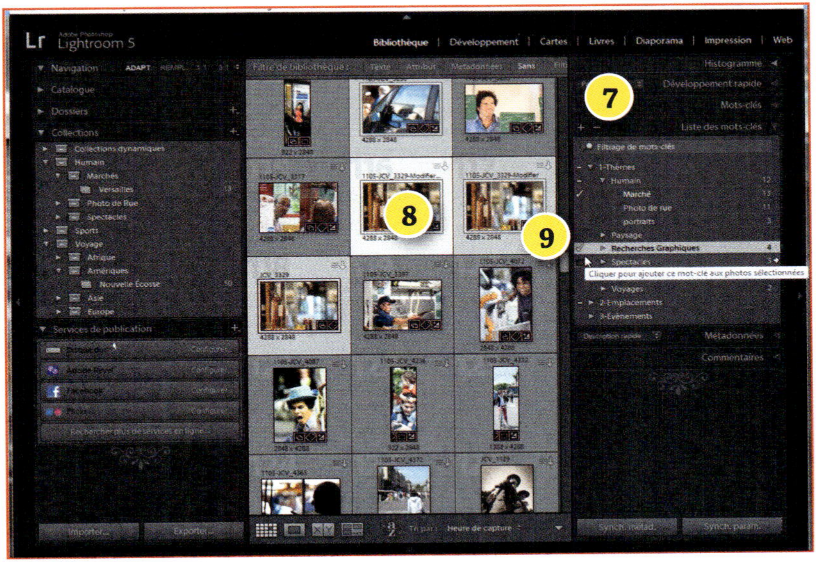

7 Répétez l'opération précédente pour définir vos ensembles et sous-ensembles de mots-clés.

8 Pour affecter par la suite ces mots-clés à différentes photos : sélectionnez un groupe de photos.

9 Cochez la case **Cliquer pour affecter ce mot-clé aux photos sélectionnées**. Le mot-clé et ses mots-clés parents (l'ensemble des mots-clés à l'intérieur desquels a été créé ce mot-clé) leurs sont affectés.

Utiliser l'onglet Mots-clés

Cette méthode d'attribution est sans doute plus adaptée à un usage extensif des mots-clés. Il faut alors être très rigoureux et très complet. Qui, quoi, quand, où, comment, pourquoi et souvent bien plus, sont les questions à se poser pour bien « décrire » chacune de vos photos.

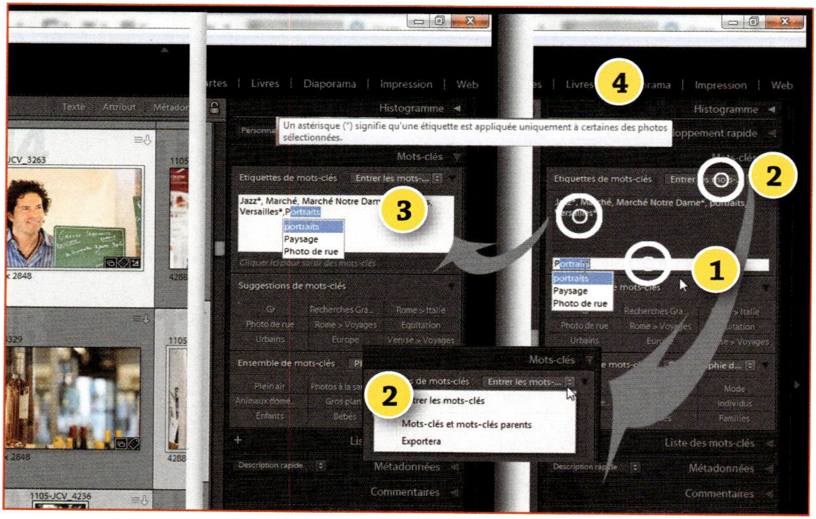

1 **Cliquez ici pour saisir des mots-clés**. Confirmez en enfonçant la touche **Entrée**. Lightroom suggère éventuellement des mots-clés en fonction de ceux déjà enregistrés dans sa banque de données.

2 Option permettant d'**Entrer les mots-clés** ou d'afficher les **Mots-clés et les mots-clés parents** dans la zone d'affichage en-dessous. En sélectionnant cette dernière option, la zone de saisie devient inactive.

3 L'option par défaut **Entrer des mots-clés** permet d'utiliser cette zone comme méthode alternative pour la saisie de mots-clés.

4 Lisez les incrustations qui s'affichent au survol de l'interface.

SOYEZ COMPLET ET RIGOUREUX **Éditer vos étiquettes de mots-clés pour y ajouter des synonymes. Les mots qui vous viennent à l'esprit maintenant pour décrire une photo ne seront pas forcément ceux qui vous viendront à l'esprit lorsque vous la rechercherez plus tard ! Pensez également que toute erreur ou omission peut générer des échecs dans vos recherches et jeter un doute insidieux sur la fiabilité de votre travail.**

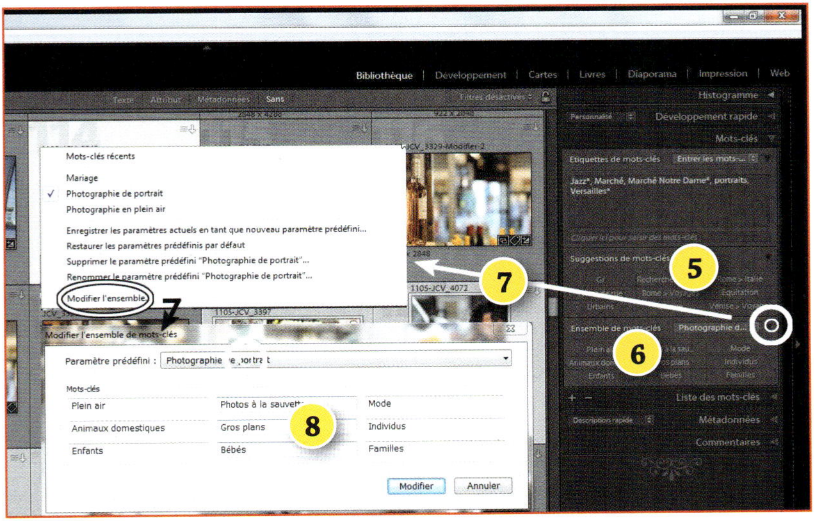

5 **Suggestions de mots-clés** : cliquez sur un mot-clé suggéré pour l'affecter aux photos sélectionnées. Ces suggestions reposent sur un rapprochement fait entre la date de prise de vue des images à traiter et des mots-clés déjà utilisés sur des photos faites à des dates proches.

6 Cliquez sur un de ces mots-clés pour l'affecter aux photos.

7 Choisissez parmi plusieurs ensembles prédéfinis ou cliquez sur **Modifier l'ensemble...** pour en créer d'autres.

8 Modifiez un ensemble de mots-clés prédéfinis et enregistrez-le comme nouvel ensemble. Cliquez pour cela sur la fenêtre en regard de Paramètre prédéfini.

Organiser vos dossiers, y mettre de l'ordre

C'est sûrement pour un certain nombre de personnes la solution la plus simple en ce qu'elle ne bouleverse pas leurs habitudes. Conjuguée avec l'astuce, masquer les seconds choix (cf. fiche **026**), elle peut être une méthode satisfaisante si vous vous contraignez à faire tout ce travail de réorganisation à l'intérieur de Lightroom.

1 En cliquant sur le signe **+** l'option **Ajouter un dossier** vous envoie dans votre Explorateur de dossiers système d'où vous pouvez créer un dossier où vous voulez. Une fois créé, ce nouveau dossier apparaît dans l'arborescence de l'onglet **Dossiers**.

2 Sélectionnez les photos que vous souhaitez transférer dans ce dossier.

3 Glissez-déposez ces photos dans le nouveau dossier.

4 Lightroom vous informe que cette opération, une fois effectuée, ne pourra pas être annulée, même avec le raccourci clavier **Ctrl** + **Z**. La modification est faite sur le disque dur et non pas dans la banque de données de Lightroom.

COMME DANS BEAUCOUP DE LOGICIELS, IL Y A PLUSIEURS FAÇONS DE FAIRE Lightroom ne fait pas exception. Aux deux méthodes présentées dans cette fiche, vous pouvez ajouter tout ce que vous savez déjà faire avec votre système d'exploitation ou presque. Vous pouvez en particulier réorganiser l'arborescence de vos dossiers en en sélectionnant un ou plusieurs pour les faire glisser les uns dans les autres.

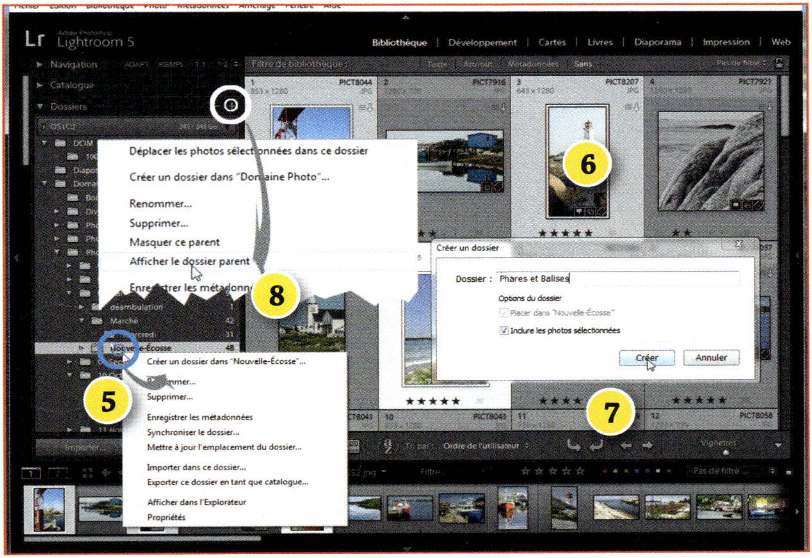

5 Vous pouvez aussi choisir l'option **Ajouter un sous-dossier** parmi celles vues dans le cas précédent ou faire un clic droit sur le titre du dossier dans lequel vous voulez créer ce sous-dossier et choisir l'option **Créer un dossier dans...**

6 Pensez à sélectionner les photos que vous voulez transférer avant d'utiliser cette dernière option.

7 Nommez ce nouveau dossier et cochez la case **Inclure les photos sélectionnées**.

8 Pensez le cas échéant à utiliser l'option **Afficher le dossier parent** d'un dossier si vous en avez besoin.

Créer, organiser des ensembles de collections

Une bonne organisation ne se fait pas toute seule. Concevez une structure. Utilisez pour cela les ensembles de collections. Créez autant d'ensembles et de sous-ensembles de collections que de thèmes et sous-thèmes sur lesquels vous travaillez.

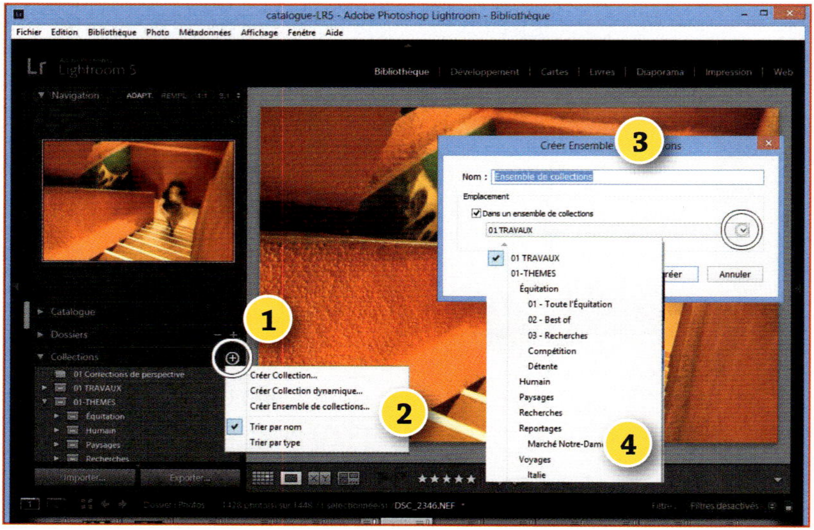

1 Cliquez sur le signe **+** de l'onglet **Collections**.

2 Choisissez l'option **Créer Ensemble de collections...**

3 Donnez un nom à ce nouvel ensemble. Si vous ne cochez pas **Dans un ensemble de collection**, ce nouvel ensemble s'installera à la racine de l'onglet **Collections**, créant un ensemble de collections de plus dans vos collections.

4 Organisez hiérarchiquement vos collections en cochant **Dans un ensemble de collection**. Pour choisir dans quel ensemble créer ce nouvel ensemble, appelez le menu déroulant de l'ensemble de vos collections en cliquant dans le champ sous-jacent.

ORGANISEZ DES ENSEMBLES ET SOUS-ENSEMBLES DE COLLECTIONS **Vous pouvez créer avec les ensembles de collections le même type d'arborescence que celle que vous savez organiser avec vos dossiers... Décomposez votre organisation en ensembles et sous-ensembles. Créez ces sous-ensembles de la même manière que les ensembles ou faites glisser avec la souris un ensemble existant à l'intérieur d'un autre.**

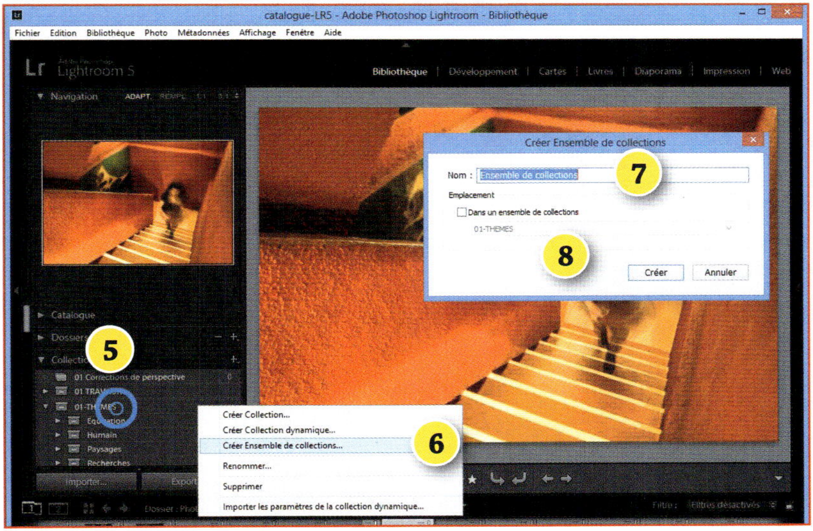

5 Par clic droit sur le titre d'un ensemble de collection, choisissez l'ensemble de collection « parent » dans lequel vous voulez créer un autre ensemble de collection.

6 Choisissez : **Créer Ensemble de collections...**

7 Nommez ce nouvel ensemble.

8 Automatiquement, LR vous propose d'héberger ce nouvel ensemble dans l'ensemble « parent » que vous avez choisi par clic droit... Cochez la case **Dans un ensemble de collections**.

Créer des collections avec la fonction Collection cible

Le plus simple pour rassembler un ensemble d'images dans une collection consiste à s'appuyer sur la fonction Collection cible. On peut alors parcourir sans restriction un très vaste ensemble de photos pour affecter d'un simple clic les photos de notre choix à une collection où elles seront faciles à retrouver.

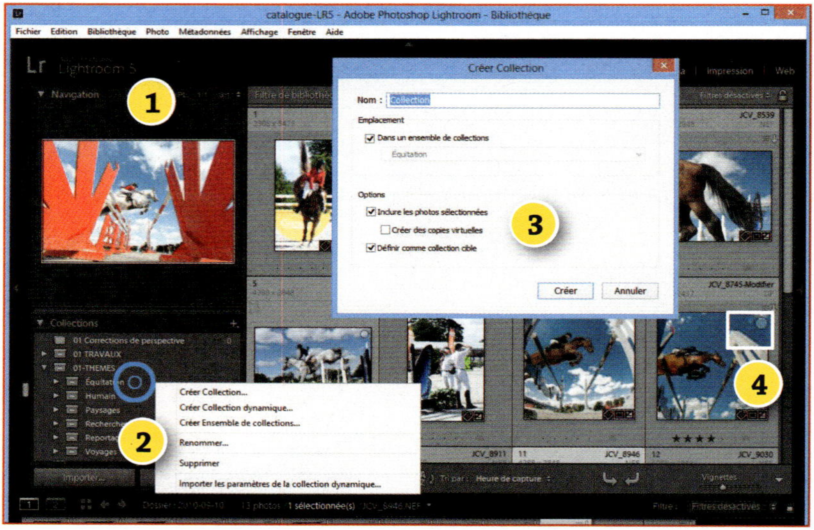

1 Sélectionnez le champ sur lequel va porter votre recherche (**toutes les photos** ou quelques dossiers sélectionnés).

2 Créez une collection.

3 Choisissez l'option **Définir comme collection cible** (elle porte alors un signe **+**).

4 Cliquez sur les petits points gris qui apparaissent au survol des vignettes si vous travaillez en mode **Grille**.

Note : Ces points font partie des badges de vignettes. Pensez aux raccourcis **J** et **Ctrl** + **J** pour activer leur affichage s'il ne l'était pas.

ATTENTION, LA FONCTION COLLECTION CIBLE PEUT ÊTRE UN PIÈGE **Elle est très pratique, on s'y habitue vite, mais il faut être très vigilant. Vous devez vérifier avant d'y avoir recours quelle est la collection désignée comme collection cible. À défaut, vous retrouverez vos photos dans une autre collection et il faudra les rapatrier par glisser-déposer vers leur destination finale !**

5 Passez en mode **Loupe** pour être encore plus efficace et mieux juger vos photos.

6 Dans le menu Photo, passez en mode **Avance automatique**.

7 Utilisez le raccourci **B** pour ajouter à la collection rapide une photo. Utilisez éventuellement la flèche de déplacement pour passer à la suivante.

8 Utilisez le raccourci **Ctrl** + **B** pour afficher la collection cible. Le même raccourci **Ctrl** + **B** vous ramène à votre point de départ.

9 La **Collection rapide** est par défaut la collection cible.

Note : Le raccourci **B** sur une photo déjà présente dans la collection cible, l'en supprime.

Créer des collections avec le filtre Bibliothèque

Le filtre Bibliothèque et particulièrement le moteur de recherche Métadonnées permettent de mener des recherches d'autant plus puissantes que vous aurez sérieusement réalisé votre travail de sélection et d'attribution de mots-clés. Transformer ces recherches en collections permet d'en retrouver le résultat en un clic.

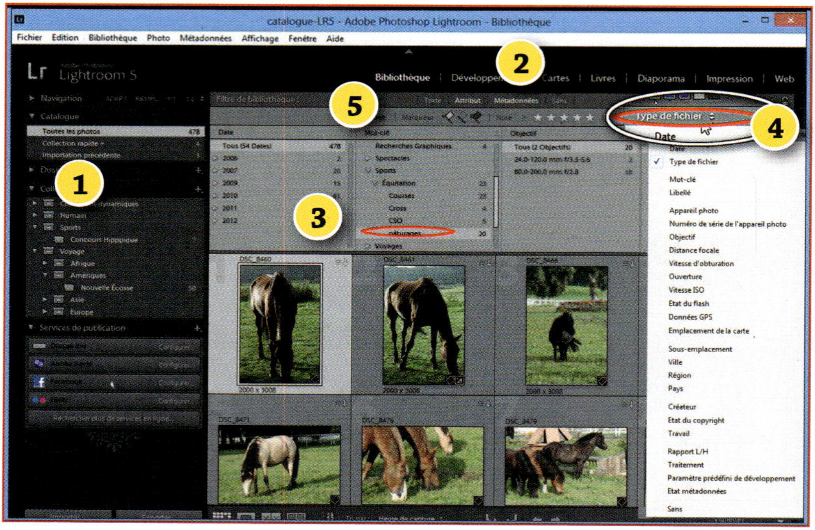

1 Sélectionnez le champ de recherche. En général **Toutes les photos**.

2 Cliquez sur **Métadonnées**.

3 Sélectionnez le mot-clé correspondant à vos recherches dans la colonne **Mot-clé** (ordonnés par ordre alphabétique et par ensembles de mots-clés).

4 Si aucune colonne n'a pour titre **Mot-clé**, cliquez sur les deux petits triangles blancs qui apparaissent au survol des titres de colonnes et choisissez dans la liste ce critère.

5 Affinez encore votre sélection en multipliant les critères de recherche par mots-clés ou en ajoutant des critères de recherche du filtre **Attribut**.

FAITES ÉVOLUER VOS COLLECTIONS Utilisez la fonction Collection cible pour ajouter des photos à vos collections. Si vous voulez éliminer une photo, vous devez appeler l'option Supprimer de la collection par clic droit sur la photo ! Si vous modifiez une photo dans une collection, toutes les autres représentations de cette image sont affectées où qu'elles se trouvent (dossiers ou collections) sauf si c'est une copie virtuelle.

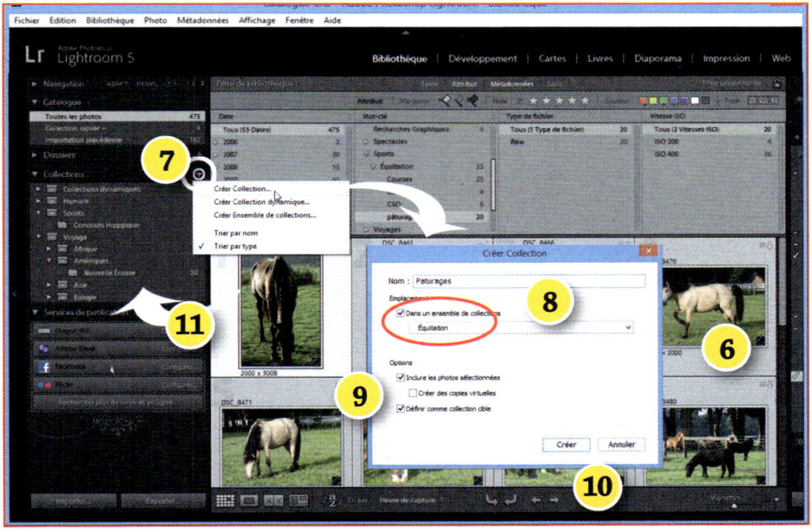

6 Sélectionnez toutes les photos résultant de votre recherche.

7 Cliquez sur le signe **+** de l'onglet **Collections** et sur **Créer Collection**.

8 Donnez un nom à votre collection et positionnez-la dans l'ensemble de vos collections. (Pensez à organiser vos collections en **ensembles de collections**).

9 Cochez **Inclure les photos sélectionnées** ou **Créer des copies virtuelles** (cf. fiche **039**).

10 Cliquez sur **Créer**.

11 Ajoutez des photos à une collection par glisser-déposer.

Créer des collections dynamiques

Les collections dynamiques sont le moyen le plus efficace pour organiser vos photos. Certains en arrivent même à masquer l'onglet Dossiers pour tout gérer à partir de l'onglet Collections ! La mise en œuvre demande un peu de réflexion au départ, largement compensée par le temps que cela fait gagner par la suite.

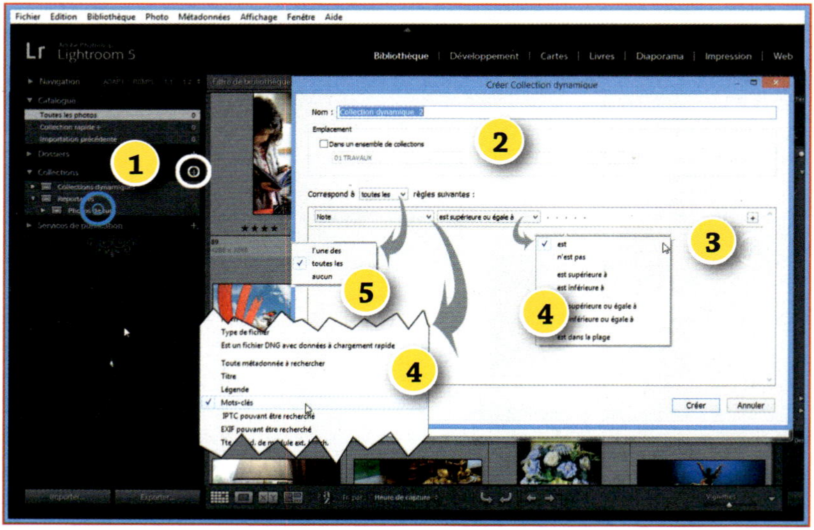

1 Créez une collection dynamique (signe **+** ou **clic droit** sur un ensemble de collections).

2 Définissez le **Nom** et l'emplacement où sera enregistrée cette nouvelle collection.

3 Déterminez les règles de sélection. Pour en ajouter, cliquez sur le signe **+** en bout de ligne.

4 Utilisez ces menus déroulants pour définir les règles.

5 Définissez les critères de combinaison des règles choisies. **L'une des**, **toutes les**, **aucun**, correspondent aux règles de combinaisons mathématiques « ou », « et », « ni ».

ELLES SONT « DYNAMIQUES » À DOUBLE TITRE **D'une part vous pouvez modifier à volonté les règles qui en définissent le contenu en double-cliquant sur leur titre. D'autre part leur contenu évolue parallèlement à votre travail d'éditing sur vos nouvelles images ou sur d'anciennes au fur et à mesure qu'elles entrent ou sortent de ces règles.**

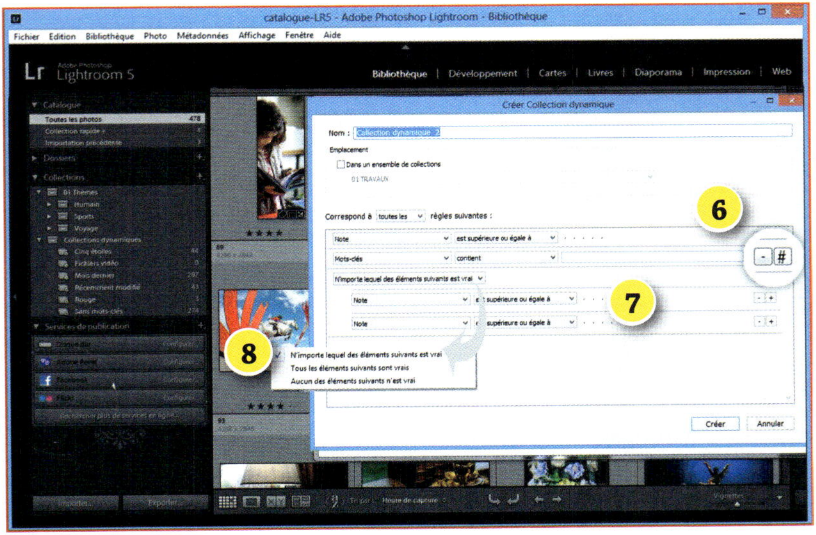

6 Maintenez la touche clavier **Alt** enfoncée. Le signe **+** se transforme en signe **#**.

7 Cliquez sur le signe **#** pour créer des sous-ensembles de règles que vous pouvez combiner entre elles.

8 Options de combinaisons des sous-ensembles de règles.

Note : Vous ne pouvez pas **supprimer** une photo d'une collection dynamique, sauf en modifiant les attributs qui la font entrer dans les critères de la collection.

La fonction **Ordre utilisateur** n'est pas disponible non plus.

Gérer vos arriérés !

Si vous importez toutes vos photos d'un coup dans Lightroom, ce qui est recommandé, vous allez vous retrouver avec un travail de tri, de sélection et d'attribution de mots-clés considérable. Voici une méthode qui va vous permettre d'avancer à votre rythme.

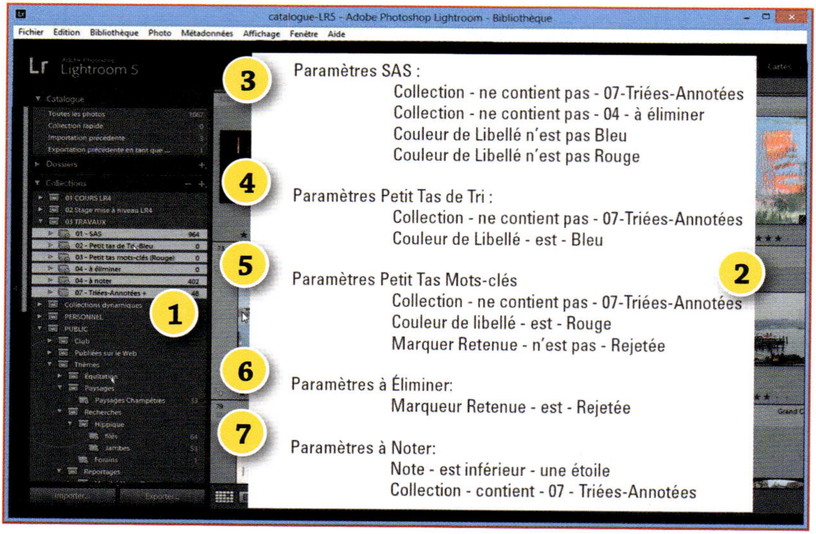

1 Créez une collection (statique) dans laquelle vous « rangerez » toutes les photos que vous aurez fini de traiter. (Triées + Mots-clés attribués.)

2 Créez quatre ou cinq collections dynamiques, selon que vous souhaitez ou pas utiliser les **Notes** : **SAS**, **Petit Tas de Tri**, **Petit Tas Mots-clés**, photos à **Éliminer**, photos à **Noter** en utilisant les critères proposés.

Suivez le mode d'emploi ci-contre.

LES CLÉS DE LA MÉTHODE Se servir d'une part du critère « Collection, ne contient pas » dans les collections dynamiques pour écarter de certaines collections les photos déjà traitées et appartenant à la collection « Triées - Annotées ». Travailler par petits tas à « dimension humaine » d'autre part pour trier et attribuer des mots-clés à vos photos.

3 Sélectionnez la collection SAS. Elle contient toutes les photos de votre catalogue sauf celles qui appartiennent aux collections « **Triées-Annotées** » ou « **À Éliminer** » et à celles en cours de traitement (**Tri** ou **Attribution de mots-clés**).

Sélectionnez alors un groupe raisonnable de photos à trier et affectez-leur un **Libellé Bleu**.

4 Automatiquement, les « survivantes » de ces photos vont se retrouver dans la collection « **Petit Tas de Tri** ».

Procédez aux opérations de tri (**P**, **X**, **U**). Quand vous avez terminé, changez le **Libellé Bleu** pour un **Libellé Rouge**.

5 Automatiquement, toutes ces photos, sauf celles rejetées, vont se retrouver dans la Collection « **Petit Tas Mots-clés** ». Attribuez-leur avec beaucoup de rigueur des mots-clés. Quand vous avez fini, sélectionnez-les toutes puis cliquez sur le petit point gris **Ajouter la photo à la collection cible** après avoir bien vérifié que la collection « **Triées - Annotées** » est bien la collection cible !

Il ne vous reste plus qu'à faire le ménage : enlever le Libellé couleur de ces photos en allant dans la collection **Triées - Annotées** (filtre Attribut / Libellé rouge / Ctrl + A / modifier le Libellé) puis recommencer avec un autre petit tas.

6 Attention, pour supprimer ces photos du disque dur il faut les sélectionner toutes puis repartir sur **Toutes les photos** du Catalogue ou passer par le menu **Photo** / **Supprimer les photos rejetées**.

7 Si vous êtes tenté par la notation, vous avez tout le loisir de le faire dans cette collection, sur les photos déjà traitées.

CHAPITRE 5

MODULE DÉVELOPPEMENT

Assimiler les principes de base

Lightroom possède un Camera Raw très sophistiqué. Depuis LR4, ce moteur de conversion a fait de gros progrès dans le traitement des hautes et basses lumières, en particulier à partir de fichiers RAW. Il peut néanmoins parfaitement être utilisé pour traiter des fichiers JPEG et TIFF. LR5 apporte quelques outils supplémentaires.

Choix à la prise de vue : RAW ou JPEG ?

Vous constaterez à l'usage que les capacités de correction sont infiniment plus puissantes quand vous traitez des fichiers RAW plutôt que d'autres formats, en particulier JPEG. Ceci tient au fait qu'en RAW la plupart des corrections se font lors du « dématriçage » ou « dérawtisation ». Vous travaillez alors au niveau des algorithmes de démosaïcation des fichiers RAW, et vos corrections sont en quelque sorte une forme d'interprétation des données RAW. En JPEG, ce travail d'interprétation est fait une fois pour toutes en interne par le logiciel embarqué de l'appareil photo numérique que vous utilisez. Vous avez donc beaucoup moins de possibilités d'intervention dans Lightroom.

Quand vous shootez en RAW, les seuls paramètres qui comptent sont les réglages de la vitesse, du diaphragme et de la sensibilité ISO. Pour plus d'informations, consultez l'article de Gilbert Volker : « Comprendre le format Raw » sur **photophiles.com**.

Gestion des couleurs

Pour tirer parti des capacités de capture des appareils photonumériques modernes, Lightroom définit les couleurs de vos photos dans un espace proche de l'espace ProPhotoRGB. Ensuite, en fonction des besoins, ces couleurs sont converties dans d'autres espaces : sRGB, Adobe98... Ainsi, compte tenu des limitations des écrans, les aperçus sont rendus en Adobe98. À l'exportation, Lightroom vous laisse toujours le choix. Pour approfondir vos connaissances en gestion des couleurs, rendez-vous sur **guide-gestion-des-couleurs.com** d'Arnaud Frich.

Aborder le post-traitement

Les bonnes photos se font à la prise de vue. Le post-traitement dans Lightroom permet de leur donner une finition, un rendu qui tend vers la perfection. Aucun logiciel de post-traitement ne fera une bonne photo d'une photo manquée à la prise de vue. Ceci étant posé, partez de votre image pour conduire vos corrections. Commencez par le plus important. L'ordre dans lequel vous mènerez vos interventions n'a aucune importance. Ce guide commence par traiter les corrections techniques pour ensuite aborder les aspects créatifs, c'est un choix parmi d'autres.

TOUJOURS AVOIR ACCÈS AU FICHIER ORIGINAL Lightroom travaille sur le principe de What You See Is What You Get (WYSIWYG). Il rafraîchit à la volée l'aperçu en fonction des corrections que vous faites à partir des informations contenues dans le fichier original ou un « Aperçu dynamique » (cf. fiche 019). C'est cet aperçu qui vous permet de contrôler ce que vous faites à condition d'avoir un écran bien calibré.

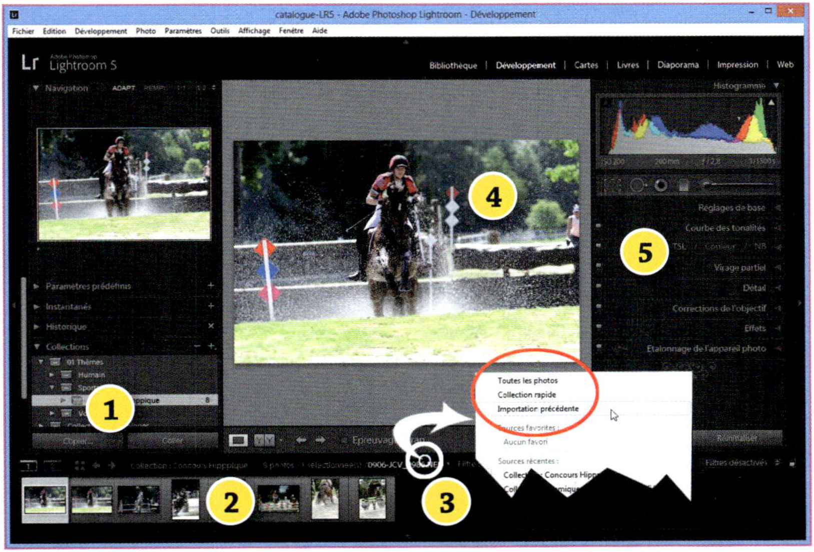

1 Choisissez les photos sur lesquelles travailler dans l'onglet **Collections**.

2 Choisissez la photo sur laquelle vous travaillez dans la Bande film. Les photos qui sont affichées là peuvent aussi venir d'un dossier qu'il faut avoir sélectionné dans la **Bibliothèque**.

3 Cliquez sur le nom du fichier sélectionné pour accéder à **Toutes les photos**, à celles de la **Dernière Importation** ou des derniers dossiers sur lesquels vous avez travaillé.

4 Contrôlez vos corrections avec cet aperçu rafraîchi en temps réel.

5 Choisissez vos outils de correction dans les onglets du panneau latéral droit.

Visualiser l'évolution de vos corrections

Vous avez souvent besoin de savoir si les corrections effectuées vont dans le bon sens. Pour cela, Lightroom met à votre disposition divers moyens de comparaison entre l'image avant correction et l'image après correction.

1 Utilisez le raccourci **Y** ou les icônes de comparaison pour comparer l'image **Après** toutes corrections à celle d'**Avant** (original).

2 Mieux ! **Maj** + **S**, plusieurs fois, permet d'alterner **Avant** et **Après**.

3 Découvrez les mêmes possibilités au niveau de chaque onglet de correction (comparaison **Avant** / **Après** les corrections qui y sont faites en cliquant plusieurs fois sur cette icône).

4 En mode Comparaison, évitez **Copier les paramètres de la photo Après vers la photo Avant** pour comparer un stade de développement donné à la suite de ce que vous essayez de faire... Préférez la méthode des points 6 et 7 sur la page de droite.

LA PUISSANCE ET LES PIÈGES DE L'HISTORIQUE **Toutes vos corrections y sont inscrites ligne après ligne depuis le premier jour (Importation). Vous pouvez donc revenir à n'importe quel stade de développement antérieur. Deux problèmes : l'immensité de la liste rend cela difficile. Après un retour en arrière, la première correction faite efface le travail réalisé après la correction sur laquelle vous êtes revenu. Pensez alors à Ctrl + Z.**

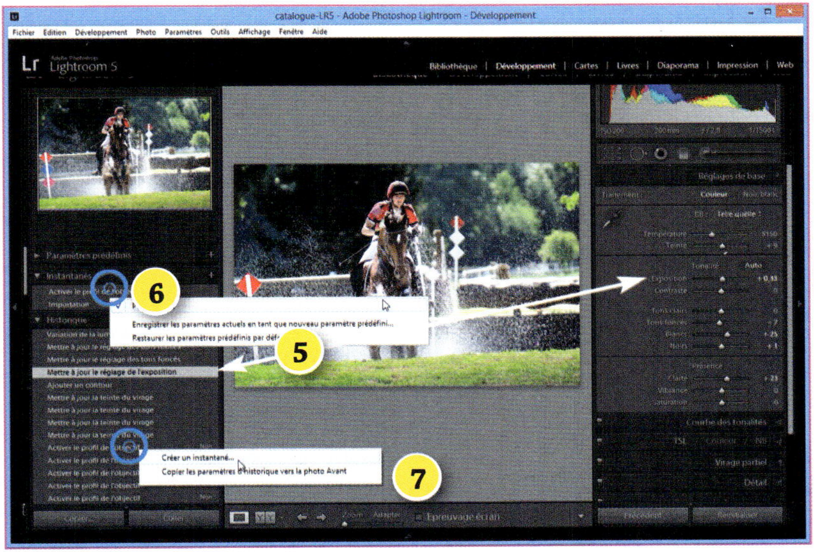

5 Toute manipulation à droite est répertoriée à gauche et inscrite dans la banque de données de Lightroom sous forme d'instructions de calcul.

6 Créez un **Instantané**, **Ctrl** + **N** (PC) **Cmd** + **N** (Mac), qui enregistre tous les paramètres utilisés à ce stade de développement de vos photos. Par clic droit ensuite sur cet instantané, vous pouvez **Copier les paramètres de l'instantané vers la photo Avant**. C'est un moyen très efficace d'évaluer votre progression (**Avant / Après**), en particulier quand vous utilisez les outils de corrections locales.

7 Vous pouvez faire strictement la même chose avec chaque ligne de l'**Historique**.

Quand utiliser un instantané ou une copie virtuelle

Une copie virtuelle n'est qu'un aperçu de plus. Il n'y a pas duplication du fichier. L'original sert toujours de référence, mais au lieu d'enregistrer dans sa banque de données tout ce que vous faites dans le « registre » attaché à la photo, Lightroom crée un nouveau « registre » dans lequel il enregistre vos nouveaux travaux.

Quand utiliser un Instantané ?

Quand vous souhaitez explorer une nouvelle voie de développement ou une option de réglage différente pour être en mesure de comparer facilement les résultats dans le module développement. Pour enregistrer éventuellement, dans les métadonnées du fichier original, plusieurs versions de développement définitives (Couleur et Noir et Blanc par exemple). Dans l'opération décrite dans la fiche **007,** les instantanés sont en effet enregistrés dans les métadonnées. Ceci n'est pas possible avec une copie virtuelle.

Quand utiliser une copie virtuelle ?

Quand vous voulez développer et utiliser séparément deux versions d'une même image. Une copie virtuelle a en quelque sorte une «vie propre», indépendante de celle de la matrice. Vous pouvez la publier sur le web, en faire un tirage, etc.

Instantané

Avantages : Permet d'explorer facilement des variations subtiles de réglages comme par exemple, un réglage des contrastes par le biais de **Courbe de tonalités** après avoir essayé avec **Réglages de base**. Créez un instantané « Réglage de Base ». **Copier les paramètres de l'instantané dans la photo Avant**... Annulez les réglages que vous avez fait dans Réglages de base. Explorez ceux de **Courbe de tonalités** puis comparez les résultats par **Avant/Après**.

Inconvénient : Ne permet pas d'afficher dans la **Bibliothèque** différentes versions de la même image.

Copie virtuelle

Inconvénient : Il est mineur. Vous ne pouvez pas enregistrer les métadonnées d'une copie virtuelle dans le fichier. Seules peuvent y être enregistrées celles de la matrice (cf. fiche **007**).

Contourner cette difficulté : Créez systématiquement un instantané du dernier développement de vos copies virtuelles. Il est automatiquement enregistré dans les instantanés du fichier matrice.

Note : Vous pouvez très facilement mettre à jour un instantané par clic droit sur son titre (cf. page de droite).

DES CONCEPTS COMPLEXES DE PRIME ABORD QUI VOUS FACILITERONT LA VIE Essayez de bien les assimiler afin d'en tirer le meilleur parti. Fort de tout cela, réservez les instantanés aux possibilités de comparaison facile qu'ils offrent. Utilisez les copies virtuelles pour développer différentes versions d'une photo.

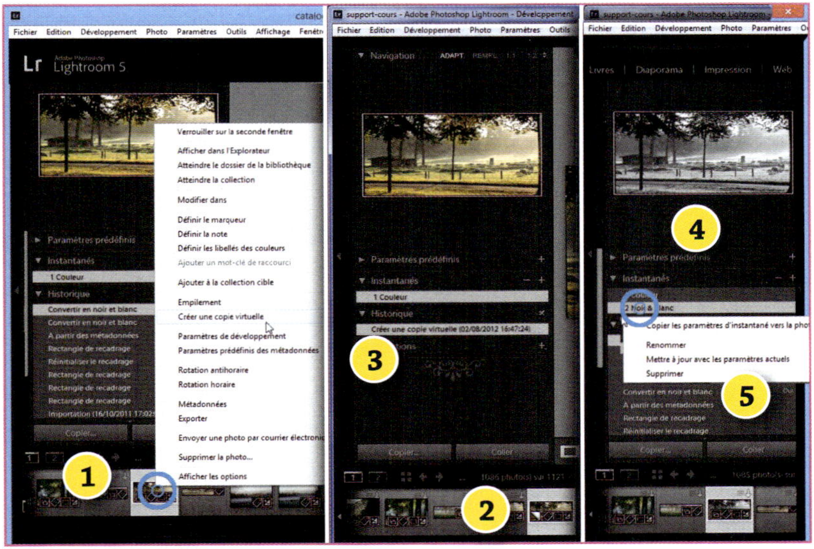

1 Cliquez droit sur la vignette d'une image et choisissez l'option **Créer une copie virtuelle**.

2 Identifiez la copie virtuelle à son coin corné. S'il n'est pas visible, vérifiez l'option **Badges de vignettes** dans **Préférences / Interface / Film fixe**.

3 L'instantané de la matrice a suivi.

4 Développez une nouvelle version (NB) et créez un instantané (**Ctrl** + **N**). Il apparaît dans l'onglet **Instantané** de la copie virtuelle et de la matrice dont est issue la copie virtuelle.

5 Mettez à jour l'instantané au fur et à mesure de l'évolution de vos corrections par clic droit sur son titre, option **Mettre à jour avec les paramètres actuels**.

Reprendre vos réglages, réinitialiser les curseurs

Le travail de correction se fait au feeling, à partir de ce qu'on voit et en fonction de l'inspiration du moment. Il arrive parfois que l'on ait l'impression de tourner en rond. Il vaut mieux dans ces cas-là repartir de zéro en faisant une réinitialisation ! (Non sans avoir réalisé au préalable soit une copie virtuelle, soit un Instantané).

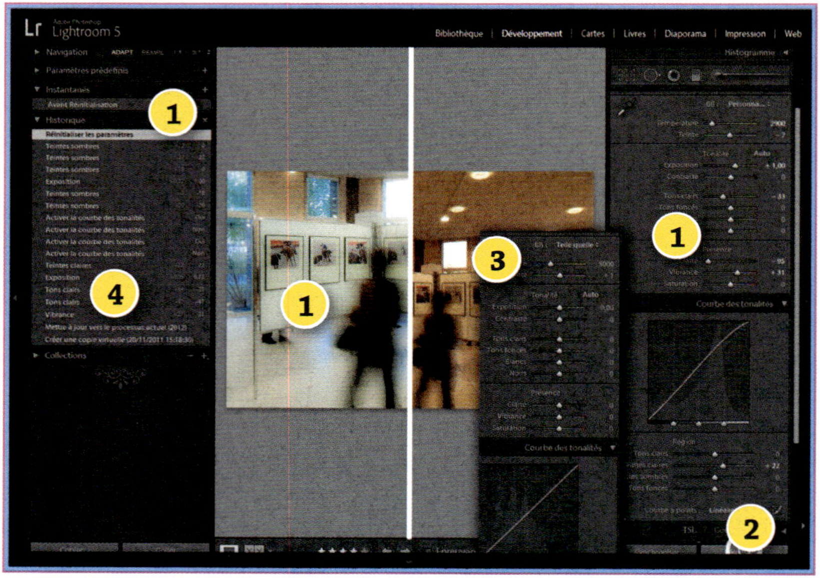

1 Faites une sorte de sauvegarde de l'état de développement atteint (**Instantané** ou **Copie virtuelle**).

2 Cliquez sur **Réinitialiser**.

3 Tous les curseurs de tous les onglets de réglage reviennent à leurs valeurs par défaut. La photo retrouve ses caractéristiques originales.

4 Vous conservez l'**Historique** et les **Instantanés**.

Note : Si vous aviez créé une copie virtuelle, l'historique commencerait à cette création, ce qui ne vous empêcherait pas de réinitialiser tous les paramètres de développement à leurs valeurs par défaut.

RÉINITIALISER TOUT OU UNE PARTIE DE VOS CORRECTIONS **Vous avez la possibilité de réinitialiser globalement tous les réglages d'un onglet de correction ou d'un outil tel que Pinceau ou Filtre gradué. Ceci est très pratique pour reprendre de zéro un réglage dans un onglet donné ou remettre au neutre les curseurs de réglage des outils de corrections locales. Vous pouvez également remettre au neutre une seule ligne de commande.**

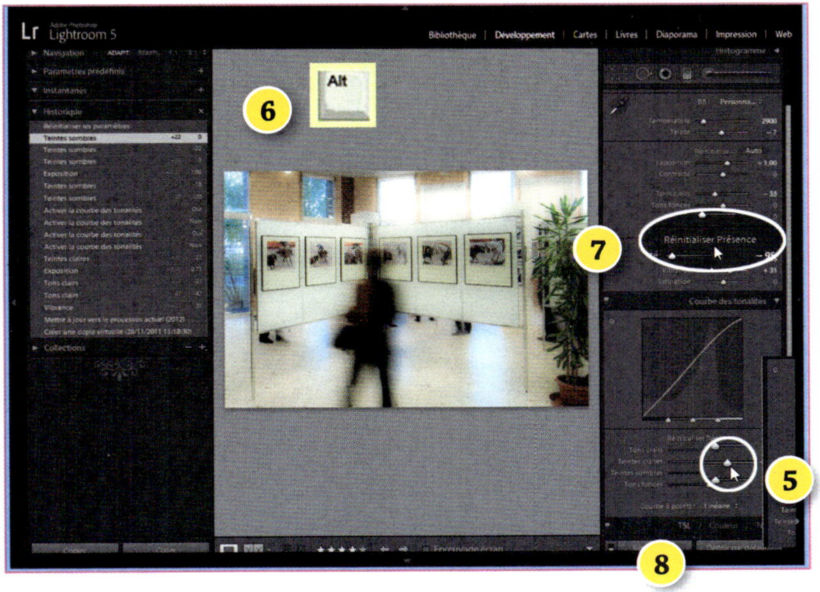

5 Ramenez un curseur à sa valeur par défaut en double-cliquant dessus ou sur son titre. (Cela permet dans l'onglet **Réglage de base** d'avoir un **Avant / Après** en ne bougeant pas la souris et en cliquant ensuite au même endroit.

6 Maintenez la touche **Alt** enfoncée.

7 Observez la modification de tous les sous-titres dans tous les onglets. En cliquant sur un de ces sous-titres modifiés, tous les réglages qui en dépendent reviennent à leurs valeurs par défaut.

8 Notez la transformation du bouton **Réinitialiser** (cf. fiche **050**).

Passer en mode Zoom

Il y a un certain nombre de circonstances dans lesquelles vous aurez besoin de « zoomer » dans vos images pour travailler plus finement vos réglages (accentuation, correction de bruit, utilisation des outils de corrections locales).

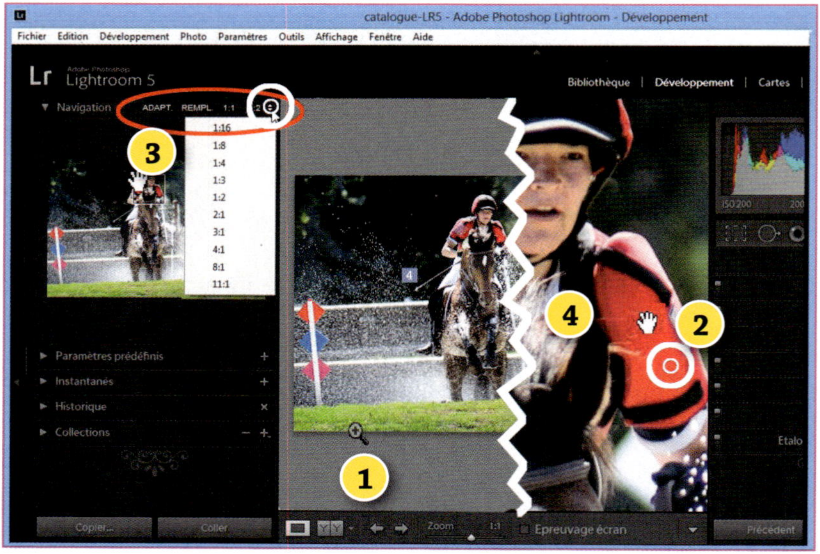

1 Cliquez dans l'image pour passer en mode **Zoom**. (Vous pouvez aussi cliquer en un point de l'aperçu **Navigation**).

2 En mode **Zoom**, le curseur se transforme en main et vous permet de circuler dans l'image par cliquer-glisser.

3 Réglez le taux de grossissement en cliquant sur le double triangle de l'onglet **Navigation**.

4 Repassez en mode **Loupe** (**ADAPT**. ou **REMPL**.) en cliquant de nouveau dans l'image ou en double-cliquant dans l'aperçu de l'onglet **Navigation**.

UTILISEZ LA BARRE ESPACE POUR ACCÉDER AU MODE ZOOM **En temps ordinaire, une impulsion sur la barre d'espace permet d'alterner entre les modes Zoom et ADAPT. Maintenez-la enfoncée pour accéder très facilement à la fonction Zoom et en sortir, quand vous avez un outil de correction en main (Correction de tons directs ou outil Pinceau).**

5 Avec un de ces outils, votre curseur souris prend la forme de l'outil. Si vous cliquez dans l'image, vous appliquez une correction...

6 Maintenez la barre d'espace enfoncée, votre curseur se transforme en loupe. Cliquez dans l'image pour passer en **Zoom**.

7 Relâchez la barre d'espace, vous retrouvez votre outil.

8 Maintenez de nouveau la barre d'espace enfoncée pour circuler dans l'image ou pour quitter le mode **Zoom** en cliquant de nouveau dans l'image.

Bien utiliser les paramètres prédéfinis

Utilisez les paramètres prédéfinis livrés avec Lightroom seulement comme point de départ de vos corrections, pour dégrossir le problème et ne pas tuer votre créativité. En revanche, apprenez à créer les vôtres pour résoudre des problèmes très spécifiques comme par exemple, le choix d'un profil APN (cf. fiche **050**).

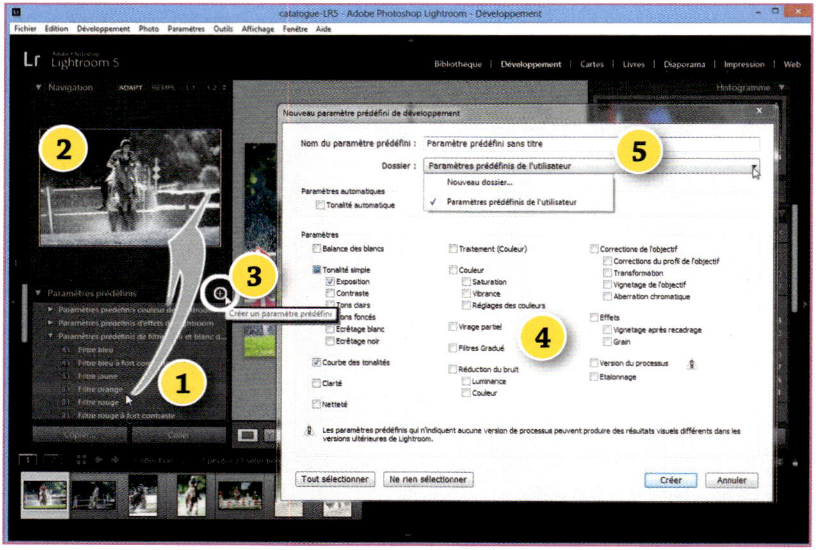

1 Survolez avec votre souris les différents paramètres prédéfinis.

2 Observez dans l'onglet **Navigation** comment ces différents « presets » affecteront le traitement de vos photos avant de cliquer sur l'un d'eux pour l'appliquer.

3 Cliquez sur le signe **+** pour créer vos propres préréglages quand vous avez réalisé un réglage au rendu particulièrement réussi et original que vous pensez pouvoir réutiliser.

4 Cochez les paramètres utilisés lors de ces réglages. Avant, prenez l'habitude de tout réinitialiser en cliquant sur **Ne rien sélectionner**.

5 Nommez et rangez dans un dossier ce paramètre prédéfini.

ORGANISEZ VOS RÉGLAGES PRÉDÉFINIS **Prenez l'habitude de bien ranger vos paramètres prédéfinis, surtout si vous en importez beaucoup. Lightroom est livré avec déjà un certain nombre de dossiers. Vous pouvez en créer d'autres, et répartir à votre guise vos paramètres prédéfinis dans ces différents dossiers par glisser-déposer.**

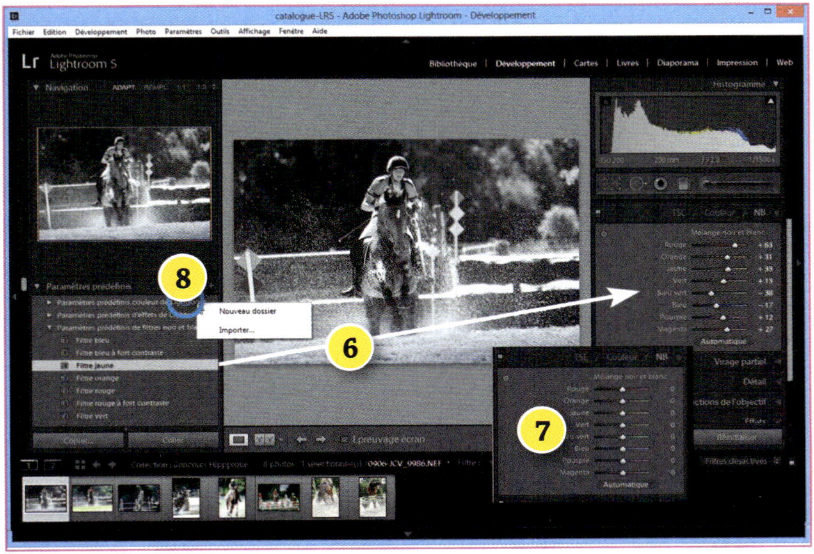

6 Tout réglage prédéfini intervient sur les paramètres de développement du panneau latéral droit. Ici l'application de réglages particuliers des jaunes.

7 Pour comparaison, les réglages d'une conversion N&B standard. Notez l'emplacement des curseurs.

8 Installez des presets qui fleurissent sur le Net et que vous avez téléchargés. Par clic droit sur son titre, créez un **Nouveau dossier**. Recommencez, clic droit sur ce dossier et choisissez l'option **Importer**. Conduisez Lightroom jusqu'au dossier dans lequel sont enregistrés les paramètres prédéfinis importés.

Faire du traitement par lot

Une des grandes forces de Lightroom est de vous permettre de consacrer un certain temps au réglage fin d'une image et de pouvoir appliquer instantanément ces réglages à tout un ensemble de photos prises dans les mêmes conditions. Pour ce faire vous avez le choix entre deux méthodes : Synchroniser ou Auto Sync.

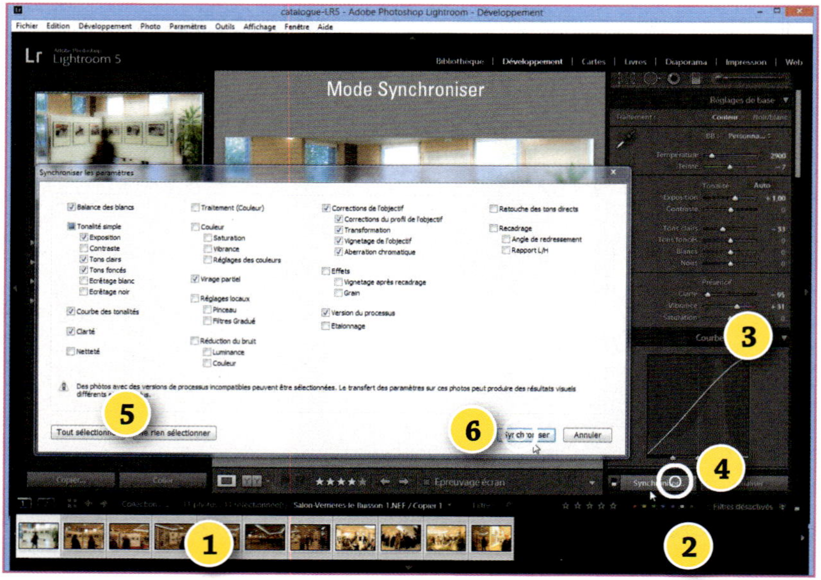

1 Sélectionnez un groupe de photos prises dans les mêmes conditions (**Ctrl** + **A** ou **Maj** + **clic**).

2 **Synchroniser** remplace **Précédent**.

3 Procédez au réglage de l'image de référence (la plus sélectionnée).

4 Cliquez sur **Synchroniser**.

5 Cliquez sur **Tout sélectionner**. Éventuellement, décochez des réglages spécifiques qui ne seraient pas adaptés au lot.

6 Cliquez sur **Synchroniser**.

Vérifiez le résultat photo par photo. Ajustez si nécessaire.

FAIRE LE DISTINGUO ENTRE PARAMÈTRES PRÉDÉFINIS ET TRAITEMENT PAR LOT **Les paramètres prédéfinis s'appliquent, comme le traitement par lot, à un ensemble de photos. Ils correspondent à certains rendus. Ils sont plus globaux que le traitement par lot. Celui-ci est plus spécifique à un groupe d'images prises dans les mêmes conditions. Vous pouvez très bien utiliser les uns et compléter votre travail avec l'autre !**

7 Cliquez sur l'icône : **Synchroniser** est remplacé par **Synch. auto**.

8 Corrigez la photo à l'écran, la plus sélectionnée. Toutes les photos sont corrigées en même temps.

9 Dès que vous avez fini votre réglage, prenez l'habitude de désactiver cette fonction en cliquant de nouveau sur l'icône. Vous risquez sinon de modifier inconsidérément tout un lot de photos en croyant n'apporter que quelques retouches à une seule.

10 Passez ensuite en revue le résultat sur chacune des photos du lot et ajustez.

Copier-Coller les réglages d'une photo précédente

Si vous préférez travailler vos réglages photo après photo, les boutons Précédent et Copier-Coller peuvent vous faire gagner un peu de temps. En termes d'efficacité, ces fonctions sont beaucoup moins performantes que celles que vous avez vues dans la fiche précédente !

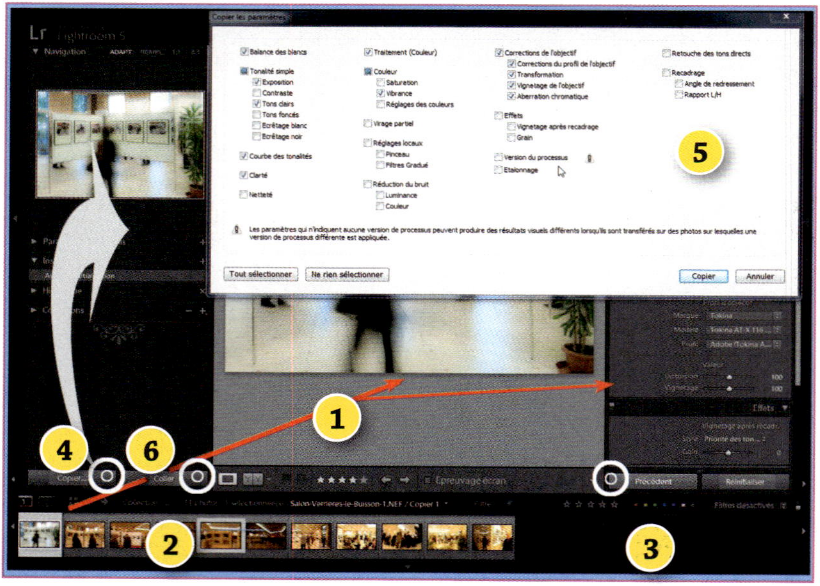

1 Sélectionnez et réglez une image.

2 Sélectionnez-en une autre.

3 Cliquez sur **Précédent** si vous voulez lui appliquer **TOUS** les paramètres de réglage utilisés pour la précédente. Où qu'elle soit sur la Bande film, il est impératif que ce soit la première que vous sélectionnez après avoir réglé la précédente.

4 Cliquez sur le bouton **Copier** après avoir réglé une photo si vous voulez être plus sélectif.

5 Choisissez les paramètres à copier.

6 Appliquez-les à une autre image. Sélectionnez-la et cliquez sur **Coller**.

LES RESSOURCES MÉCONNUES DU MENU PARAMÈTRES **Il n'y en a qu'une : Reproduire toutes les expositions. Elle vous sera très utile si vous êtes un adepte de la photo panoramique par assemblage ! Pour le reste, vous y retrouvez tous les raccourcis clavier qui se rapportent aux fonctions de traitement par lot. Évitez de perdre votre temps à les apprendre.**

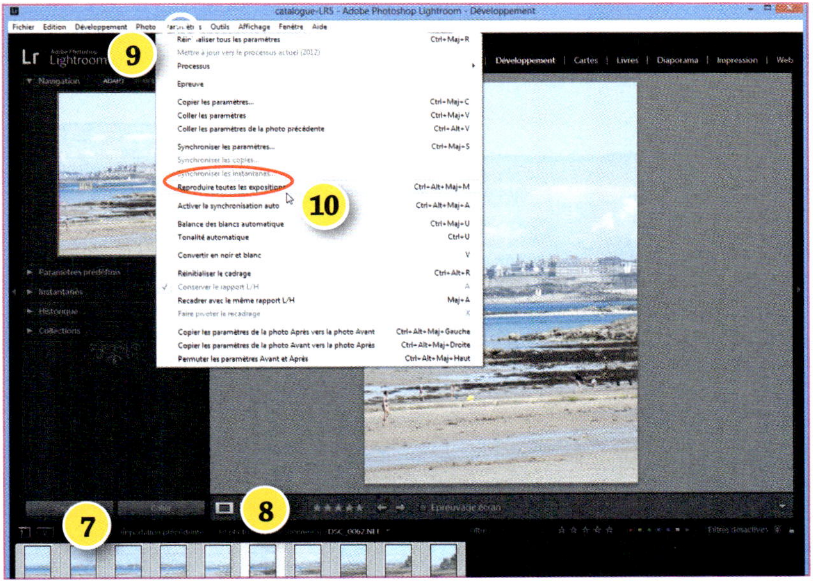

7 Sélectionnez un ensemble de photos prises en vue d'un montage panoramique par assemblage.

8 Sélectionnez celle que vous souhaitez utiliser comme référence en matière d'exposition (la plus sélectionnée). Il y a souvent de petits décalages qu'il vaut toujours mieux reprendre avant d'utiliser un logiciel d'assemblage.

9 Cliquez sur le menu **Paramètres**.

10 Sélectionnez l'option **Reproduire toutes les expositions**. Lightroom harmonise la tonalité moyenne de toutes les photos sur la base de celle qui a été choisie en référence.

CHAPITRE 6

CORRECTIONS D'ORDRE TECHNIQUE

Utiliser l'étalonnage de l'appareil photo

Le titre de cet onglet induit en erreur. Il n'est pas question de procéder à l'étalonnage de votre APN, au sens calibrage, avec les curseurs que Lightroom met à votre disposition. Il faudrait des yeux de chromiste pour cela, et encore ! Oubliez donc tous les curseurs que vous voyez dans cet onglet.

Petit rappel sur la notion d'étalonnage.

Les spécialistes parlent de caractérisation pour désigner l'opération qui permet de mesurer et de corriger les défauts de capture ou de restitution des couleurs par un « périphérique » numérique. Or les couleurs que votre APN capture changent avec la nature de la source d'éclairage sous laquelle est faite la capture. Il faudrait donc dans la théorie avoir autant de profils APN que de conditions d'éclairage de prise de vue ! Par ailleurs, compte tenu des tolérances de fabrication des capteurs et surtout de la variété des objectifs, il faudrait réaliser des profils personnalisés qui prennent en compte ces facteurs...
En raison de ces difficultés, les ingénieurs de Lightroom se sont contentés de fournir un profil moyen par appareil photo des différentes marques : ce sont les profils Adobe et ACR 4.4 et 4.3. Ils proposent en sus différents profils constructeurs qui reprennent des rendus JPEG qui sont proposés par ces fabriquants.

Les rendus constructeurs :

Ce sont un certain nombre de rendus qu'il était et, pour certains, qu'il est encore possible de sélectionner dans les menus de vos APN. Ils ont connu leur heure de gloire avant que les photographes ne shootent en Raw puisqu'ils étaient utilisés par les moteurs de conversion interne des APN pour convertir les données brutes (RAW) de prise de vue en fichiers JPEG. Aujourd'hui encore ils sont exploités par des photoreporters qui shootent alors en RAW + JPEG.
Ces conversions de rendus interviennent au niveau du processus de démosaïcation, en amont de tout traitement dans les onglets du module.

Passport Color Checker :

C'est l'outil idéal des photographes de publicité ou de mode qui doivent reproduire à la perfection les couleurs qu'ils photographient ! C'est un produit X-Rite qui se compose d'une mire et d'un logiciel de traitement des images réalisées avec cette mire.
Il suffit d'effectuer une prise de vue du modèle avec la mire dans les conditions d'éclairage utilisées et de traiter ensuite cette photo avec le logiciel fourni pour retrouver, à la fin du processus, le profil créé dans l'onglet Étalonnage de l'appareil photo et l'appliquer à toutes les photos du shoot.

COMMENCEZ PAR UN CHOIX DE RENDU DANS L'ONGLET ÉTALONNAGE **C'est la seule et très grande utilité de cet onglet. C'est la raison pour laquelle vous avez intérêt à commencer par cela dans votre processus de traitement de vos images. Cela constitue un excellent point de départ pour la mise en valeur de vos photos.**

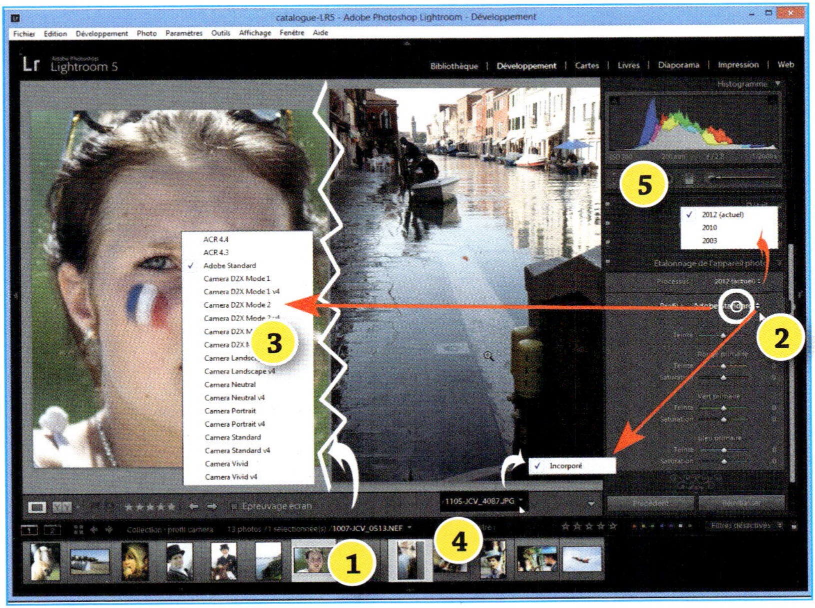

1 Sélectionnez une photo en format RAW exclusivement.

2 Cliquez sur le double triangle au bout de la ligne **Profil**.

3 Essayez divers rendus. Utilisez les instantanés pour les comparer plus facilement (cf. § 6 fiche **007**), ou mieux, créez un réglage prédéfini pour chacun (cf. fiches **042** et **050**).

4 Essayez avec un fichier JPEG ou TIFF, vous n'avez aucune possibilité d'intervention à ce niveau.

5 La commande **Processus** s'adresse aux photographes ayant utilisé des versions antérieures de Lightroom. Elle leur permet de mettre à jour le processus de traitement de leurs anciennes photos (cf. fiche **054**).

Corriger les défauts d'objectifs et de perspective

L'onglet Corrections de l'objectif, avec ses profils d'objectifs depuis LR-4 permettait de corriger les défauts optiques de vos photos en un clic. Avec LR-5, corrigez maintenant en trois clics tous les défauts d'objectifs et de prise de vue : déformations d'objectif, abérations chromatiques, redressement des perspectives.

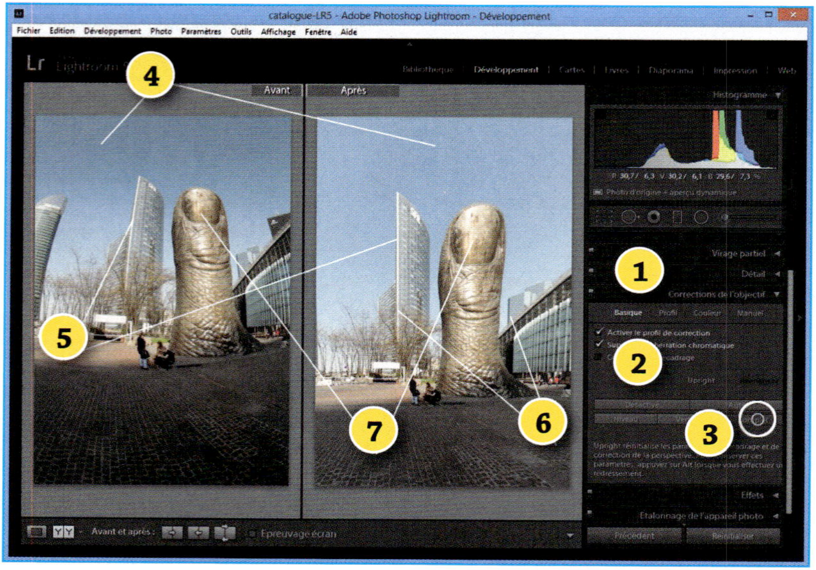

1 Cochez la case **Activer les corrections de profils**.

2 Cochez la case **Supprimer l'aberration chromatique** (cf. fiche **047** pour plus de détails).

3 Cliquez sur le bouton **Auto** ou **Complet** selon vos besoin (redressement partiel ou complet des perspectives).

4 Correction de vignettage liée à la correction de profil.

5 Correction optique des déformations en coussinet de l'objectif.

6 Redressement des perspectives.

7 Déformation des surfaces qu'il est possible d'amoindrir (cf. **Note** page **117**).

APPRIVOISEZ LES CORRECTIONS DE PROFIL D'OBJECTIFS **Lightroom 5 est livré avec un ensemble de profils de correction d'objectifs impressionnant et chaque mise à jour apporte son lot de nouveaux objectifs pris en compte par Adobe... Étudiez de près l'interface du sous-onglet, vous verrez que vous pouvez moduler les corrections d'objectif et de vignettage dans un sens ou dans l'autre avec les deux curseurs du bas.**

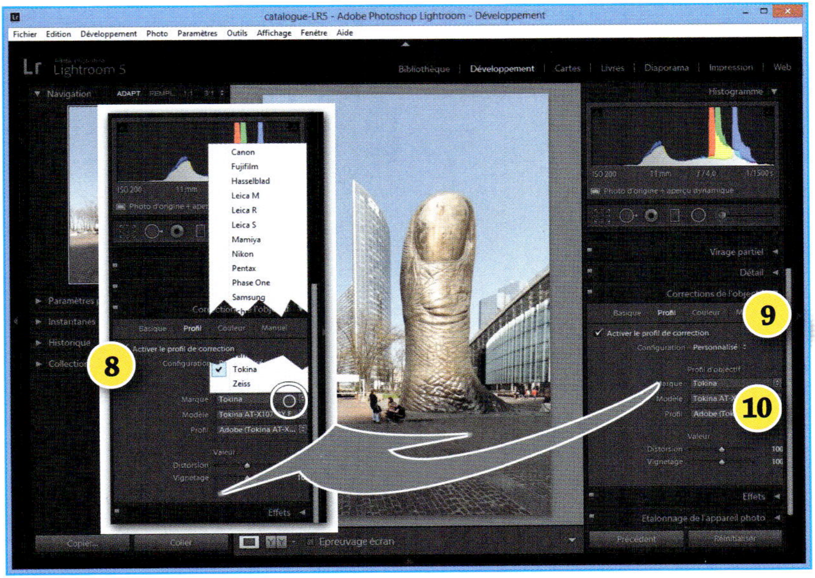

Il peut arriver que votre objectif ne soit pas détecté quand vous cochez la case **Activer le profil de correction**, ouvrez le sous-onglet **Profil** et suivez ces instructions :

8 Cliquez sur le champ **Marque** et cochez la marque de votre objectif. La plupart du temps cela suffit à LR pour retrouver le profil de votre objectif.

9 Cliquez sur le champ **Configuration** et cochez **Enregistrer les nouveaux profils d'objectif par défaut** pour éviter que cela ne se reproduise.

10 Cliquez sur **Modèle** et si le profil de votre objectif n'existe pas, créez le en utilisant l'application : Adobe Lens profile creator (recherche Google).

Corriger les défauts d'objectifs et de perspective

La correction de perspectives ne remplace par un objectif à décentrement pour faire de la photo d'architecture mais elle donne néanmoins des résultats très satisfaisants. N'oubliez pas de cadrer large à la prise de vue car vous constaterez que la correction opérée par Lightroom « mange » une partie de l'image !

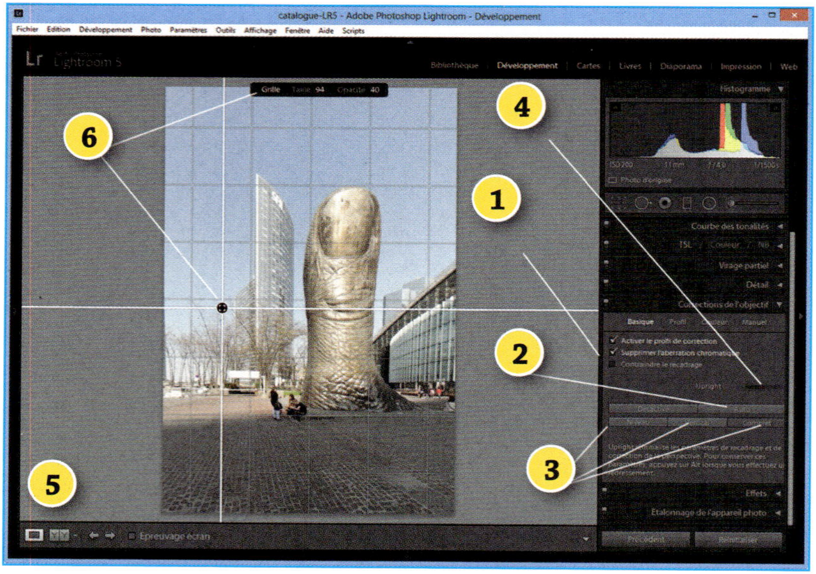

1 Ne cochez pas **Contraindre le recadrage**.

2 Utilisez **Auto** pour un résultat plus « artistique » qui conserve un peu d'effet le plongée ou contre-plongée.

3 Utilisez en fonction de vos besoins ces trois boutons.

4 Utilisez plusieurs fois l'option **Recalculer** quand le résultat n'est pas satisfaisant.

5 **Ctrl** + **Alt** + **O** (PC) ou **Cmd** + **option** + **O** (Mac) permet d'afficher **Repères** et **Grille** pour mieux évaluer le travail de redressement des verticales.

6 Maintenez la touche **Ctrl (Cmd)** enfoncée pour régler l'échelle de la grille et la position des repères.

AFFINEZ VOS CORRECTIONS DE PERSPECTIVE DANS LE SOUS-ONGLET MANUEL **C'est le détail qui fait la différence. Utilisez ces options de réglages pour affiner vos corrections. Appuyez vous sur les repères et la grille. Coté recadrage, utilisez l'astuce présentée ci-dessous pour vous affranchir des automatismes. N'hésitez pas, sur un plan artistique, à envisager des formats panoramiques verticaux !**

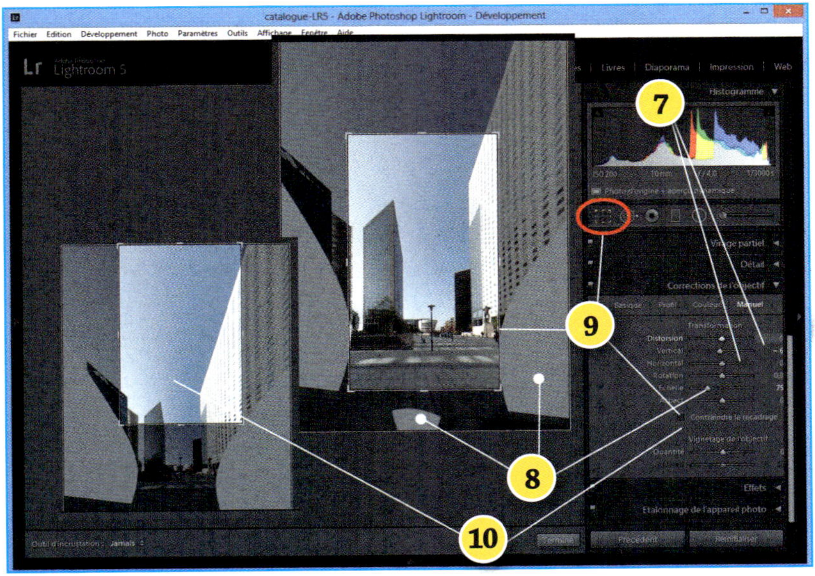

7 Utilisez délicatement les curseurs **Horizontal** et **Vertical** pour améliorer les corrections de perspectives en vous appuyant sur la grille et les repères.

8 Jouez sur le curseur **Échelle** pour matérialiser les zones perdues lors de la correction de perspectives.

9 Activez l'outil de **Recadrage** et décochez **Contraindre le recadrage** pour rester maître du résultat final.

10 Aperçu du résultat que donnerait la fonction **Contraindre le recadrage** sur cette image...

Note : Le curseur **Aspect** permet de jouer sur l'élancement vertical de l'image ou son empâtement horizontal.

Corriger les aberrations chromatiques

Les aberrations chromatiques affectent surtout les objectifs grand-angle utilisés à pleine ouverture (entre 1,4 et 2,8 de diaphragme). Vous n'ouvrirez le sous-onglet Couleur que quand vous serez confronté à des aberrations chromatiques récalcitrantes à la correction automatique appliquée dans le sous-onglet Basique.

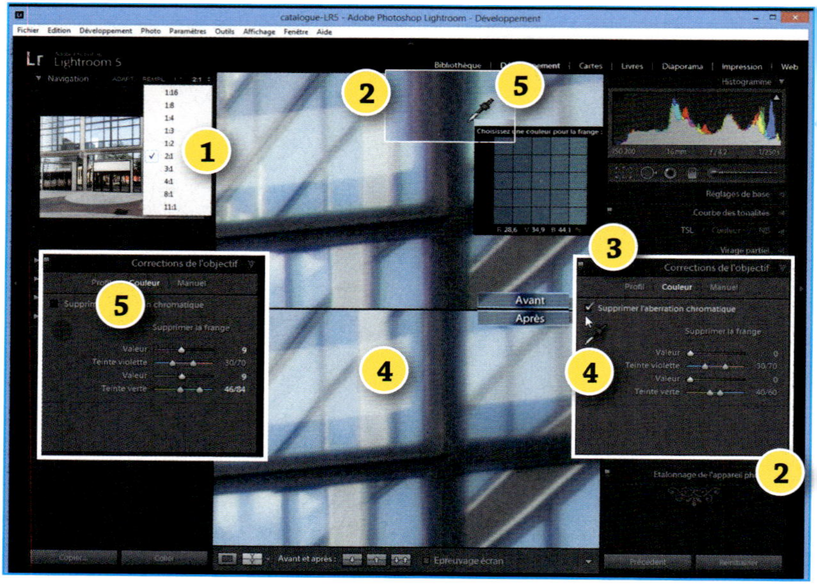

1 Passez en fort grossissement, ici à 200 %, pour voir les aberrations chromatiques.

2 Les aberrations chromatiques sont ces franges violettes et verdâtres qui apparaissent dans les zones de fort contraste.

3 Sélectionnez le sous-onglet **Couleur** et cochez la case **Supprimer l'aberration chromatique**.

4 Les curseurs ne bougent pas, mais dans 90 % des cas la correction est très efficace.

5 Autre méthode efficace : sélectionnez la pipette et cliquez sur chacune des deux franges. Cette fois les curseurs bougent.

CORRECTION MANUELLE DES ABERRATIONS CHROMATIQUES CORIACES **Les objectifs grand-angle à décentrement génèrent particulièrement ces aberrations. Il faut alors modifier manuellement les valeurs de correction par défaut qu'utilise Lightroom dans ses corrections automatiques et parfois utiliser les ressources qu'offre l'outil Pinceau.**

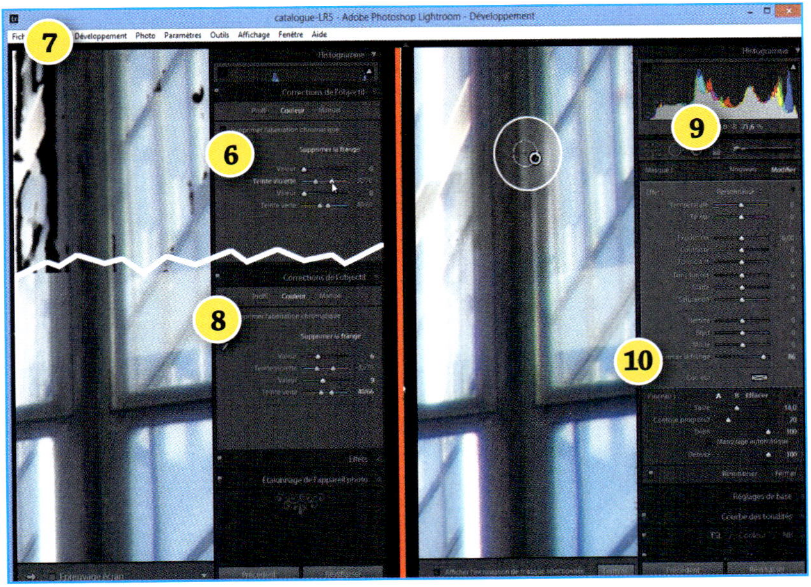

6 Maintenez la touche **Alt** enfoncée et faites glisser les index **Teintes** pour couvrir de noir les franges d'aberration (étape 7).

8 Ajustez l'index **Valeur** à vue pour éliminer les franges.

9 S'il reste quelques résidus récalcitrants, utilisez l'outil **Pinceau**.

10 Le curseur **Supprimer la frange** du pinceau fonctionne en complément des corrections faites dans **Correction d'objectif**. À droite on augmente la puissance de correction pour éliminer des éléments résiduels, à gauche on la diminue pour effacer des débordements intempestifs générés dans l'onglet **Correction d'objectif**.

Corriger le bruit

Le bruit numérique affecte particulièrement les basses lumières. L'échauffement du capteur provoque l'agitation des électrons. Il en résulte un bruit de fond qui pollue les faibles signaux que sont capables d'engendrer les basses lumières.

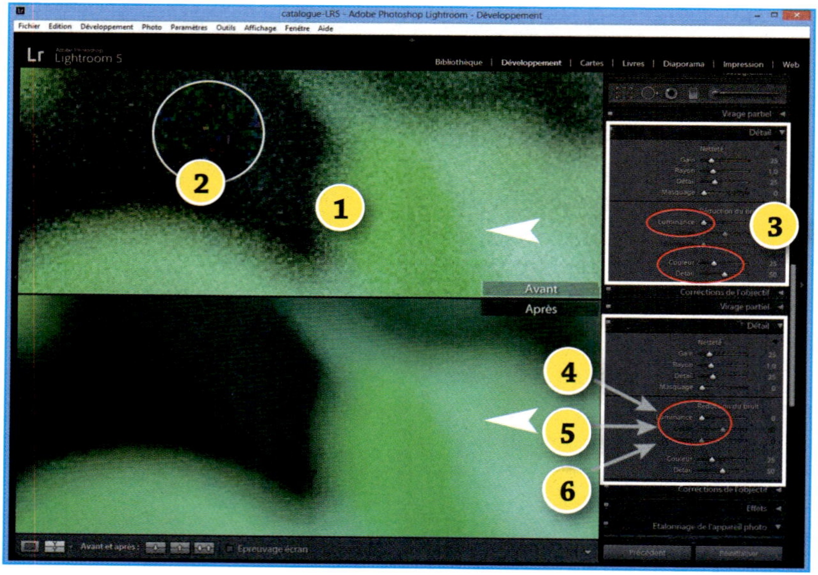

1 Le bruit de luminance est caractérisé par ces petits granulés qui apparaissent, à fort grossissement, sur vos photos.

2 Le bruit de couleur correspond à ces petites tâches rouges et bleues que vous n'observez sans doute pas, car elles sont corrigées par défaut à l'importation.

3 Ramenez le curseur **Couleur** à zéro pour les voir.

4 **Luminance** règle la puissance du flou gaussien utilisé pour supprimer le bruit (à utiliser à minima).

5 **Détail** masque les zones avec détails et les protège du flou.

6 **Contraste** améliore un peu la qualité des détails à préserver.

LE BRUIT, N'EN FAITES PAS TOUT UN TINTOUIN **D'une part les appareils modernes ont fait d'énormes progrès dans la maîtrise de ce phénomène, d'autre part il faut que vous tiriez vos images en très grand format (supérieur au A3 +) pour que votre œil commence à le déceler. En la matière, il ne faut pas faire de pixel-peeping ! Restez raisonnable. Un peu de bruit n'a jamais fait pas de mal à personne.**

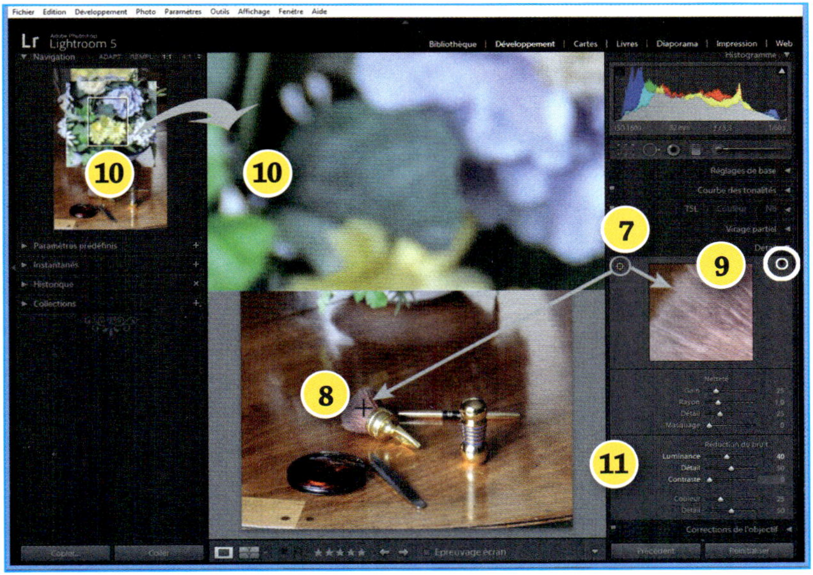

Aménagez votre espace de travail :

7 Cliquez sur l'outil **Cible**. S'il n'est pas visible, cliquez sur le triangle sous le titre de l'onglet (**Détails**).

8 Sélectionnez une zone de détails à préserver en cliquant dans l'image.

9 Ces détails s'affichent à 100 % de grossissement dans cette fenêtre.

10 Passez en **Zoom** à 100 % pour observer une partie de l'image bruitée.

11 Avec les curseurs, procédez par itérations successives. Commencez par **Luminance**. Récupérez des détails, ajouter du contraste. Ajustez encore et encore.

Procéder à l'accentuation de capture

La capture numérique procède par échantillonnage. L'accentuation de capture (Netteté pour Lightroom) est une étape nécessaire de votre processus de traitement. Elle permet de récupérer un certain nombre de détails qui ont été estompés à la prise de vue. Rien de plus ! Elle doit être faite le plus tôt possible.

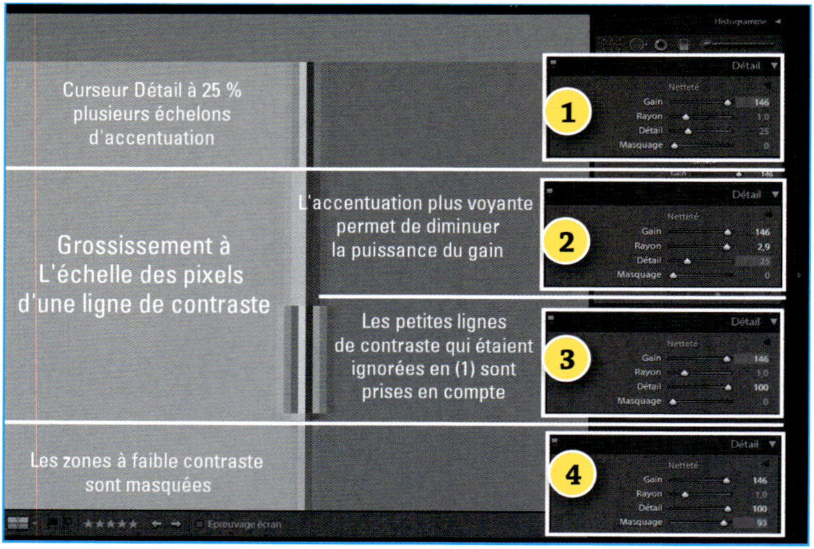

L'accentuation est basée sur la détection des lignes de contraste. On éclaircit le côté clair et on fonce le côté sombre.

1 **Gain** règle la puissance du contraste utilisé. Tous les autres curseurs à leur valeur par défaut, la correction porte sur un pixel de part et d'autre de la ligne de contraste.

2 **Rayon** fait porter l'accentuation sur plusieurs rangs de pixels. Cela peut atténuer l'effet « ficelle » dû à trop de gain.

3 **Détail** diminue le seuil de détection des lignes de contraste. Il permet d'accentuer des détails de plus en plus faibles.

4 **Masquage** masque les zones de moindre contraste. Beaucoup utilisé en portrait.

LES TROIS TYPES D'ACCENTUATION On réalise l'accentuation de capture dans l'onglet Détail. On pratique l'accentuation créative sur des portraits avec l'outil Pinceau. On procède à l'accentuation de sortie à la fin quand on exploite une photo. On n'accentue pas en effet de la même manière une image pour le Net, un tirage en 30 x 40 cm ou un poster en 2 m par 3.

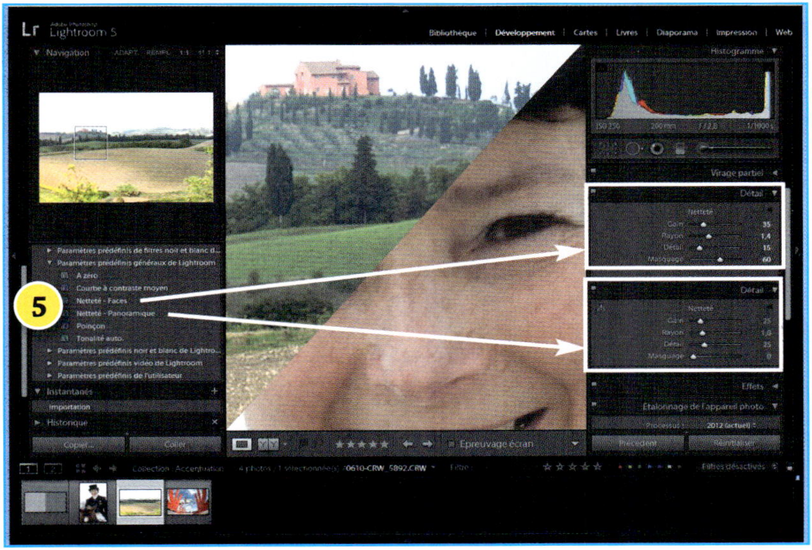

Note : Maintenant que vous savez à quoi servent ces curseurs, ne vous en servez pas. L'accentuation de capture doit être excessivement fine. Prenez une photo. Passez en **Zoom** à 100 % et essayez de voir la différence avec et sans accentuation entre les trois préréglages offerts par Lightroom ; par défaut, **Netteté-Panoramique** et **Netteté-Faces**... cf. point 5.

Si vous voyez la différence, alors vous pouvez essayer, sinon : évitez !

5 Choisissez un des préréglages du dossier **Paramètres prédéfinis généraux de Lightroom**. **Netteté-Panoramique** pour tout ce qui fourmille de détails, de matières. **Netteté-Faces** pour tout ce qui est doux, pastel, les portraits. Si vous hésitez, gardez le **Réglage par défaut** de Lightroom.

Modifier les paramètres de développement par défaut

Lightroom est livré avec un certain nombre de réglages de développement prédéfinis (bruit de couleur, accentuation standard). Vous pouvez en enregistrer d'autres qui vous feront gagner du temps puisqu'ils seront appliqués à vos images dès l'importation sans que vous ayez besoin de faire quoi que ce soit...

Quels sont les réglages les plus utiles à enregistrer ?

La Correction d'objectif. Il suffit de cocher la case **Activer les corrections de profil** et d'enregistrer ce nouveau réglage en tant que Paramètre de développement par défaut pour que Lightroom récupère à l'importation la marque et le modèle de l'objectif et applique les corrections.

La correction de bruit de Luminance. Il faut alors être méthodique. Sélectionnez une image représentative des photos que vous faites pour chaque sensibilité ISO utilisée. Procédez pour chacune à la correction du bruit en suivant à la lettre la procédure décrite dans la page de droite... Il ne s'agit pas d'oublier un réglage par défaut précédemment enregistré, ni d'enregistrer par mégarde un réglage spécifique à une image dans les réglages par défaut. Lightroom ira chercher les sensibilités ISO utilisées dans les EXIFs pour appliquer ces corrections à l'importation à condition que **Valeurs par défaut spécifiques au paramètre ISO de l'appareil photo** ait été activé dans les Préférences (cf. fiche **002**).

Les alternatives :

L'utilisation judicieuse des **Paramètres prédéfinis** (cf. fiche **042**) est une alternative recommandée pour corriger le bruit.

Ce n'est pas le cas pour les corrections d'objectif.

Dans le cas du bruit, vous devez recourir, après l'importation, au moteur de sélection **Métadonnées** de la Barre de filtres du module **Bibliothèque** pour regrouper toutes les photos faites avec la même sensibilité ISO avant de pouvoir leur appliquer un des paramètres de développement prédéfinis enregistrés pour chaque ISO. Utilisez alors l'onglet **Développement rapide** du module **Bibliothèque pour appliquer ces paramètres prédéfinis**.

L'étalonnage de l'APN :

Le choix de rendu offert par cet onglet dépend de chaque photo. Il est alors certainement plus facile d'enregistrer chacun de vos profils APN favoris sous forme de paramètre de développement prédéfini. Il vous suffit quand vous travaillez sur une image de survoler avec la souris ces paramètres prédéfinis pour voir très rapidement dans l'aperçu de l'onglet **Navigation** quel est le plus adapté à cette image et l'appliquer. C'est beaucoup plus facile que par le biais de l'onglet **Étalonnage**. Attention lors de l'enregistrement de ces paramètres prédéfinis à ne cocher que la case **Étalonnage**.

ATTENTION, L'APPLICATION RÉTROACTIVE DE NOUVEAUX RÉGLAGES PAR DÉFAUT **Le bouton Réinitialiser (voir ci-dessous) permet effectivement d'appliquer les « nouveaux réglages par défaut » que vous avez réalisés mais effacera aussi tous les autres ajustements que vous auriez fait sur vos photos. Il vaut mieux dans ce cas utiliser les Paramètres prédéfinis qui sont beaucoup plus sélectifs.**

1 Maintenez la touche **Alt** enfoncée et cliquez sur **Réinitialiser** pour ramener à leurs valeurs par défaut tous les réglages ou utilisez une image fraîchement importée.

2 Mettez au point, sur une image représentative, les réglages que vous voulez enregistrer comme réglages par défaut. **Uniquement ceux-ci** !

3 Évitez de cocher la case **Valeurs par défaut spécifiques aux paramètres ISO de l'appareil photo** dans l'onglet **Paramètres prédéfinis** de **Préférences**. Cela complique les choses.

4 Maintenez la touche **Alt** enfoncée.

5 Cliquez sur **Définir par défaut**...

Recadrer, redresser vos photos

Il y a deux écoles, ceux pour qui le cadrage se fait uniquement lors de la prise de vue et ceux qui considèrent qu'il est dommage de se limiter aux dimensions physiques d'un capteur. Lightroom permet à ces derniers de profiter de la dimension des fichiers modernes pour recadrer au mieux leurs photos. À chaque photo son recadrage.

1 Cliquez sur l'icône ou la lettre **R**.

2 Vérifiez que le cadenas est verrouillé pour conserver le format.

3 Manipulez l'une des poignées pour recadrer la photo.

4 Affichez successivement ces guides en utilisant le raccourci **O**. Masquez-les avec la lettre **H** s'ils vous gênent.

5 Permutez entre un recadrage en mode Portrait et Paysage à l'aide du raccourci **X**.

6 Déplacez le recadrage par un glisser-déposer.

7 Accédez aux divers formats prédéfinis en cliquant sur le double triangle à côté du cadenas.

8 Cliquez sur **Fermer** ou sur l'icône.

LE RECADRAGE N'EST PAS DESTRUCTIF Comme il est d'usage dans Lightroom, vous pouvez revenir sur vos choix autant que vous voulez. Il suffit d'appeler de nouveau la fonction en cliquant sur son icône ou en utilisant le raccourci clavier **R**. Pensez à faire éventuellement des copies virtuelles pour tenter plusieurs formes de recadrage et choisir la meilleure avec la fonction Ensemble (**N**) du module Bibliothèque.

9 Utilisez le cadenas déverrouillé ou l'outil **Aspect** pour procéder à un recadrage libre. Utilisez les poignées ou cliquez-glissez dans l'image.

10 Sélectionnez l'option **Rapport L/H personnalisé** pour définir vos propres préréglages de recadrage. (Notez certaines équivalences en pixels).

11 Utilisez l'outil **Angle** ou la souris (quand elle se transforme un arc de cercle) pour redresser un horizon, corriger une verticale.

12 Sélectionnez plusieurs images et cliquez sur **Synchroniser** pour leur appliquer le même recadrage. Ajustez ensuite pour chacune.

Supprimer certains éléments perturbateurs

Suppression des défauts est presque comparable à l'outil Tampon de Photoshop. Il ne sert pas qu'à éliminer les poussières déposées sur le capteur. Vous pouvez l'utiliser pour supprimer de vos photos certains détails encombrants, retoucher des portraits, en « peignant » sur toute la surface de la partie d'image à corriger.

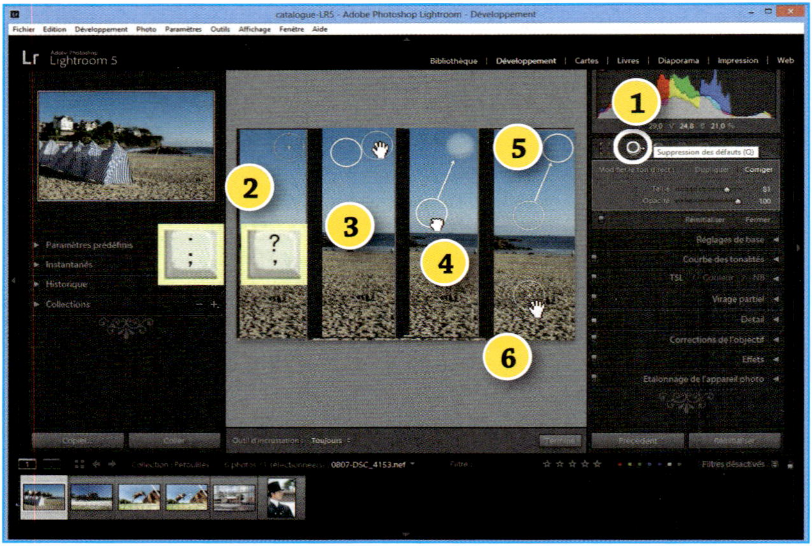

1 Cliquez sur l'icône **Suppression**.

2 Repérez une poussière et ajustez le diamètre de l'outil à sa taille en utilisant la molette de la souris ou les raccourcis clavier (;) (,) et cliquez.

3 Lightroom choisit une zone de référence pour effectuer la correction.

4 Si elle n'est pas satisfaisante, vous pouvez cliquer sur le cercle de référence et le glisser ailleurs.

5 Il n'y a que la structure, la matière de la zone de référence, qui compte. Du moment qu'elle correspond à la nature des pixels environnant ceux à remplacer, Lightroom s'occupera d'harmoniser tonalité et teinte.

6 On réactive les anciennes corrections en cliquant dessus.

LE REPÉRAGE DES POUSSIÈRES PEUT QUELQUES FOIS ÊTRE DIFFICILE LR5 met alors à votre disposition une aide à la recherche des poussières déposées sur le capteur. En cochant l'option « Afficher les défauts », LR5 affiche la couche Luminosité de la photo en mode LAB, comme indiqué ci-dessous, ce qui est très pratique. Certains trouveront cependant plus précise l'ancienne méthode utilisée avec LR4 et les versions antérieures.

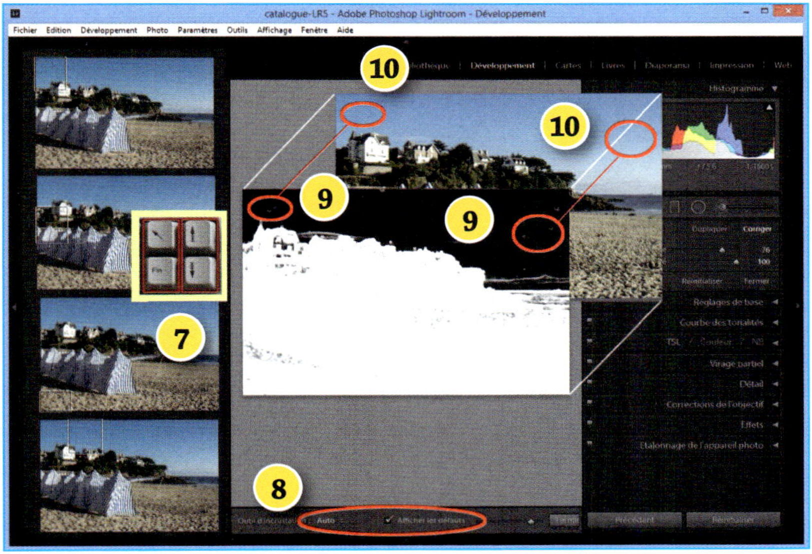

7 Ancienne méthode : passez en **Zoom** à 100 % pour chercher les poussières en parcourant votre photo de haut en bas et de gauche à droite à l'aide des raccourcis clavier **Début** et **Fin de document**, **Page suivante**.

8 Nouvelle méthode : cochez l'option **Afficher les défauts**. Réglez le curseur adjacent (sensibilité) comme nécessaire.

9 Repérez les tâches et corrigez-les, comme indiqué précédemment, directement sur cet aperçu en mode LAB.

10 Vérifiez le résultat.

Note : Si vous ne voyez pas les cercles matérialisant la zone de correction, pensez à vérifier que vous êtes en mode de fonctionnement **Auto** (repère 8).

Supprimer certains éléments perturbateurs

Avec l'outil Suppression des défauts apprenez à diviser une correction en plusieurs morceaux pour avoir plus de flexibilité dans le choix des zones de référence (particulièrement efficace en retouche portrait). Pensez à utiliser les options « Dupliquer » et « Contour progressif » pour être plus précis dans vos corrections.

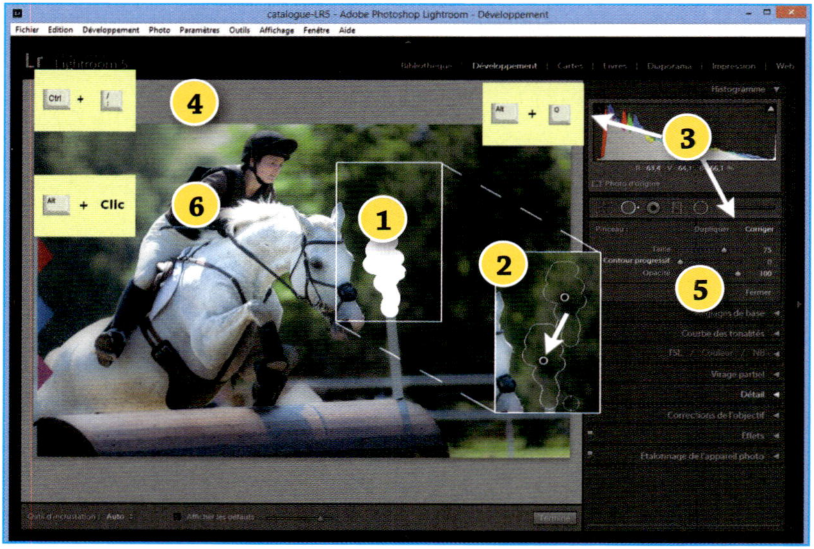

1 Ajustez la taille de l'outil, cliquez et glissez comme avec un pinceau pour couvrir la zone à corriger.

2 Quand vous relâchez la pression sur la souris LR va chercher une zone de référence pour faire la correction. Vous pouvez la déplacer comme désiré par glisser-déposer.

3 Commandes **Corriger** ou **Dupliquer** (**Alt** (**Option**) + **Q**).

4 **Maj** + **/** permet de forcer LR à changer de zone de référence.

5 Utilisez **Contour progressif** pour être précis dans la finition.

6 **Alt** (**Option**) + **clic sur un point de contrôle** coupe ou supprime la correction.

Note : En mode **Zoom** ou avec une photo recadrée, la zone de référence peut « sortir » de l'aperçu.

LE NETTOYAGE DES POUSSIÈRES ET LE TRAITEMENT PAR LOT **Les poussières ayant toujours la même position géographique sur le capteur, le traitement par lot est particulièrement adapté à ce type de corrections. Appliquez la procédure ci-dessous. S'il y a quelques erreurs, corrigez-les comme indiqué ou supprimez simplement la correction litigieuse (touche « Suppr » après avoir réactivé le point de contrôle de la correction).**

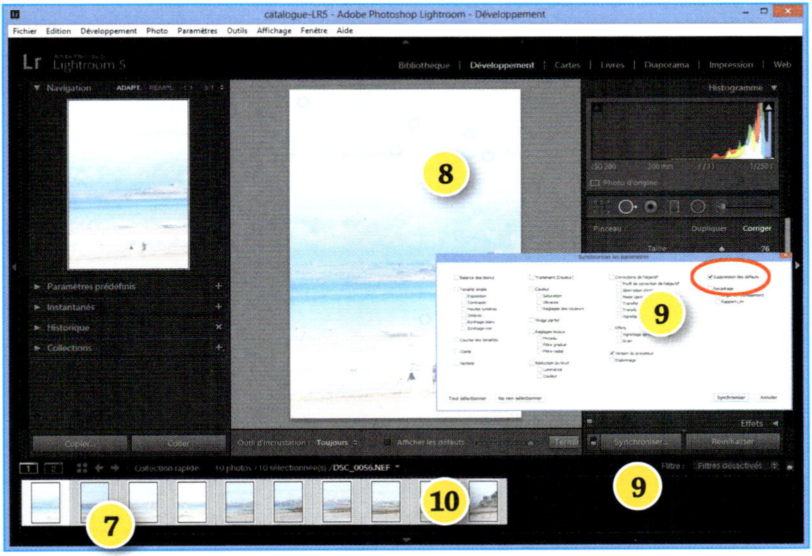

7 Sélectionnez toutes les photos d'une même séance de prise de vue.

8 Effectuez la correction sur une image.

9 Cliquez sur le bouton **Synchroniser** et ne cochez dans la boîte de dialogue que **Correction des défauts**. Synchronisez ! Toutes vos photos sont corrigées en un clic.

10 Vérifiez ces images une à une pour corriger les quelques erreurs en réactivant les corrections défaillantes et en déplaçant la zone de référence.

CHAPITRE 7

LES CORRECTIONS GLOBALES

Régler la balance des Blancs

Le réglage de la balance des Blancs (BB) est purement subjectif. C'est une affaire entre vous et vos images par l'intermédiaire d'un bon écran parfaitement caractérisé ! Laissez les instruments de précision comme la pipette aux photographes de mode ou de produits publicitaires. Shootez en RAW !

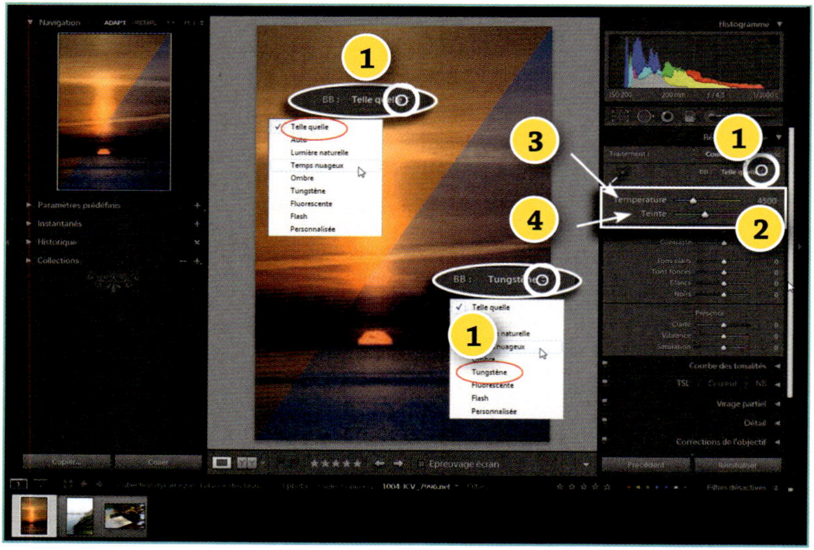

1 Explorez les différents réglages proposés dans **BB**. Ils peuvent constituer une bonne base de départ que vous affinerez ensuite. Ils n'existent pas en JPEG. L'option **Telle quelle** correspond à la balance des Blancs automatique faite à la prise de vue.

2 Affinez l'équilibre des couleurs à votre goût en utilisant les deux curseurs **Température** et **Teinte**. Dans la plupart des cas vous ne ferez que de petites variations autour de la BB que vous aurez choisie.

3 Le curseur **Température** permet de réchauffer ou refroidir vos couleurs. Il représente 80 % des corrections.

4 Faites de très faibles ajustements avec le curseur **Teinte**. Fiez-vous à vos yeux !

RENDU DES COULEURS CHAIR **Utilisez le curseur saturation en complément. En portrait, poussez un peu plus que nécessaire le curseur Température vers la droite, cela flatte le teint de vos modèles. Diminuez ensuite légèrement la Saturation.**
Ces résultats vous permettront peut-être d'envisager des séances de studio. Vous pourrez alors travailler avec les outils très sophistiqués de réglage de la BB de Lightroom.

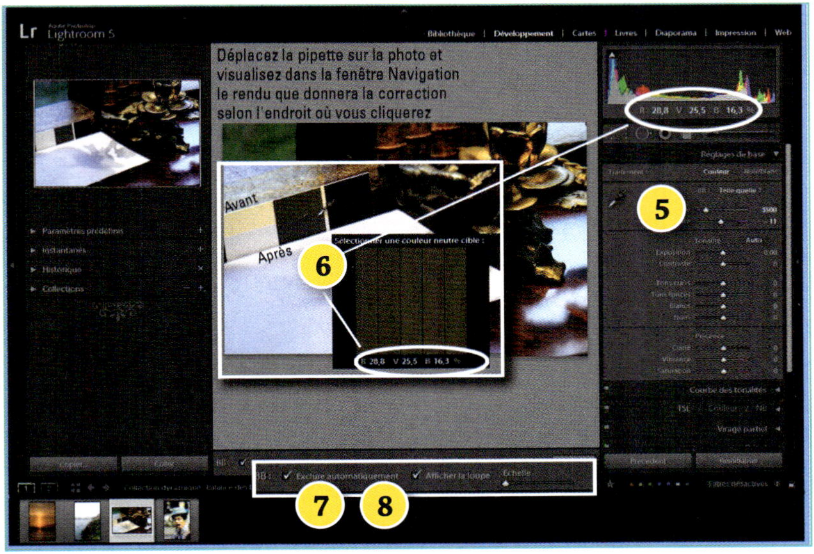

En studio, sous lumière contrôlée, utilisez au minimum une charte de couleur grise ou mieux le Passport Color Checker de X-Rite (cf. fiche **045**).

5 Cliquez sur la Pipette.

6 Cliquez sur un patch gris neutre, à défaut sur une partie de l'image sensée être gris neutre (notez la variation des valeurs RVB).

7 Décochez **Exclure auto...** pour faire plusieurs essais consécutifs.

8 Décochez **Afficher la loupe** si elle vous gène.

Utilisez **Synchroniser** pour appliquer la correction aux autres photos du shoot.

Note : En cas de lumières composites, pensez aux corrections locales.

Gérer le passage au processus 2012

Le problème ne se pose que pour d'anciennes photos traitée avec LR-3 puisque le processus 2012 a été introduit avec LR-4 et repris dans LR-5. Évitez alors de mettre à jour toutes les photos du film fixe à moins que vous ne soyez prêt à passer le temps qu'il faut ensuite pour ajuster les réglages de chaque photo une à une.

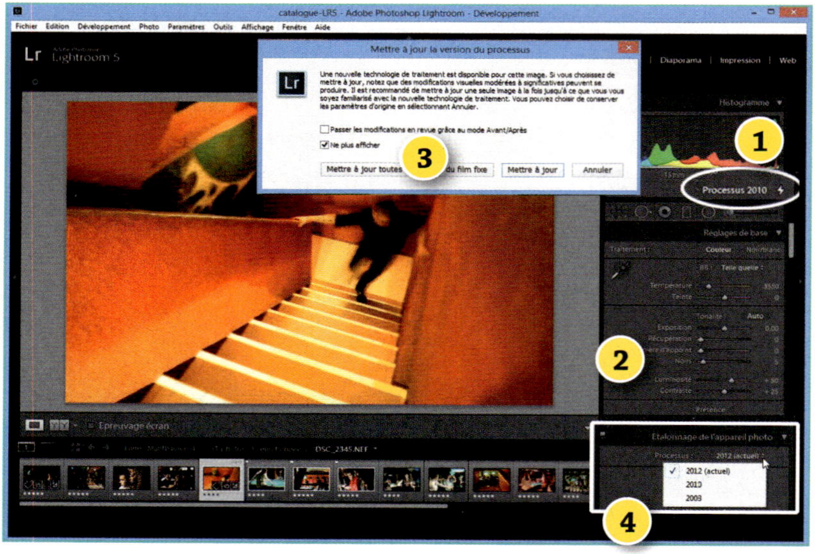

1 Ce symbole indique que la photo a été traitée sous LR-3 à l'aide du processus 2010.

2 Ouvrez l'onglet **Réglages de Base**. Cela est confirmé par la présence des anciens curseurs de réglages.

3 Ouvrez cette boîte de dialogue en cliquant sur le symbole en (1). Cochez **Ne plus afficher**.

Cela vous permet dorénavant de travailler au cas par cas quand vous souhaitez revenir sur le traitement d'une de vos anciennes photos pour profiter des possibilités offertes par le nouveau processus.

4 Vous pouvez également faire cela en utilisant le sous-onglet **Étalonnage de l'appareil photo**.

RÉSERVEZ VOTRE TEMPS AUX PHOTOS QUI LE MÉRITENT Il faut du temps et être dans un bon état d'esprit pour procéder aux réglages d'une photo. Réservez votre énergie aux nouvelles photos et sélectionnez parmi les anciennes celles pour lesquelles le processus 2012 apporte quelque chose de plus : les scènes très contrastées, les photos un peu trop « exposées à droite » et légèrement surexposées. C'est là que LR-5 excelle !

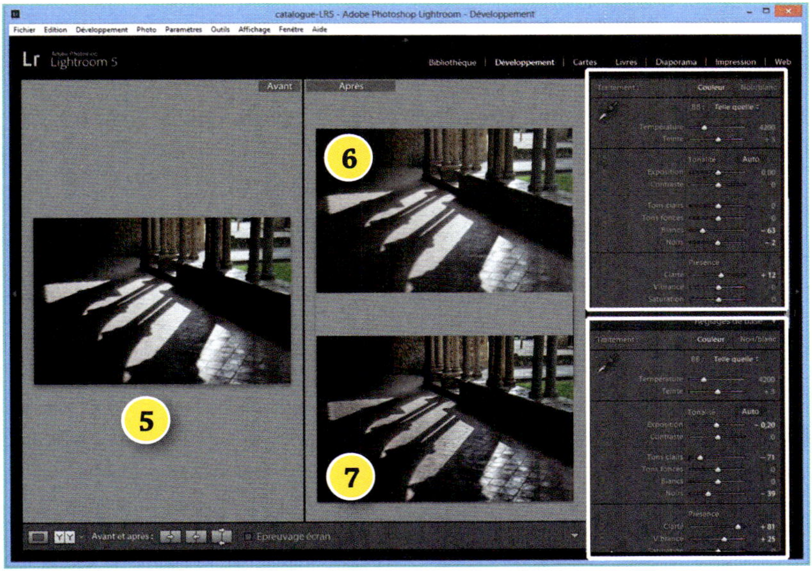

5 La photo résultant du travail dans LR-3. Notez les corrections faites sur les curseurs **Récupération**, **Noirs**, **Clarté** en (2) page précédente.

6 Notez la « traduction » qui en est faite lors du passage de LR-3 à LR-5 (introduit avec LR-4) (**Blancs**, **Noirs**, **Clarté**) pour un résultat sur l'image peu différent du rendu précédent.

7 Résultat d'un ajustement en utilisant les curseurs **Tons clairs**, **Noirs** et surtout **Clarté**. L'image est mieux contrastée, les détails dans les hautes lumières sortent mieux. Cela justifie pleinement de ne pas faire de travail en gros et d'être sélectif dans le choix des images à convertir.

Régler la tonalité globale, onglet Réglages de base

Le réglage des tonalités se fait à partir des sept premiers curseurs de Réglages de base (Exposition à Clarté) et à l'aide de l'onglet Courbes des tonalités. Ces deux onglets ont des qualités spécifiques et complémentaires. Vous devez continuellement songer à basculer de l'un à l'autre pour trouver la meilleure solution.

Apprendre à corriger une photo

Partez toujours de l'image. Analysez ses qualités et ses faiblesses en termes de tonalité. Exprimez, le plus clairement possible, ce que vous voulez faire pour l'améliorer.

Maniez jusqu'à l'excès les curseurs que vous pensez appropriés. Basez-vous pour cela sur les quelques principes énoncés ci-dessous. Vous pouvez toujours les ramener à leurs valeurs par défaut. Utilisez les **Instantanés** pour comparer vos essais : **Ctrl** + **N**.

Recommencez sous un autre angle, avec une autre combinaison de curseurs. Il n'y a jamais une seule façon de faire. C'est toute la richesse de Lightroom.

Découvrez les interactions possibles d'une commande à l'autre. Faites une correction. Apportez une modification avec une autre commande. Modulez en revenant sur la première.

Découvrez que l'ordre dans lequel vous faites vos corrections n'a aucune importance.

Des corrections globales

Vous travaillez sur des tonalités très ciblées mais où qu'elles se trouvent dans l'image. Utilisez l'outil **Pinceau** pour les corrections de tonalité locales (cf. fiche **062**).

Principes directeurs

Exposition modifie la tonalité générale d'une photo et travaille essentiellement sur les tons moyens (zone grise du schéma (6) page suivante). Combinez son utilisation avec **Clarté**.

Tons clairs-Tons foncés permettent de récupérer des détails dans les hautes lumières et dans les ombres. Extrêmement puissants, ils ne s'imposent pas toujours. Pensez-y en complément d'**Exposition** pour récupérer une sorte d'épaulement argentique (6) quand on monte ou que l'on baisse la luminosité avec ce curseur.

Blancs et Noirs, ils excellent dans un certain nombre de cas pour augmenter le contraste global (comparables aux curseurs de la fonction **Niveau** de Photoshop).

Clarté fonctionne un peu comme **Netteté**. Très puissant, il ne présente aucun risque d'artefacts ou de « ficelles ». À utiliser négativement sur des portraits (adoucit la peau).

Préférez la **Courbe des tonalités** au curseur **Contraste**.

Essayez le curseur **Noirs** seul.

Mixez **Tons Clairs** et **Blancs** en sens opposé pour récupérer des détails et conserver, voir augmenter, le contraste.

MAÎTRISEZ TOUS LES ASPECTS DE VOTRE ESPACE DE TRAVAIL **Faites le plus de place possible à la photo. C'est à partir de cet aperçu que vous réglez vos corrections. Augmentez la largeur du panneau droit pour une meilleure utilisation des curseurs. Familiarisez-vous avec leur maniement. Sachez réinitialiser un ou plusieurs de ces curseurs à leurs valeurs par défaut. Retenez les raccourcis clavier essentiels.**

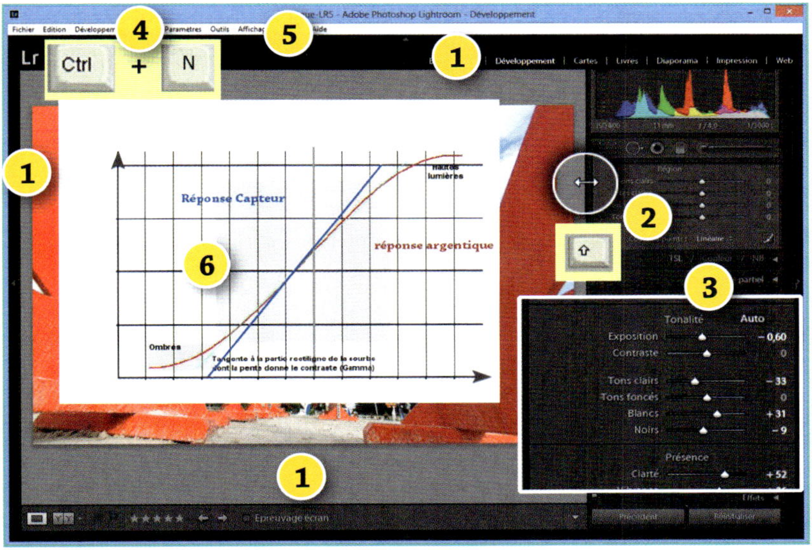

1 Masquez la Barre de titre des modules, la Bande film et le Panneau latéral gauche.

2 Saisissez avec la souris le bord gauche du panneau latéral droit et élargissez-le pour avoir plus de souplesse dans le maniement des curseurs. À défaut, maintenez la touche **Maj** enfoncée pour avoir un déplacement plus souple et plus précis.

3 Double-cliquez sur **Tonalité** pour réinitialiser tous les curseurs. Autre raccourci : double-cliquez sur un curseur ou son titre pour le réinitialiser.

4 Créez un instantané **Ctrl** + **N**.

5 **Comparez Avant / Après** en utilisant les raccourcis **Y** et **Maj** + **S** plusieurs fois.

Régler le contraste avec la Courbe des tonalités

L'onglet Courbe des tonalités est un outil très efficace pour régler la tonalité globale de vos photos, mais surtout les contrastes. Cette courbe permet des réglages beaucoup plus précis que dans Réglages de base. C'est un atout précieux de comprendre comment elle marche.

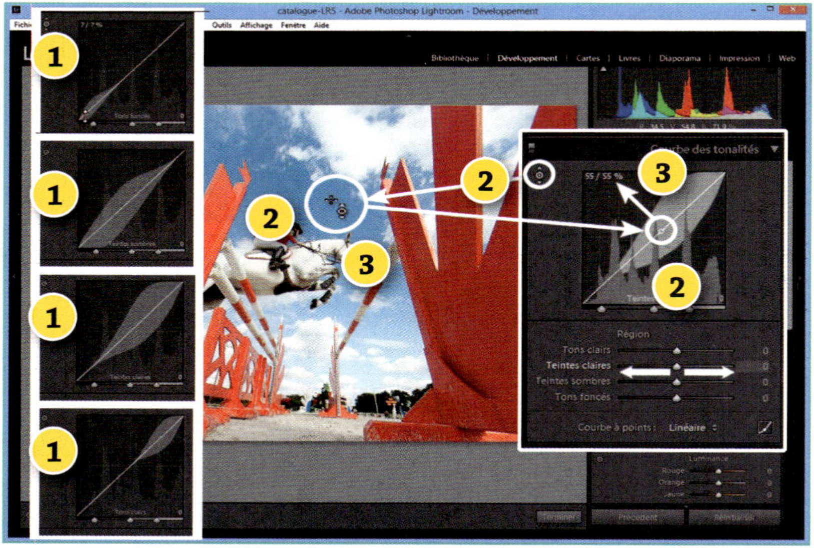

1 Elle est rectiligne et à 45° avant toute transformation. Elle permet de modifier la tonalité (**Luminosité**) de la photo sur 4 zones (**Région**) de tonalité à l'aide des curseurs Teintes et Tons.

2 Cliquez sur l'outil **Cible** pour survoler l'image et situer la position des pixels survolés sur la courbe et dans l'échelle des tonalités. Vous pouvez lire la valeur de leurs tonalités avant et après transformation dans le coin supérieur gauche, mais surtout voir le nombre de pixels qui seront affectés sur l'Histogramme en filigrane.

3 Pour modifier la tonalité : cliquez dans l'image ou sur la courbe et glissez vers le haut ou vers le bas, alternativement, glissez dans un sens ou dans l'autre les curseurs. Les enveloppes limitent tout risque de postérisation ou d'irisation.

LE PRINCIPE DE BASE À BIEN MAÎTRISER **En modifiant les tonalités avec les curseurs ou l'outil Cible, vous modifiez la pente de la courbe dans certaines zones de tonalité. Plus la pente est forte, plus vous augmentez le contraste dans cette zone et inversement. Étudiez attentivement votre image. Utilisez l'outil Cible en mode survol sur les zones à corriger. Matérialisez sur quelle partie de la courbe intervenir. Analysez l'Histogramme.**

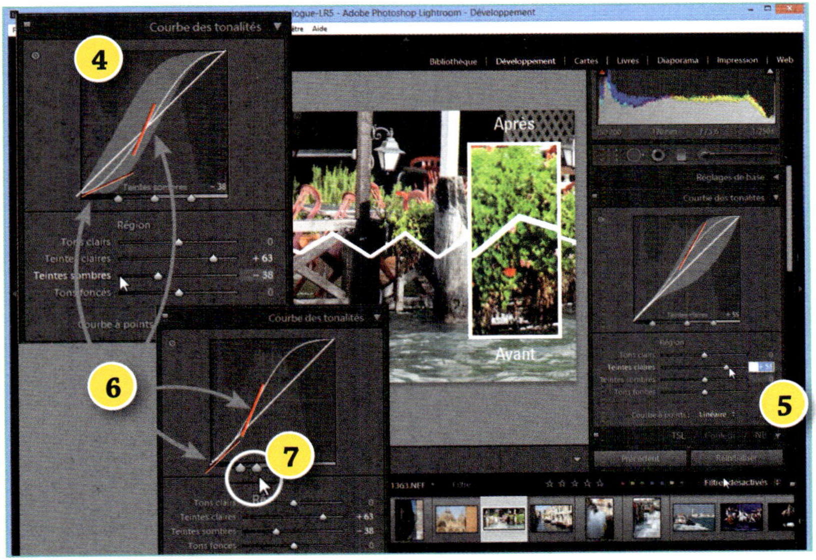

4 Familiarisez-vous avec l'usage des courbes en S. De très petites variations sont efficaces (+ 5 **Teintes Claires,** - 3 **Teintes sombres** par exemple).

5 Pour être très précis dans vos réglages, utilisez les valeurs numériques. Surlignez les et utilisez les touches **Haut** et **Bas** du clavier pour en faire varier la valeur.

6 Faites glisser l'index central (limite de région) pour modifier la position de la pente maximum ou récupérer du contraste où vous en avez perdu. Double-cliquez dessus pour un retour à sa position par défaut.

7 Pensez à n'utiliser que le curseur **Teintes claires** pour éclaircir une image. (Très efficace).

Note : Contrôlez votre progression en utilisant souvent la fonction **Avant /Après** propre à l'onglet. Utilisez aussi les **Instantanés**.

Apprivoiser la Courbe à points

En matière de réglages de la tonalité, elle est beaucoup plus précise que la Courbe des tonalité dans la mesure où vous pouvez intervenir en un point précis et utiliser autant de points de contrôle que vous voulez. Elle est en revanche beaucoup plus délicate à manier, car vous n'avez pas de protection.

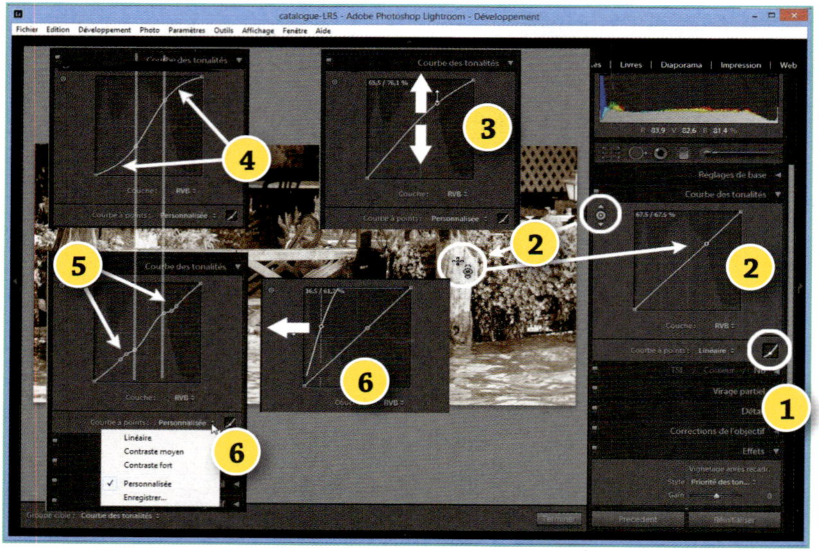

1 Cliquez sur l'icône.

2 Cliquez en un point de la courbe ou survolez et cliquez dans l'image avec l'outil **Cible** pour déposer un point de contrôle sur la courbe.

3 Modifiez par cliquer-glisser la tonalité de la photo.

4 Notez que la correction se propage au-delà des points de contrôle.

5 Déposez un ou deux points de contrôle pour protéger de toute modification les zones en deçà ou au-delà des points d'intervention.

6 Cliquez, glissez, lâchez un point à l'extérieur du cadre pour le supprimer. Cliquez sur **Linéaire** pour tout réinitialiser en cas de panique.

INTERVENIR SUR LES COMPOSANTES RVB D'UNE PHOTO **Avant que n'existe l'outil de réglage de la balance des Blancs, c'était une solution pour corriger une dominante. Vous pouvez encore l'appliquer pour ce type de corrections limitées à une partie de l'image (pour une teinte et un ton précis). Elle est principalement utilisée aujourd'hui pour faire un traitement croisé, comme dans l'exemple ci-dessous.**

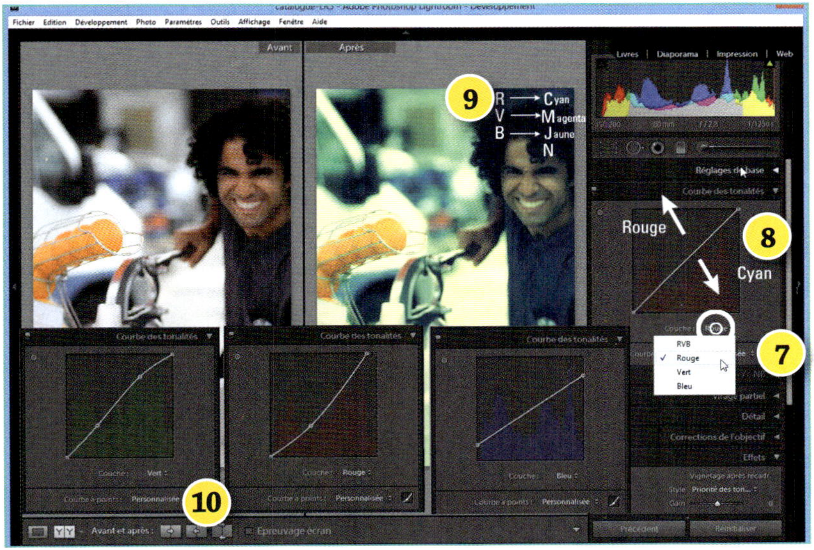

7 Cliquez sur Rouge, Vert, Bleu pour accéder aux courbes par couleurs.

8 Cliquez-glissez pour modifier les composantes **Rouge**, **Vert** ou **Bleu** qui entrent dans la composition de l'image.

9 Pour se souvenir des couleurs complémentaires écrire verticalement les sigles RVB et CMJN.

10 Voici un exemple de réglages pour un traitement croisé. Jouez autour de ces valeurs. Une fois la combinaison qui vous satisfait, enregistrez-la comme paramètre prédéfini pour pouvoir travailler des séries d'images homogènes. Vous obtiendrez quelque chose d'approchant. Il faudra ajuster une à une les photos pour un résultat parfait.

Note : Retrouvez un autre exemple dans **Paramètre prédéfini couleur de Lightroom /Traitement croisé 3**.

Travailler sur les couleurs

Teinte, Saturation et Luminosité sont des paramètres familiers aux photographes, mais parfois mal connus. Ils sont très puissants. Mieux vaut bien en comprendre le fonctionnement pour en faire bon usage. Trop de saturation gomme les nuances, fait perdre du volume à une photo, crée des aplats.

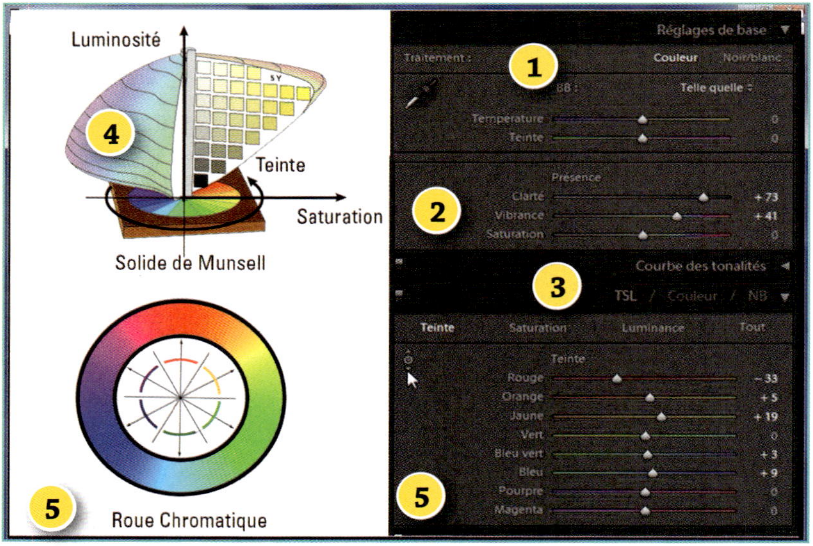

1 Commencez toujours par un réglage de la **Balance des Blancs**.

2 Préférez **Vibrance** à **Saturation**. C'est une commande de saturation sélective. Elle n'augmente (diminue) que la saturation des teintes les moins (plus) saturées.

3 Travaillez vos réglages dans le sous-onglet **TSL** plutôt que **Couleur**. Ce sont les mêmes paramètres, mais ils sont plus pratiques à utiliser et vous disposez de l'outil **Cible** pour sélectionner, dans l'image, sur quels curseurs intervenir.

4 Solide de Munsell ou le rôle des commandes **TSL**.

5 Chaque curseur contrôle un secteur de la roue chromatique.

JOUEZ SUR LES COULEURS POUR EFFECTUER DES CORRECTIONS « LOCALES » **Bien que les corrections faites dans l'onglet TSL affectent toute l'image, elles sont relativement localisées. Elles ne portent que sur des tranches de couleurs limitées par les secteurs d'intervention des curseurs. En photo couleur, ce travail permet de donner du contraste à une image au même titre que les réglages de tonalité vus précédemment.**

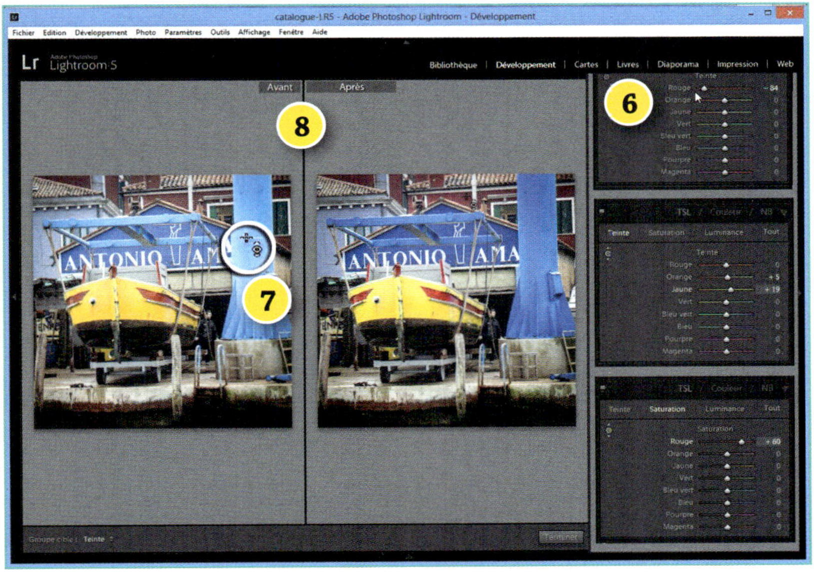

6 Manipulez sans réserve chaque curseur pour bien voir à quoi il correspond. Réinitialisez-les par double-clic. Ajustez ensuite.

7 Utilisez l'outil **Cible** pour déterminer quels curseurs employer pour certaines couleurs de la photo. Quand deux curseurs sont en jeu, essayez une correction croisée. Cela peut faire ressortir des détails.

8 Utilisez le mode **Comparaison** en continu pour mieux juger de l'intérêt de vos corrections. Pour cela, affectez à la vue **Avant** la dernière ligne enregistrée dans l'historique avant que vous ayez ouvert l'onglet **TSL**. L'outil **Cible** fonctionne sur les deux aperçus.

Maîtriser le noir et blanc, appliquer un virage

Les capacités de transformation N&B de Lightroom sont exceptionnelles. Prenez l'habitude de produire vous-même une version N&B de vos originaux. Évitez les « Presets ». Décochez Appliquer le mélange automatique lors de la conversion initiale... dans Préférences / Paramètres prédéfinis.

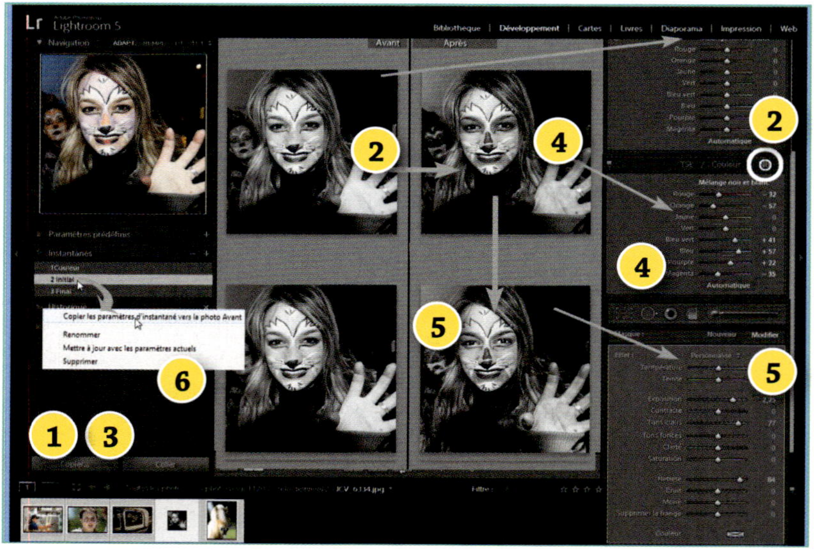

1 Créez un instantané (**Ctrl** + **N**) de votre dernier réglage **Couleur** ou créez une copie virtuelle (**Ctrl** + ').

2 Passez en NB - Raccourci **V**. (Fonctionne aussi dans **Bibliothèque**.)

3 Créez un instantané de votre état **Initial** NB pour avoir une référence.

4 Réglez l'image avec l'outil cible ou en intervenant sur les curseurs. Ils agissent comme des filtres de couleurs à la prise de vue.

5 Éclaircissez ou foncez certaines zones avec l'outil **Pinceau** comme autrefois au laboratoire argentique.

6 Copiez les paramètres de l'instantané **NB initial** vers **Avant** pour évaluer votre progression.

LES RESSOURCES DE L'ONGLET VIRAGE PARTIEL **La notion de virage est en général associée au noir et blanc. Dans ce domaine, vous avez l'embarras du choix. Vous pouvez même faire des virages partiels, chauds dans les tons clairs, froids dans les tons foncés. Vous pouvez également détourner la fonction pour appliquer un traitement croisé à vos photos couleur comme par exemple dans les Paramètres prédéfinis vidéo de Lightroom.**

7 Pour un virage uni, glissez le curseur **Balance** d'un côté ou de l'autre. Il détermine la limite des tonalités (claires ou foncées) sur lesquelles seront appliqués les virages **Tons clairs**, **Tons foncés**.

8 Dégrossissez le choix de la **Teinte** de virage en cliquant sur le pavé du sélecteur de couleurs. Par cliquer-glisser avec la souris dans ce sélecteur, vous choisissez très facilement la **Teinte** et la puissance (**Saturation**) du virage.

9 Affinez en cliquant sur les valeurs numériques et en utilisant les flèches **Haut et Bas** du clavier. C'est le meilleur moyen pour ajuster avec précision vos réglages.

Note : Dans le cas des virages partiels ou de traitement croisé, jouez sur le paramètre **Balance**.

Contrôler le vignettage, ajouter du grain

Le vignettage peut agrémenter vos photos d'un effet rétro, il peut en outre « fermer » une image pour concentrer le regard de vos lecteurs sur le sujet. Les commandes sont assez faciles à maîtriser.

1 Passez le **Gain** à 100 % pour mieux voir l'effet de chaque commande. Ce curseur détermine la puissance du vignettage.

2 Déterminez la dimension du vignettage avec le curseur **Milieu**.

3 Déterminez sa forme avec le curseur **Arrondi**.

4 Déterminez la qualité de la zone de transition avec **Contour progressif**.

5 Conjuguez l'utilisation de **tons clairs** avec les options **Style**.

Note : Appuyez-vous sur des instantanés pour choisir entre plusieurs essais. Vous pouvez ensuite les supprimer pour mettre un peu d'ordre dans votre sous-onglet **Instantanés**.

AJOUTER DU GRAIN À VOS TIRAGES NOIR & BLANC **C'est une démarche un peu moins subtile que l'Accentuation ou la Correction de bruit, mais qui nécessite de passer à un grossissement de 100 % pour voir ce que l'on fait. Certains spécialistes préconisent d'observer le résultat à un zoom de 50 % (1/2). En fait, rien ne remplace un tirage papier pour vérifier que vous avez trouvé le bon dosage.**

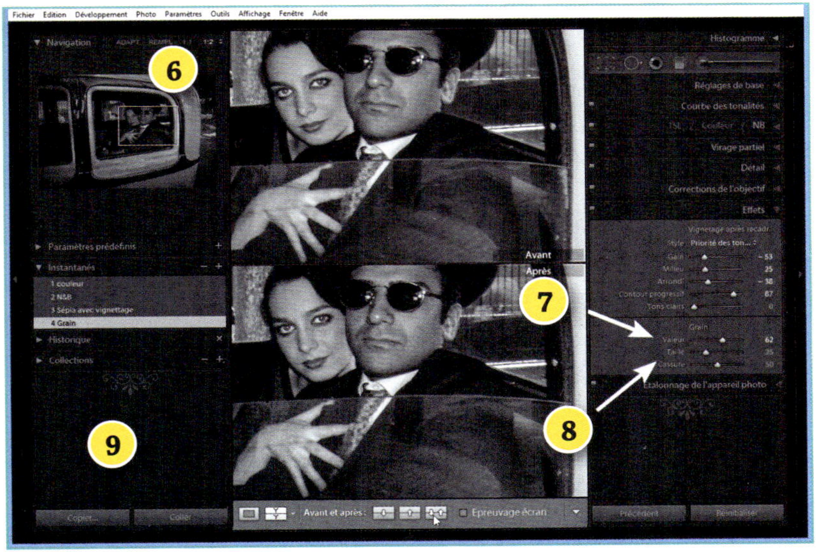

6 Passez en **Zoom** à 50 %.

7 Jouez sur **Valeur** pour déterminer l'importance du grain. C'est une question d'expérience argentique et d'œil.

8 Utilisez les deux autres curseurs **Taille** et **Cassure** autour de leurs valeurs par défaut (double-cliquez dessus pour les retrouver). Ils vous permettront d'ajuster votre premier réglage.

9 Faites ne serait-ce qu'un tirage sur papier ordinaire pour vérifier ce que cela donne et éduquer votre œil.

CHAPITRE 8

LES CORRECTIONS LOCALES

Utiliser le Filtre gradué

Comme les filtres argentique du même nom, il permet de contrôler, au développement cette fois, des situations de prise de vue très contrastées. Il excelle dans la photo paysagère comme son aîné. Pensez à son utilisation dès la prise de vue en exposant à droite sans toutefois brûler vos hautes lumières.

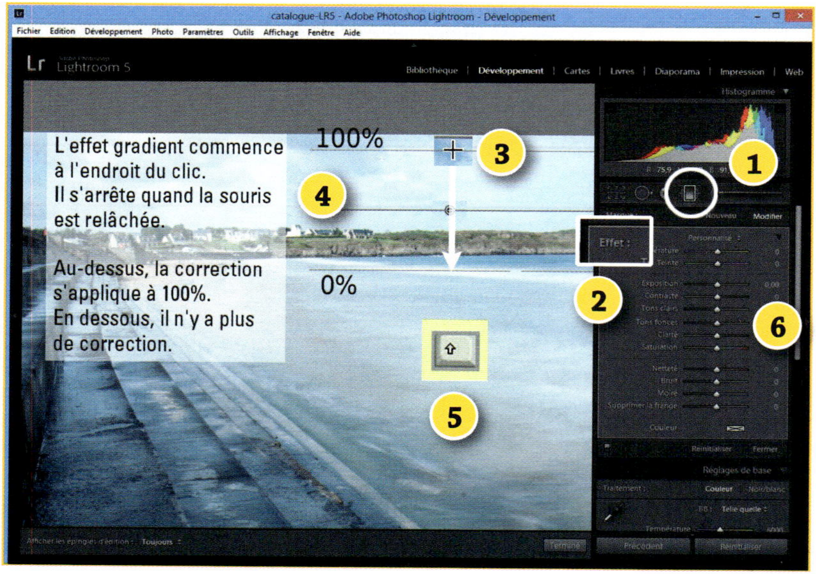

1 Cliquez sur l'icône (raccourci **M**).

2 Réinitialiser tous les curseurs de réglage en double-cliquant sur **Effet** ou utilisez la touche **Alt** enfoncée et cliquez sur **Réinitialiser**.

3 Cliquez et glissez sur une partie de l'image avec la souris.

4 Matérialisez l'étendue de votre correction avec les trois lignes. L'effet gradient porte sur la partie située entre les deux lignes extérieures.

5 Maintenez la touche **Maj** enfoncée pour forcer le déplacement de votre souris horizontalement ou verticalement.

6 Procédez aux réglages. Cliquez sur **Fermer** quand vous avez fini.

LA MÉTHODE DE RÉGLAGE LA PLUS EFFICACE C'est, tous les curseurs à zéro, de tracer et positionner grossièrement la zone de correction sur l'image. À partir de là, vous allez pouvoir ajuster à l'œil un certain nombre de curseurs de réglage pour obtenir l'effet escompté. La commande la plus utile est Exposition, combinée très souvent à Clarté et Netteté. Pensez aussi aux nouveaux curseurs Tons clairs et Tons foncés.

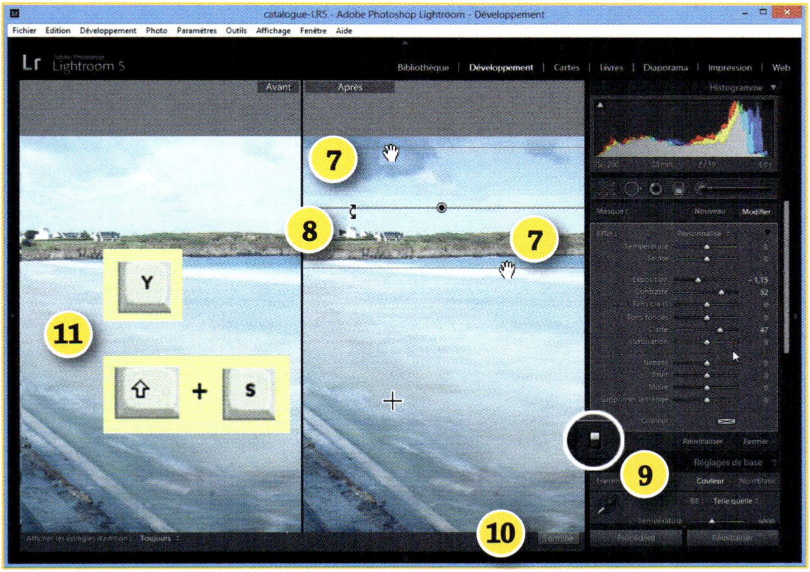

7 Cliquez sur une des lignes externes pour ajuster la zone de transition. **Alt** enfoncée, la variation se fait autour de la ligne centrale, **Maj** enfoncée une seule ligne bouge.

8 Modifiez l'inclinaison en cliquant sur la ligne centrale. Le gradient pivote autour du point de contrôle que vous pouvez aussi déplacer latéralement.

9 Cliquez sur cette icône pour alterner entre les vues avec et sans corrections gradient.

10 Ce pavé **Terminé** reste en place tant que vous n'avez pas fermé l'outil **Gradient**. Il masque la barre d'outils.

11 Pour utiliser le mode **Vue Avant / Après**, pensez aux raccourcis clavier.

Note : **Ctrl** + **Maj** + **Alt** enfoncées, cliquer sur un point de contrôle dupplique la correction.

Utiliser le Filtre gradué

Quand vous faites des corrections en jouant sur de multiples paramètres, vous avez la possibilité de moduler la puissance globale de la correction en utilisant les commandes décrites en (1) et (2). Vous pouvez aussi en démultiplier l'effet en doublant la correction (Ctrl + Maj + Alt enfoncées + clic sur le point de contrôle).

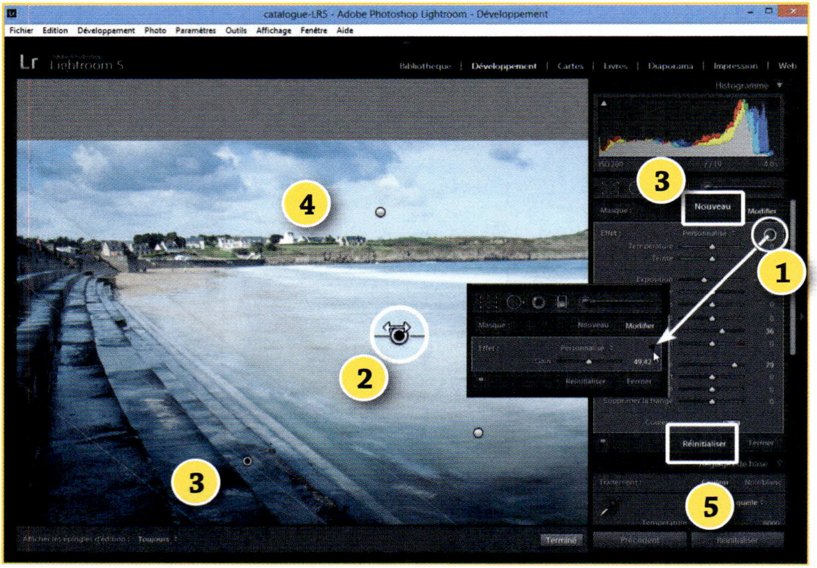

1 Cliquez sur ce triangle noir pour moduler globalement la correction, à l'aide du curseur **Gain**.

2 Maintenez la touche **Alt** enfoncée et survolez le point de contrôle actif. Quand le curseur se transforme, cliquez-glissez pour moduler globalement la correction.

3 Multipliez les corrections directement sur l'image, par un nouveau cliquer-glisser ou en cliquant sur **Nouveau**.

4 Cliquez sur un point de contrôle blanc pour réactiver la correction qu'il contrôle et en ajuster un réglage ou le supprimer avec la touche **Suppr**.

5 **Réinitialiser** efface toutes les corrections gradient.

ENTRAÎNEZ-VOUS, AFFINEZ VOTRE JUGEMENT, FAITES DES ESSAIS Pour cela, évitez une fois encore les préréglages. Ceux situés sous la ligne Effets ; Personnalisé ne correspondent qu'à des réglages curseurs donnés. Ils ne peuvent pas répondre aux besoins particuliers de l'image que vous traitez. Utilisez-les seulement pour vous donner des idées, voir ce qu'il est possible de faire.

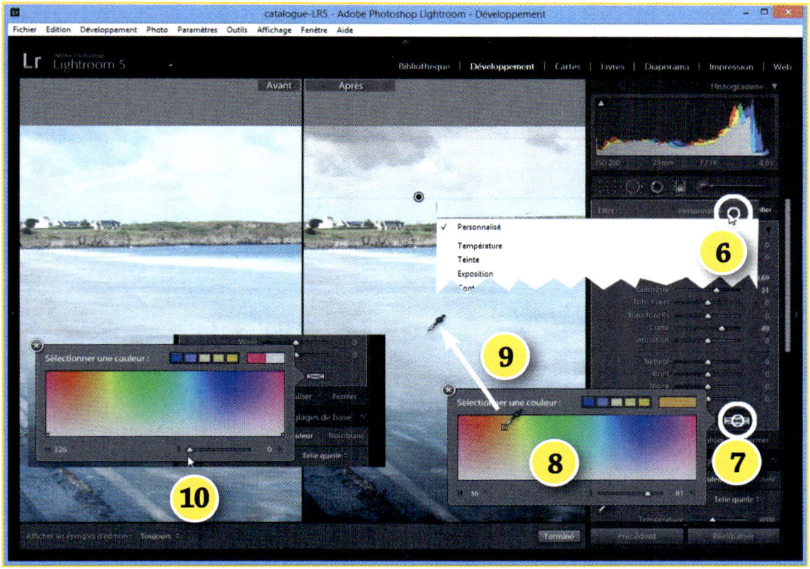

6 Accès à un certain nombre de réglages prédéfinis. À n'utiliser que comme point de départ.

7 Cliquez sur la petite fenêtre **Couleur** pour accéder au **Sélecteur**.

8 Cliquez et glissez dans le **Sélecteur de Couleur** pour choisir et visualiser la **Teinte** et la **Saturation** de la couleur de correction la plus appropriée.

9 Cliquez et glissez le sélecteur dans la photo pour sélectionner une couleur dans celle-ci. Relâchez.

10 Ramenez le curseur **Saturation** à zéro pour neutraliser la commande.

Note : Vous pouvez toujours revenir sur vos corrections passées. Ouvrez l'outil. Réactivez les corrections. Modifiez-les.

Maîtriser le Pinceau

La portée des corrections est délimitée par la trace du Pinceau sur la photo. Une correction de qualité ne doit pas se remarquer en tant que telle. Pour cela, jouez sur la taille et le contour progressif du pinceau, sur l'option Masquage automatique également. Enfin, choisissez et dosez judicieusement les paramètres de correction.

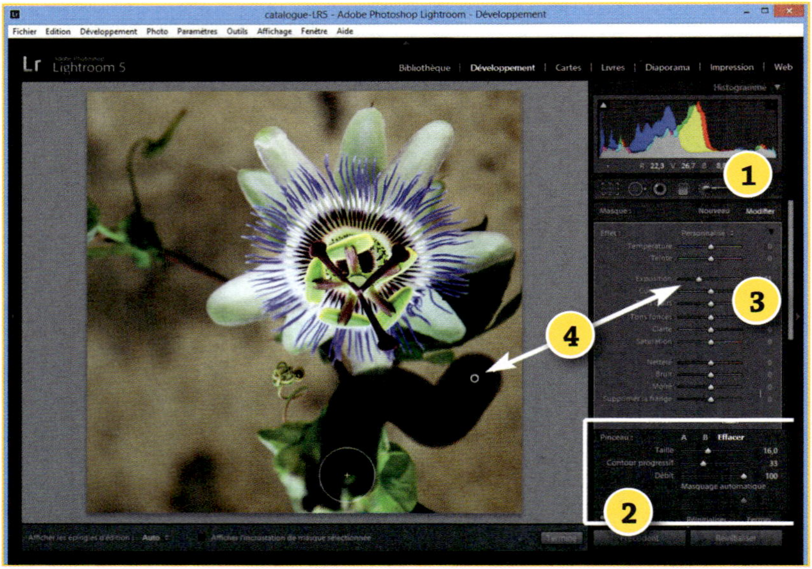

1 Cliquez sur l'icône pour utiliser le **Pinceau**.

2 Soyez très vigilant en ce qui concerne les réglages « techniques » de l'outil lui-même. Il n'y a aucun moyen de les réinitialiser. Ils gardent les réglages de l'utilisation précédente. Soyez particulièrement attentif au **Débit** et au **Contour progressif**.

3 Réinitialisez tous les curseurs de correction à leurs valeurs par défaut (touche **Alt** enfoncée, cliquez sur **Réinitialiser**).

4 Glissez le curseur **Exposition** à - 1,5. Cela vous permet de matérialiser la zone couverte par le **Pinceau** quand vous « cliquez-peignez » sur une partie de l'image. Ajustez ensuite les curseurs pour régler la correction.

MANIEZ AVEC EFFICACITÉ LE PINCEAU **Attachez beaucoup d'attention à la définition de la zone de correction. Adobe appelle cela le Masque. Jouez sur la taille du Pinceau pour épouser au mieux les contours de la zone d'intervention projetée. Adaptez le contour progressif pour avoir de bonnes transitions entre le reste de l'image et la correction. Revenez sur une correction passée en cliquant sur son point de contrôle.**

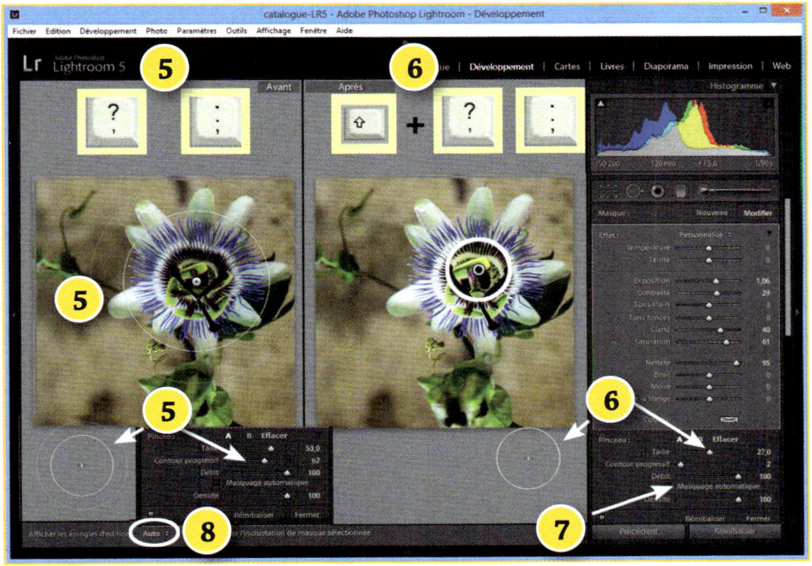

5 Modifiez le diamètre avec la roulette, le curseur ou les raccourcis clavier (,) (;).

6 Réglez la taille du contour progressif avec le curseur ou utilisez les raccourcis clavier **Maj** enfoncé + (,) (;).

7 Réglez le **Débit** à 50 %, ou moins, pour augmenter progressivement la puissance de votre correction, coup de pinceau après coup de pinceau.

8 Pensez à sélectionner **Auto** pour voir vos points de contrôle.

Note : Un point de contrôle actif commande les réglages appliqués à toutes les zones sur lesquelles vous avez peint même si elles ne sont pas contiguës.

Maîtriser le Pinceau

Apprenez à utiliser le Masquage automatique, à afficher le ou les masques et à jouer de la gomme pour créer des masques parfaitement adaptés aux corrections que vous envisagez.

1 Survolez un point de contrôle pour afficher son masque. La lettre **O** les affiche / masque tous.

2 Cochez la case **Masquage automatique**. Placez la croix de l'outil à l'intérieur de la zone de correction à sélectionner et cliquez. Lightroom prend en compte la **Teinte** et la **Luminosité** des pixels sous-jacents pour limiter la correction à la zone de teinte et de tonalité équivalente. Peignez sans précaution, mais évitez de sortir la croix de la zone ciblée. (3)

3 Maintenez la touche **Alt** enfoncée pour effacer les débordements. Le pinceau est transformé en gomme (signe -). Réglez le diamètre avec la roulette. Réduisez le contour progressif, avec le curseur, pour être plus précis.

SURVEILLEZ VOTRE PROGRESSION EN FAISANT DES COMPARAISONS **Reportez-vous à la fiche Filtre gradué pour retrouver les moyens de comparaison dont vous disposez, ce sont les mêmes. Enregistrez des instantanés à la fin de chaque correction individuelle. Cela permet d'isoler la correction pour la comparer au dernier stade achevé précédent (cf. fiche 036). Supprimez ensuite ces instantanés « intermédiaires ».**

4 Cliquez sur **Nouveau** pour multiplier les points de contrôle dès que vous avez besoin d'intervenir en différents points de l'image. Cela vous donne beaucoup plus de souplesse pour moduler vos corrections.

5 La plupart des curseurs agissent en fonction des corrections faites dans les onglets de corrections globales dont ils en augmentent ou diminuent l'intensité.

6 Dupliquez les corrections (**Ctrl** + **Maj** + **Alt** enfoncées + **clic**). Pensez au menu contextuel (**clic droit**).

7 **H** masque et affiche « **Les épingles d'édition** » (Pt de contrôle).

Note : Quand vous dupliquez une correction, vous pouvez en modifier les réglages curseurs pour mieux moduler le résultat global.

Utliser l'outil Filtre radial

Sélectionnez l'outil Filtre radial dans la barre d'outils de corrections locales. Maintenez la touche Ctrl enfoncée et double-cliquez dans l'image. Amenez le curseur exposition à -1, et vous avez un aperçu de ce à quoi peut servir cet outil... Étudiez cette fiche pour apprendre à en tirer tout le parti possible et cibler vos interventions.

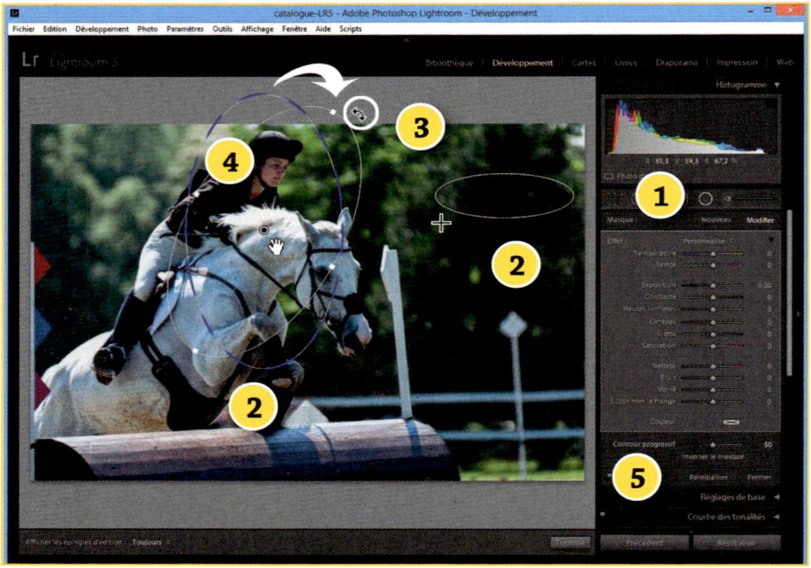

1 Double-cliquez sur **Effet** pour réinitialiser tous les réglages.

2 Cliquez, glissez dans l'image pour ébaucher la zone d'intervention.

3 Modifiez l'inclinaison de l'ellipse par cliquer-glisser (quand votre souris se transforme en arc de cercle). Il faut l'approcher du tracé pour cela.

4 Repositionnez la zone d'intervention en saisissant son point de contrôle avec votre souris.

5 Cochez la case **Inverser le masque** pour appliquer la correction à l'intérieur de la zone définie. Si elle reste décochée, la correction se fera sur la partie de l'image extérieure à la zone définie.

APPRENNEZ À UTILISER LES RACCOURCIS CLAVIER **Comme avec le Filtre gradué, le raccourcis clavier Alt enfoncé est particulièrement utiles pour modifier avec précision la dimensions de votre zone de correction. Apprenez aussi à dupliquer une correction (Ctrl + Alt + clic) comme nous l'avons également vu pour l'outil Pinceau. Cela vous permettra d'aller plus loin dans la modulation de vos corrections (revoir ci-dessous).**

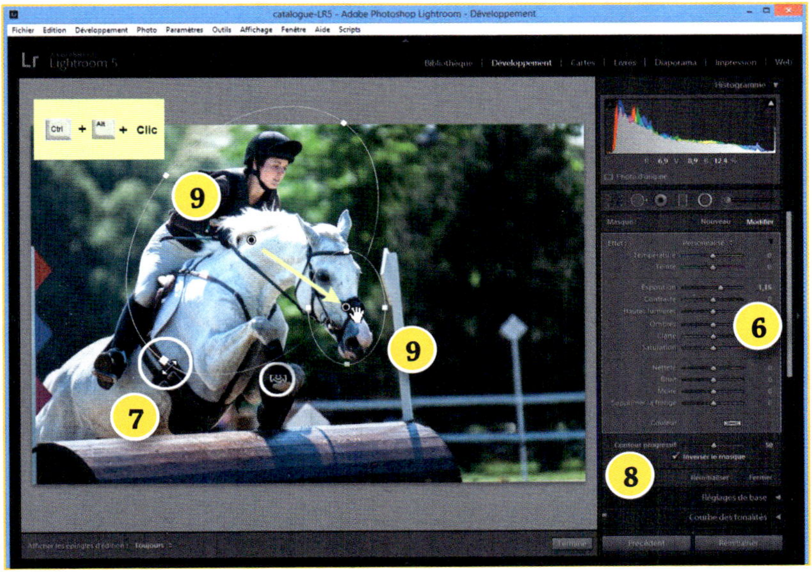

6 Réglez un ou plusieurs curseurs de correction.

Pour ajuster la zone de correction :

7 Modifiez la taille de l'ellipse en vous saisissant d'une des poignées de contrôle. Maintenez la touche **Alt** enfoncée pour ne jouer que sur un coté à la fois.

8 Jouez sur le contour progressif.

9 Dupliquez vos corrections (**Ctrl** + **Alt** + **clic** sur le point de contrôle). Vous pouvez la déplacer ou en modifier les paramètres pour mieux moduler votre correction.

Utiliser un éditeur externe, Photoshop ou autre

Utilisez la fonction Modifier dans... Photoshop, ou tout autre logiciel de traitement photo, uniquement pour réaliser des corrections ou des traitements que vous ne pouvez pas faire dans Lightroom : montages avec plusieurs calques, panoramiques par assemblage, HDR, clonages demandant beaucoup de précision...

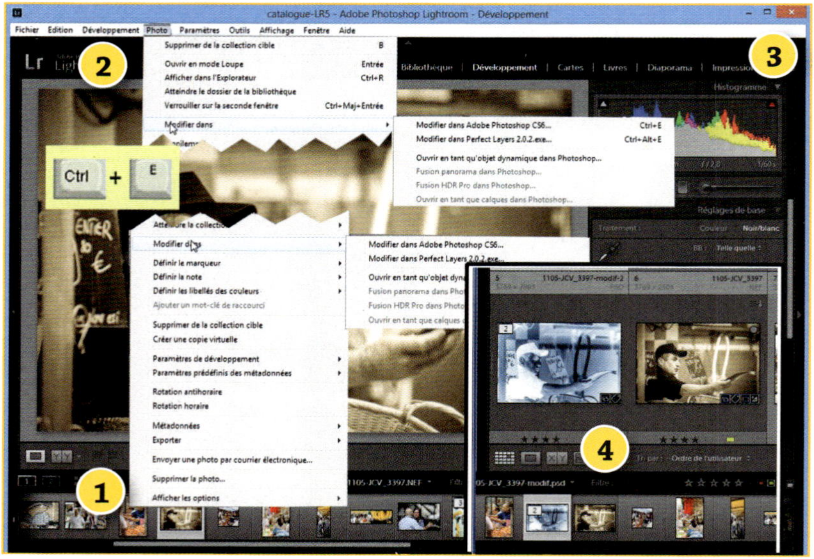

1 Quel que soit le module de Lightroom utilisé, faites un clic droit sur la vignette d'une photo dans la Bande film et choisissez l'option **Modifier dans**... Puis, choisissez l'application que vous voulez utiliser.

2 Sélectionnez une photo et accédez à la fonction par le menu **Photo** ou en utilisant le raccourci **Ctrl** + **E** (PC) ou **Cmd** + **E** (Mac).

3 Faites une modification substantielle dans Photoshop, par exemple (**Ctrl** + **I**) pour créer un négatif. Enregistrez votre travail (**Ctrl** + **S**) dans le même dossier que l'original. Revenez dans Lightroom.

4 La vignette de ce fichier apparaît dans la Bande film. Les deux images font partie de la même pile selon le choix fait (cf. § 2 fiche **065**).

CAS DES PHOTOS AU FORMAT JPEG OU TIFF **Quand vous cliquez sur Modifier dans Photoshop, trois possibilités vous sont proposées. Évitez de choisir la troisième pour préserver votre fichier original. En général, vous choisirez la première. Il est recommandé, en effet, d'aller jusqu'au bout des réglages que vous pouvez faire dans Lightroom pour ne faire dans Photoshop que ce que vous ne pouvez pas faire dans Lightroom.**

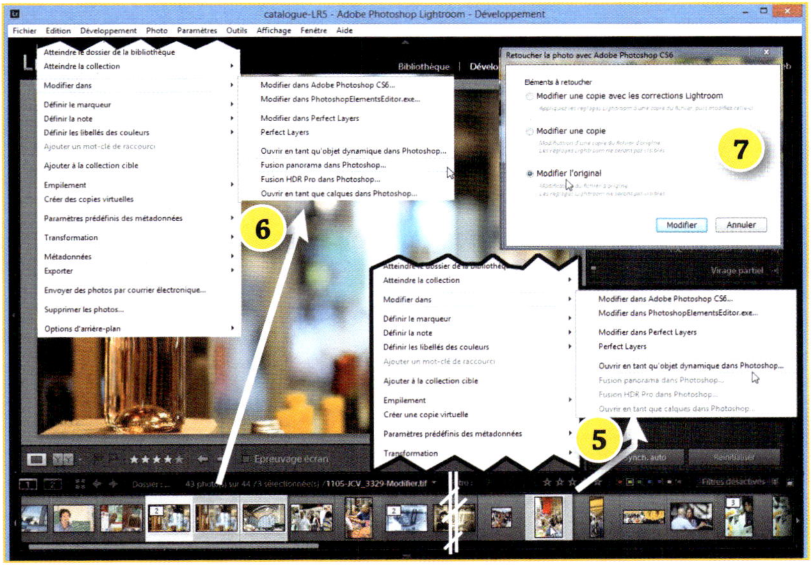

5 En sélectionnant une seule photo, le choix est limité aux applications externes enregistrées.

6 Avec plusieurs photos sélectionnées, vous avez la possibilité de choisir certaines fonctions spécifiques à Photoshop.

7 Vous avez toujours la possibilité de revenir sur une correction faite dans un application extérieure. Sélectionnez un fichier de photo modifiée, appelez la fonction **Modifier dans**... l'application utilisée. Choisissez l'option **Modifier l'original**...

Régler les paramètres d'exportation de la copie

Pour préserver les originaux, Lightroom est obligé de créer une copie du fichier sur lequel vous voulez travailler dans un autre logiciel. Il est en effet incapable d'enregistrer les corrections que vous y faites dans sa banque de données. Il y a donc exportation de la copie et importation du résultat.

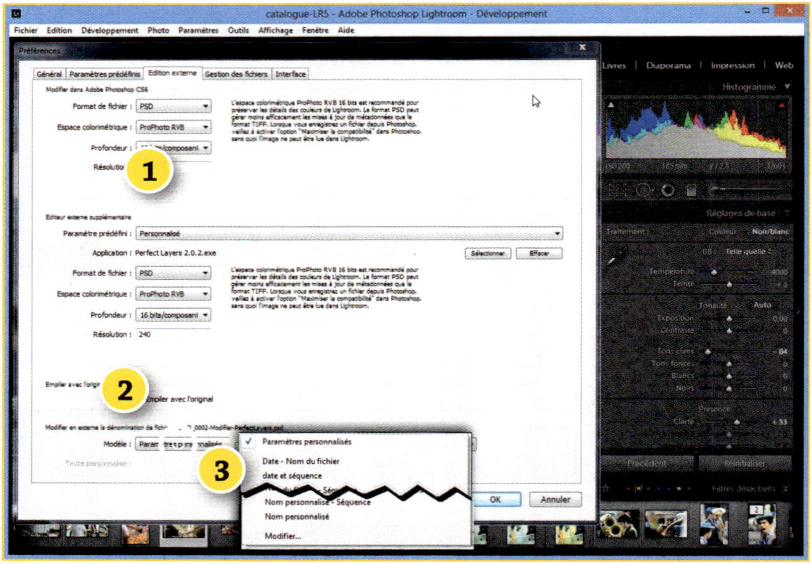

1 Dans **Préférences / Édition Externe**, choisissez les paramètres d'exportation Photoshop : **Format**, **Espace colorimétrique**, **Profondeur**.

2 Choisissez d'**empiler** ou non le fichier créé avec l'original.

3 Si vous voulez **Modifier en externe le nom du** (nouveau) **fichier**, cliquez sur la fenêtre, choisissez l'option **Modifier** et reportez-vous à la fiche **017**. Si vous utilisez plusieurs applications externes, vous pouvez faire cela pour chacune d'entre elles.

Note : Avec des calques, choisissez le format **PSD** dans Photoshop, **TIFF** pour les autres applications. Restez en **ProPhoto RVB**. Le choix de **8 bits/composant** facilite les calculs dans l'application externe.

FAITES TOUTES VOS INTERVENTIONS EXTÉRIEURES EN PARTANT DE LIGHTROOM **L'avantage de Lightroom est de toujours vous présenter la dernière version de développement de vos photos. En partant de Lightroom et en y revenant, vous avez une routine de travail solide qui vous permet de toujours savoir où vous en êtes. Rappelez-vous qu'il est toujours délicat de travailler sur des photos avec deux logiciels.**

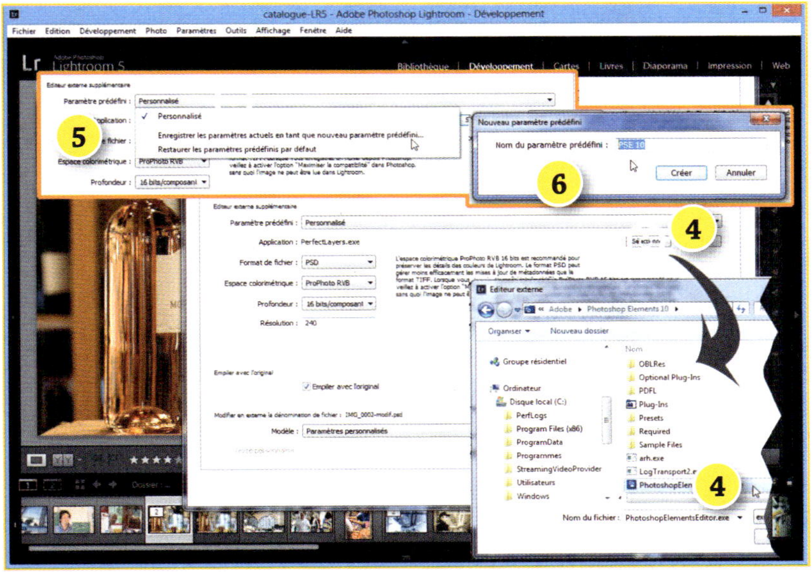

4 Cliquez sur **Sélectionner** et conduisez Lightroom jusqu'au programme supplémentaire que vous souhaitez utiliser (ici Adobe Photoshop Elements).

5 Cliquez dans la fenêtre **Paramètres prédéfinis** et choisissez l'option **Enregistrer les paramètres actuels en tant que paramètres prédéfinis**.

6 Le nom que vous donnez à ce paramètre prédéfini vous permet de sélectionner ensuite cette application dans l'option **Modifier dans...**

Réglez ces paramètres d'exportation selon les critères développé dans la page précédente.

Note : Vous pouvez installer ainsi DxO, Photomatix, Nicksoftware. Photoshop Elements est plus indiqué.

CHAPITRE 9

IMPRESSION, LA MISE EN PAGE

Découvrir l'interface du module Impression

Lightroom permet de régler et de lancer l'impression d'une ou de plusieurs photos en série. Il suffit de sélectionner ces photos dans une collection, à défaut dans un dossier depuis la Bibliothèque, de faire vos réglages et de mettre suffisamment de papier dans l'imprimante. Cliquez sur Imprimer, Lightroom fait le reste.

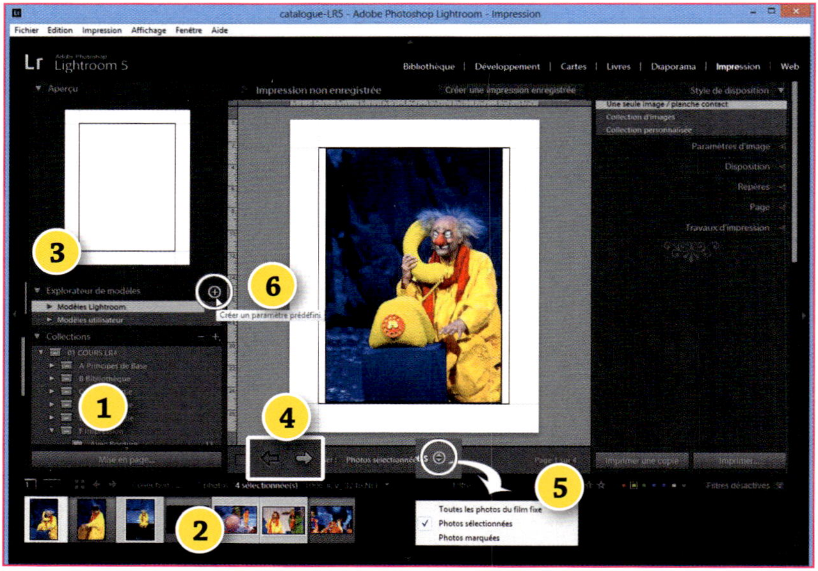

1 Choisissez la collection des photos à imprimer.

2 Sélectionnez individuellement les photos à imprimer dans la Bande film.

3 Déployez les onglets **Aperçu** et **Modèles Lightroom**. En survolant les modèles de mise en page avec la souris, choisissez-en un (dans l'exemple **1 grand avec tracé**).

4 Cliquez sur ces flèches pour vérifier la mise en page des différentes photos sélectionnées. Cette fonction se conjugue avec les options (5).

6 Dans l'onglet **Modèles Lightroom**, vous pouvez enregistrer vos mises en page personnalisées. Vous retrouverez ainsi tous les réglages que vous aurez faits (taille de papier, type d'imprimante, réglages pilote, etc.).

FAMILIARISEZ-VOUS AVEC L'ONGLET STYLE DE DISPOSITION Chaque style correspond à un besoin d'impression différent. À chacun de ces styles sont attachées des commandes de réglage de la mise en page de vos photos qui peuvent être différentes. Il peut paraître paradoxal que le premier de ces styles soit intitulé Une seule image / planche contact... mais, une colonne et une ligne sont un début de planche-contact !

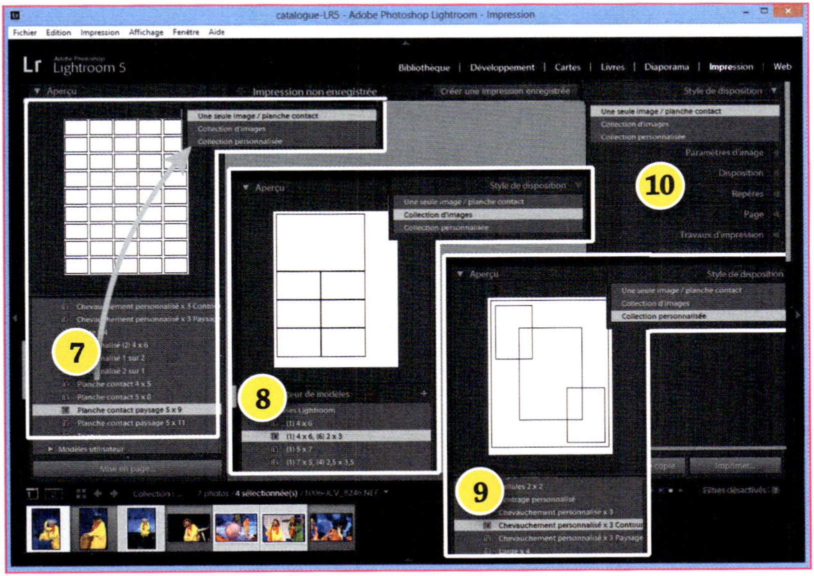

7 Cliquez sur un des modèles de planche-contact et vérifiez à quel style de disposition et à quels onglets de réglage il correspond (10).

8 Faites la même chose en sélectionnant le modèle (1) **4x6** (6) **2x3**. Ce **style de disposition** répond aux besoins des professionnels qui tirent une même image en plusieurs formats.

9 Sélectionnez le modèle **Chevauchement personnalisé x 3 Contour**. Il correspond cette fois au style de disposition **Collection personnalisée** qui permet de faire des montages de plusieurs photos sur une même page.

10 Les différents onglets de réglage vous permettent de réaliser des mises en pages personnalisées.

Choisir la taille du tirage, maîtriser la résolution

C'est le point de départ de toute mise en page. Vous devez vous poser deux questions. La première : quelles dimensions choisir compte tenu de la nature de la photo et de l'usage que vous voulez en faire ? La deuxième : jusqu'à quelles dimensions de tirage peut-on aller en termes de résolution ?

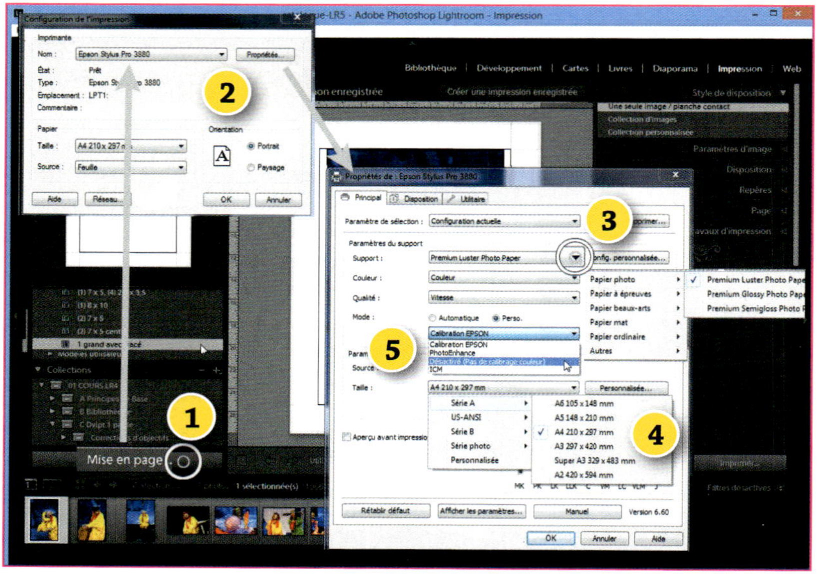

1 Cliquez sur **Mise en page**.

2 Sélectionnez l'imprimante, choisissez entre **Orientation Paysage** ou **Portrait** et cliquez sur **Propriétés**.

3 Dans **Support**, choisissez le type de papier. Il conditionne la quantité d'encre qui est déposée à l'impression. Si vous utilisez un papier d'un autre fabricant que celui de votre imprimante, choisissez le type de support qui s'en approche le plus.

4 Définissez la taille du papier. Elle conditionne la mise en page.

5 Prenez bien soin de désactiver la gestion des couleurs par l'imprimante. Cela fait partie des vérifications avant impression, mieux vaut le faire deux fois qu'une !

VÉRIFIEZ LA RÉSOLUTION D'IMPRESSION, AU BESOIN RÉÉCHANTILLONNEZ **La résolution minimale acceptable est une question de distance de lecture et d'acuité visuelle. Un placard publicitaire destiné à être vu à plusieurs dizaines de mètres peut être tiré à 50 ppp. (pixels par pouce). Un tirage d'exposition, lu à un mètre, doit faire au moins 240 ppp. Un tirage galerie doit avoir une résolution comprise entre 300 et 360 ppp.**

6 Cochez la case **Dimensions** dans l'onglet **Repères**.

7 Vérifiez dans le coin gauche la résolution d'impression. Si elle n'apparaît pas :

8 Vérifiez que la case **Résolution d'impression** n'est pas restée cochée dans l'onglet **Travaux d'impression**.

9 A contrario, cochez-la et jouez sur son curseur pour rééchantillonner, si besoin, un fichier un peu faible et augmenter artificiellement la résolution.

10 Utilisez plusieurs fois le raccourci clavier **I** (comme informations) pour disposer de ces incrustations relatives aux dimensions du fichier.

Trouver vos repères

Familiarisez-vous avec les curseurs des marges et les lignes de contrôle qui encadrent la photo. Découvrez les interactions entre la taille des marges et les dimensions de la cellule d'image, voire de l'image elle-même. Notez que la résolution d'impression affichée est calculée pour ce qui est réellement imprimé : la cellule d'image.

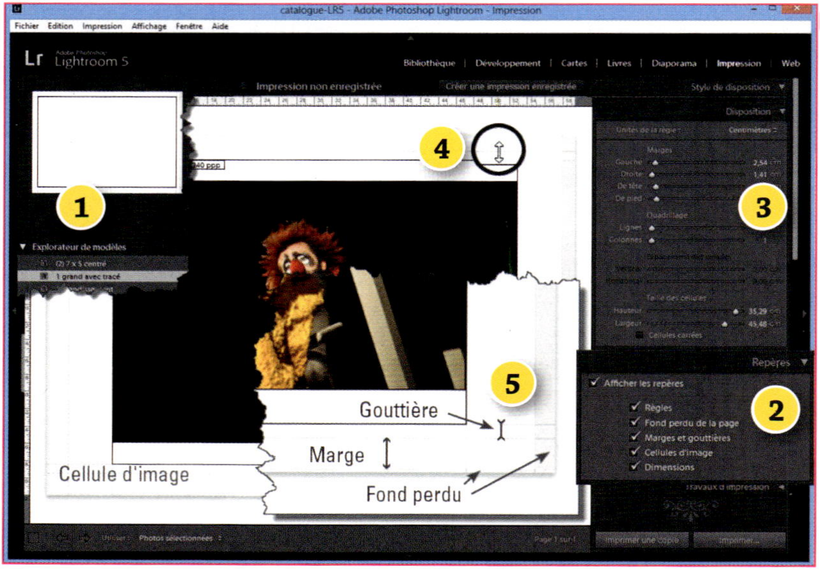

1 Choisissez un modèle de mise en page.

2 Cochez **Afficher les repères**.

3 Jouez avec les curseurs.

4 Cliquez et faites glisser les lignes des repères. Elles vous permettent de travailler à l'œil vos mises en page. Observez l'influence qu'elles ont sur les curseurs des marges.

5 Familiarisez-vous avec un vocabulaire plus impressionnant qu'utile. Décochez les règles si elles vous gênent.

Note : Les fonds perdus dépendent éminemment de l'imprimante utilisée. Il faut en tenir compte pour régler les marges, et ce n'est pas facile.

FAMILIARISEZ-VOUS AVEC LA NOTION DE CELLULE PHOTO **C'est le principal paramètre de réglage de toutes vos mises en page. Il est très perturbant au début en raison de la différence de format (rapport L/H) entre la photo et la cellule photo. Apprenez à maîtriser cela en jouant sur les commandes Zoom pour remplissage et Adaptation par rotation.**

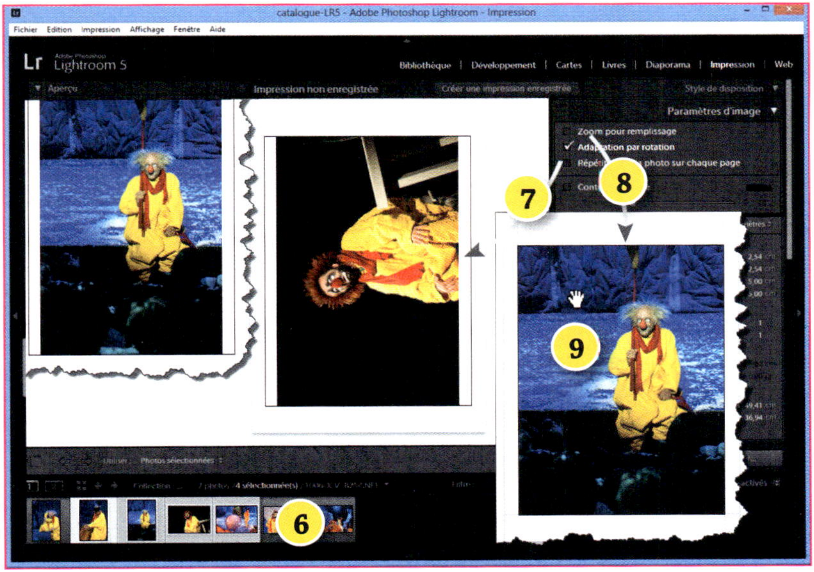

6 Sélectionnez les photos que vous souhaitez imprimer les unes après les autres.

7 Cochez la case **Adaptation par rotation**. Cela règle le problème des photos qui alternent entre mode Portrait et mode Paysage. Il faut cependant que la mise en page soit symétrique.

8 Cochez la case **Zoom pour remplissage** et utilisez les dimensions cellules comme un petit outil de recadrage.

9 Ajustez si besoin le recadrage en déplaçant la photo par cliquer-glisser. Le curseur de la souris se transforme en main.

Créer une planche-contact

Apprenez à maîtriser la mise en page d'une planche-contact. Vous n'aurez ensuite aucune difficulté à régler la mise en page d'une seule image. La différence ne porte que sur le nombre de colonnes et de lignes.

1 Sélectionnez un ensemble de photos.

2 Définissez une taille de papier et choisissez un modèle de planche-contact (cf. fiches **067** et **068**).

3 Vérifiez un à un les paramètres sur lesquels Lightroom a joué pour créer cette planche-contact.

4 **Adaptation par rotation** est activé dans l'onglet **Paramètres d'image**.

5 Tous les paramètres de l'onglet **Disposition** ont été ajustés.

6 La commande **Informations sur la photo** a été activée et l'option **Nom du fichier** a été sélectionnée dans l'onglet **Page**.

TRANSFORMEZ UN MODÈLE DE PLANCHE-CONTACT EN PLANCHE DE LECTURE **Vous n'avez peut-être pas besoin de faire vos sélections sur des planches-contacts comme dans l'ancien temps. En revanche, c'est souvent plus convivial de discuter, entre amis, sur un tirage papier dans un format de lecture plutôt que devant un écran d'ordinateur ou un vidéoprojecteur.**

7 Cochez la case **Cellules carrées**. Vos photos prises en mode Portrait seront redressées, ce qui se lit mieux.

8 Jouez sur le nombre de colonnes et de lignes ainsi que sur la taille des cellules d'image pour définir le format de lecture qui vous convient, jusqu'à une seule photo éventuellement.

9 Choisissez ou pas, une des options de la commande **Information sur la photo** dans l'onglet **Page**. Pour attribuer Légendes et Titres aux photos consultez la fiche **007**.

10 Avec **Contour du cadre**, ajoutez un filet noir, si besoin, pour assurer la séparation des images sur fond blanc.

Utiliser le style Collection personnalisée

Les possibilités créatives de cette fonction ont pour seule limite votre imagination. Vous pouvez ainsi mettre en valeur certains travaux, faire une accroche visuelle pour promouvoir une exposition. Vous pouvez même l'utiliser pour faire la mise en page personnalisée que vous ne trouvez pas dans le module Livre (cf. fiche 099)...

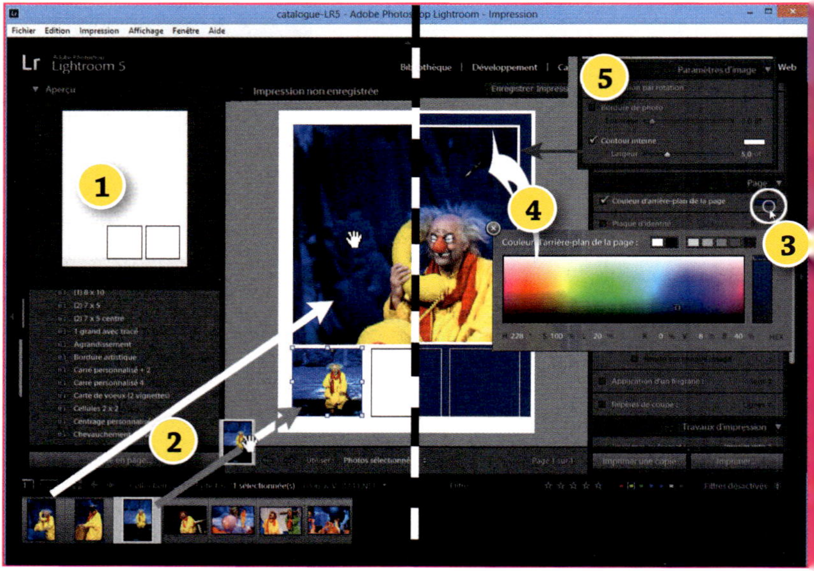

1 Choisissez un modèle de disposition personnalisé.

2 Cliquez et glissez les images les unes après les autres en visant bien le centre de la cellule. Maintenez la touche **Ctrl** enfoncée pour positionner votre photo.

3 Pour ajouter une couleur d'arrière-plan, cochez la case dans l'onglet **Page** et cliquez sur le sélecteur de couleur.

4 Cliquez la pipette dans le patch pour choisir une couleur ou, glissez-la du patch à l'image, pour sélectionner une couleur de la photo.

5 Ajoutez un liseré avec la commande **Contour interne** de l'onglet **Paramètres d'image**.

CRÉEZ UN MODÈLE DE MISE EN PAGE **Essayez de créer de toutes pièces un montage personnalisé identique à celui qui est montré en exemple ci-dessous. Vous pouvez alors l'enregistrer dans les modèles utilisateur ou dans un autre dossier. Lightroom enregistre dans ce cas tous les paramètres de mise en page que vous avez réglés. Il enregistre en plus votre choix d'imprimante et vos réglages dans le pilote d'impression.**

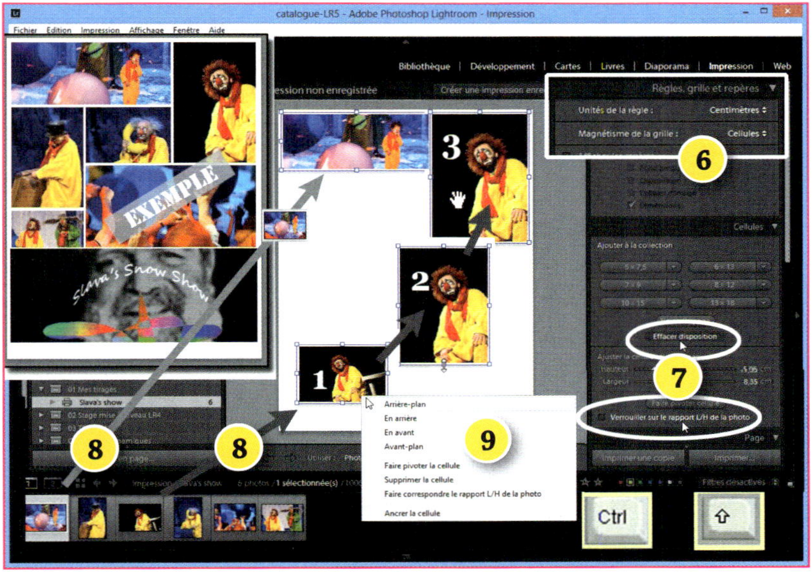

6 Sélectionnez **Centimètres** et **Cellules** dans les réglages de l'onglet **Règles, grille et repères**.

7 Cliquez sur le bouton **Effacer disposition** et décochez **Verrouiller le rapport L/H de la photo**. Si vous avez besoin de conserver les proportions pendant vos manipulations, maintenez la touche **Maj** enfoncée.

8 Glissez une photo sur la page, utilisez les poignées pour en régler les dimensions. Glissez-la à sa place. Ajustez la photo dans la cellule en maintenant la touche **Ctrl** enfoncée.

9 Utilisez, si besoin, les ressources du menu contextuel obtenu par clic droit sur la photo active.

Note : Bordures dans **Paramètres d'image** permet d'espacer des images collées.

Maîtriser les astuces de la disposition personnalisée

Il est beaucoup plus facile de créer un montage par glisser-déposer des photos à partir de la Bande film. Découvrez comment ajuster exactement à la même taille deux images ou plus et de quelle façon les aligner verticalement ou horizontalement. Utilisez pour cela les propriétés de la fonction Magnétisme de la Grille, option Cellules.

1 Réglez les dimensions d'une première image.

2 Cliquez et faites glisser une image de la Bande film dans l'espace de travail en prenant soin d'éviter la première image. Dans un deuxième temps, déposez-la dans la première.

3 Utilisez les poignées pour ajuster l'image à la taille de celle qui est en dessous. Vous allez sentir l'action du magnétisme qui « colle » les bords des deux photos.

4 Cliquez et glissez la photo vers un autre emplacement.

5 Alignez deux photos quelle que soit la distance à laquelle elles sont l'une de l'autre grâce encore au magnétisme.

UTILISEZ LES BOUTONS CELLULES **Le style de disposition Collection personnalisée partage avec le style Collection d'images les mêmes boutons dans l'onglet Cellules. En les manipulant, vous constaterez que Lightroom emboîte les cellules d'images les unes dans les autres pour tirer le meilleur parti possible du papier (6). Vous pouvez, aussi, utiliser ces boutons pour créer des cellules indépendantes.**

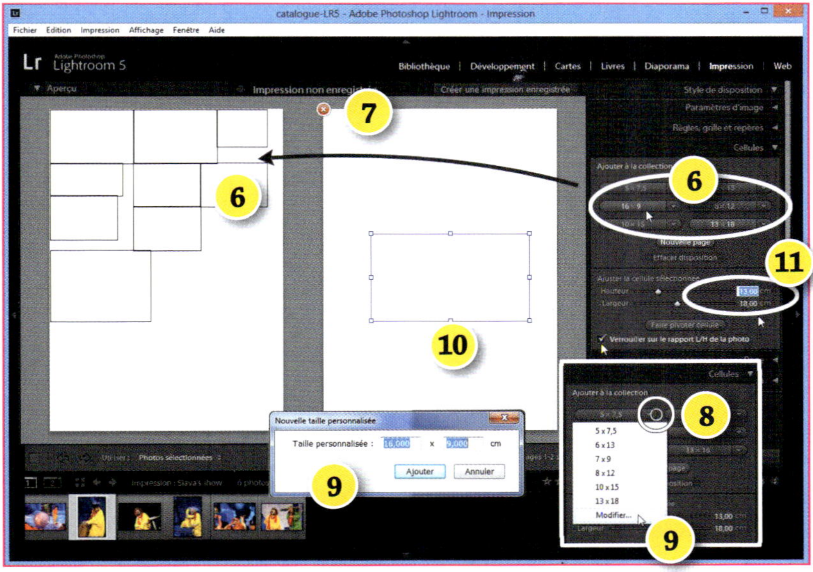

6 Cliquez plusieurs fois sur différents boutons dans l'onglet **Cellules**. Il y a emboîtement.

7 Cliquez sur **Nouvelle page** dans l'onglet **Cellules**. Notez que vous pouvez la supprimer avec cette croix.

8 Cliquez sur le triangle pour changer de format de cellule.

9 Cliquez sur **Modifier** pour créer une cellule aux dimensions personnalisée.

10 Créez une nouvelle cellule, déplacez-la où vous voulez.

11 Ajustez ses dimensions en déplaçant les poignées, les curseurs, ou en utilisant les valeurs numériques.

Utiliser la plaque d'identité

La plaque d'identité vous permet d'apposer une signature, d'afficher le titre de l'œuvre ou de signaler plus ou moins discrètement un copyright. Dans ce domaine, elle est beaucoup plus utile que la fonction Filigrane dont le champ d'application est limité à la surface de l'image.

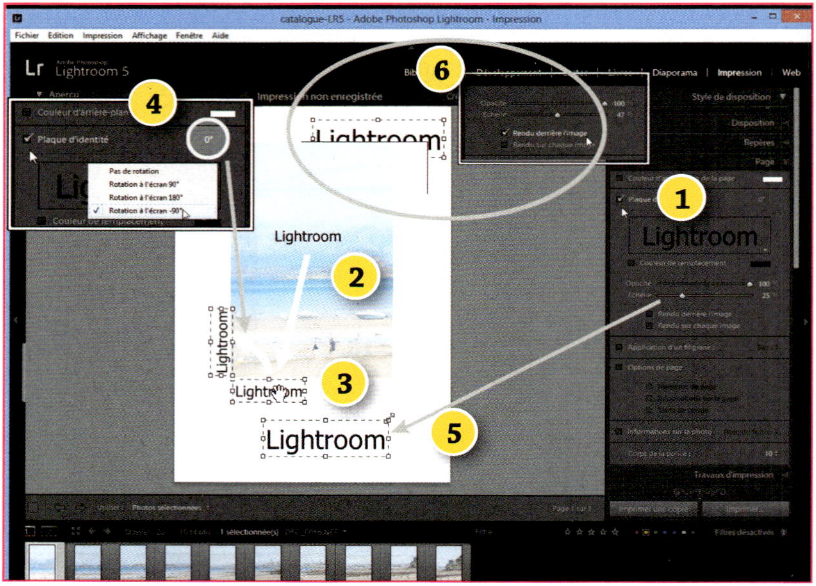

1 Cliquez sur **Plaque d'identité** dans l'onglet **Page**.

2 **Lightroom** (ou les derniers mots utilisés) s'affiche dans la page.

3 Cliquez sur la plaque et faites-la glisser pour la déplacer.

4 Cliquez sur la très discrète valeur en degrés (°) sur la même ligne que **Plaque d'identité** pour faire pivoter la plaque.

5 Utilisez les poignées ou le curseur **Échelle** pour modifier les dimensions de la plaque.

CRÉEZ ET ENREGISTREZ DES MODÈLES DE PLAQUES D'IDENTITÉ **Quand vous aurez mis au point une plaque d'identité que vous pensez pouvoir réutiliser. Avant de cliquer sur OK pour l'appliquer, cliquez sur la dernière fenêtre en bas à gauche de l'interface de modification et choisissez Enregistrer sous. Elle sera désormais disponible dans la liste des réglages prédéfinis.**

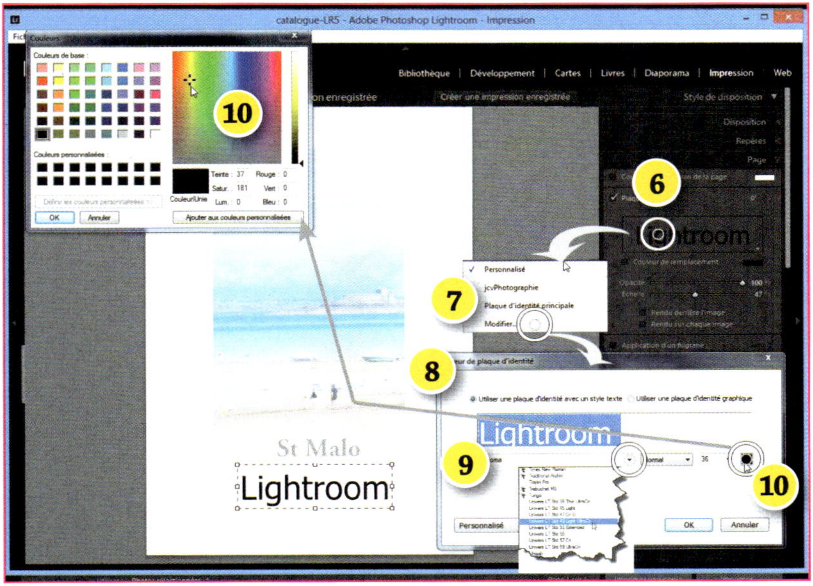

6 Cliquez dans cette fenêtre pour accéder au menu contextuel de **Plaque d'identité**.

7 Sélectionnez un réglage prédéfini de **Plaque d'identité** enregistré ou cliquez sur **Modifier** pour accéder à l'interface de la fonction.

8 Sélectionnez l'option **Utiliser une plaque d'identité avec un style de texte**.

9 Surlignez le texte dans la fenêtre de saisie pour en modifier les paramètres de style : police, engraissement, couleur.

10 Cliquez pour accéder au **Sélecteur de couleur**.

Adapter une plaque, utiliser un fichier image

Ce sont les petites choses qui rendent Lightroom très agréable à utiliser. Si vous voulez réutiliser une plaque enregistrée et en modifier la taille, l'opacité ou adapter la couleur du texte à la photo, quelques commandes extérieures à l'interface de modification vous permettent de le faire très facilement.

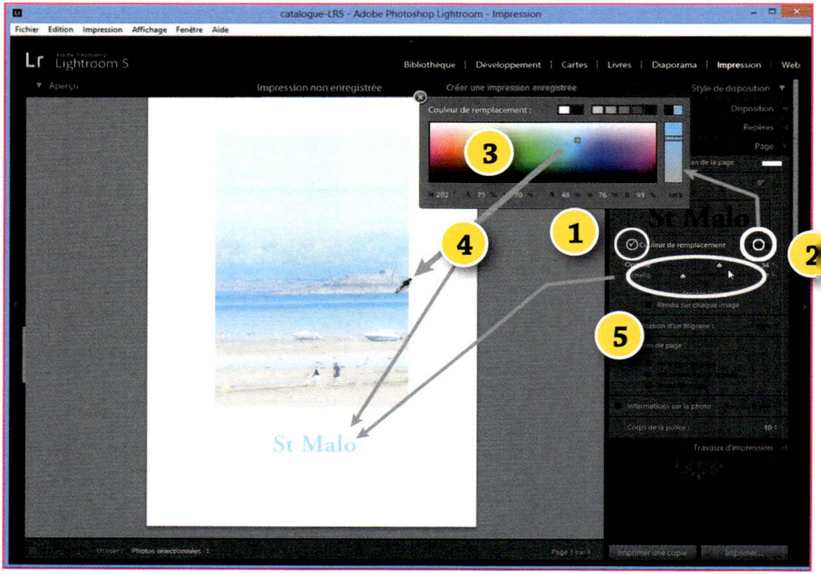

1 Cochez la case **Couleur de remplacement**.

2 Cliquez sur le bouton de sélection des couleurs.

3 Cliquez et glissez dans le patch des couleurs pour choisir une couleur de remplacement. Vous pouvez cliquer dans la colonne de droite du sélecteur de couleur pour faire varier la luminosité des couleurs présentées.

4 Cliquez et glissez la pipette dans la photo pour y choisir une couleur.

5 Utilisez les curseurs **Opacité** et **Échelle** pour modifier le ton et la taille du texte.

UTILISEZ UNE PLAQUE D'IDENTITÉ GRAPHIQUE **Entendez par là un fichier image que vous aurez créé pour la circonstance. Vous découvrirez très rapidement qu'à quelques exceptions près, les fichiers JEPG, qui s'inscrivent sur un fond blanc, sont très peu pratiques. Pour tout ce qui touche à des images de signature, des informations de copyright, il vaut bien mieux utiliser des fichiers au format PNG, qui conservent la transparence.**

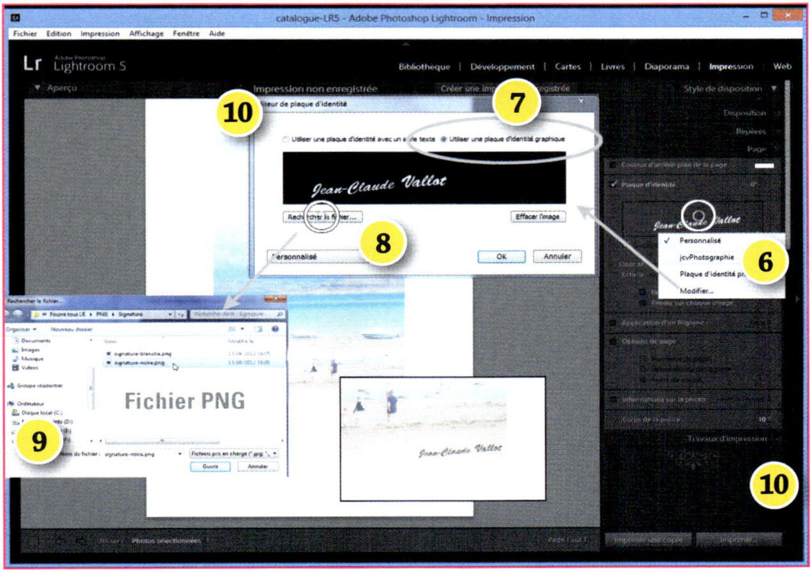

6 Cliquez dans la fenêtre et choisissez l'option **Modifier** pour accéder à l'interface de modification de la **Plaque d'identité**.

7 Choisissez l'option **Utiliser une plaque d'identité graphique**.

8 Cliquez sur **Rechercher le fichier**.

9 Choisissez un fichier au format PNG de préférence. Il préserve la transparence.

10 Cliquez sur **OK** puis réglez la taille, la position et l'opacité de votre plaque d'identité avec les outils vus en (5).

CHAPITRE 10

IMPRIMER VOS PHOTOS

Préparer un tirage Galerie, la gestion des couleurs

Un tirage Galerie représente l'aboutissement de votre travail. La mise en page, selon la nature de l'image, est un premier choix. Le choix du papier, pour sa texture et son rendu des couleurs, en est un deuxième. Enfin un dernier réglage s'impose pour redonner un peu de vigueur à une photo affadie par l'impression.

Comprendre les données du problème, la notion de Profil

Un papier restitue les couleurs par réflexion des ondes lumineuses émises par la source d'éclairage. Un écran les « crée » directement par rayonnement. Par essence, donc, une photo sur écran est beaucoup plus lumineuse et contrastée que sur papier. Les espaces de couleurs que ces deux supports sont capables de restituer sont aussi très différents. On mesure ces espaces, entre autres, en réalisant un **Profil** (Caractérisation) de chacun de ces périphériques. Vous **devez** réaliser vous-même le profil de votre écran. En ce qui concerne le couple « papier - imprimante » vous pouvez soit le faire personnellement, soit le récupérer par téléchargement sur le site du fabricant de papier quand vous utilisez un papier différent de ceux qui sont prévus par le constructeur de votre imprimante.
En confiant à Lightroom la gestion des couleurs à l'impression, vous lui laissez le soin de convertir les couleurs de la photo, définies dans un troisième espace (ProPhoto RGB), en couleurs imprimables. Autant dire que c'est mission impossible. Par conséquent, tout système de gestion des couleurs utilise un subterfuge appelé mode de conversion. Il existe deux modes de conversion en photographie, les modes perceptif et relatif. Chacun redéfinit à sa façon les couleurs de la photo pour qu'elles « tiennent » dans l'espace couleur du papier sans qu'à l'œil, un observateur attentif ne décèle trop de différences.

Les limites de l'exercice

Les APN modernes sont capables de capturer une gamme très étendue de couleurs. C'est la raison pour laquelle les ingénieurs de Lightroom ont décidé de définir les couleurs des photos dans l'espace ProPhoto RGB (Melissa RGB plus précisément). Cela pose problème dans la mesure où les capacités de reproduction de couleurs des écrans les plus performants sont limitées à l'espace Adobe RGB 98. Il y a donc des couleurs dans vos photos que vous ne pouvez pas voir à l'écran. En revanche, les imprimantes les plus modernes sont capables de les imprimer, au moins en partie. Leurs profils sur certains papiers, pour certaines couleurs, sont plus vastes que celui des écrans.

C'est donc fort de tout cela que vous devez utiliser les outils de Lightroom.

DEUX PRÉCAUTIONS EN MATIÈRE DE GESTION DES COULEURS **Il est indispensable de confier à Lightroom, et non à votre imprimante, la gestion des couleurs à l'impression. Vous décidez cela dans l'onglet Travaux d'impression. Pour qu'il n'y ait aucune ingérence de l'imprimante, modifiez également impérativement le paramètre de gestion des couleurs dans le driver de l'imprimante (cf. fiche 077).**

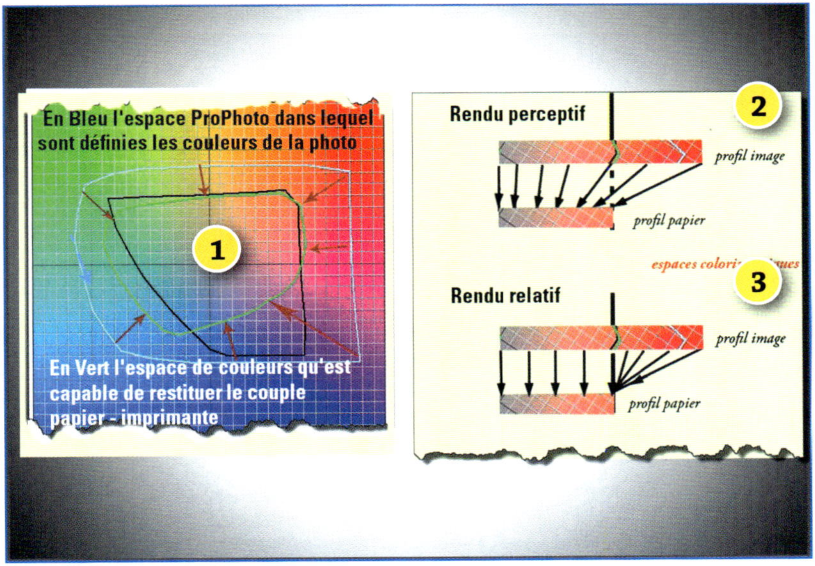

1 Diagrammes représentatifs des différents espaces de couleurs utilisés en photo (en noir l'espace Adobe98 des meilleurs écrans).

2 Schéma de fonctionnement du mode de conversion perceptif. Le moteur de conversion réorganise toutes les couleurs les unes par rapport aux autres pour conserver les écarts de nuance entre les couleurs.

3 Schéma de fonctionnement du mode de conversion relatif. Le moteur de conversion rapporte toutes les couleurs extérieures à l'espace d'arrivée à la valeur la plus saturée disponible. Il ne touche pas aux autres.

Note : La fonction **Epreuvage d'écran** permet de comparer les résultats de ces conversions.

Préparer un tirage Galerie avec l'Épreuvage écran

Utilisez cette fonction au moment de l'impression. Elle se trouve dans le module Développement parce que c'est là qu'elle a été le plus facile, techniquement, à installer. Considérez à ce stade que vous ouvrez une « matrice » de votre photo, parfaitement réglée auparavant, qu'il s'agit maintenant d'imprimer dans les règles.

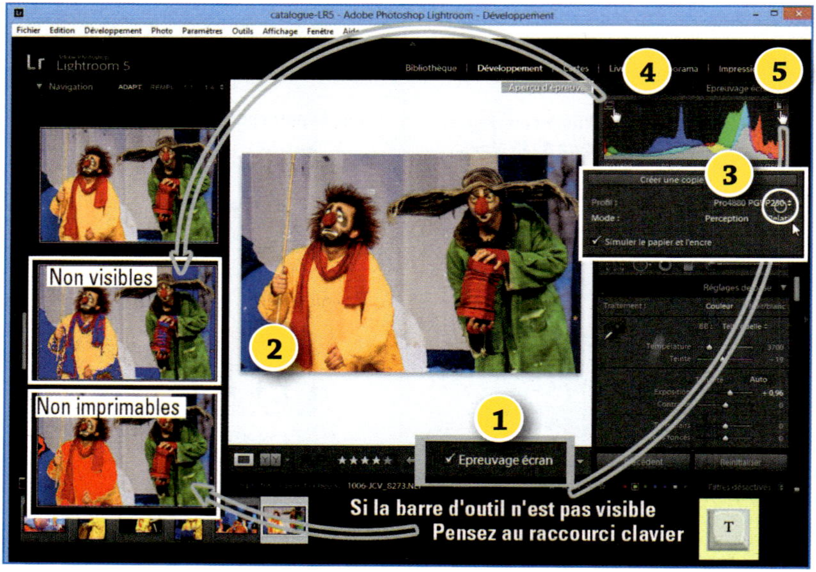

1 Cochez **Épreuvage écran**.

2 La couleur de fond change, Lightroom simule la couleur du papier choisi et les couleurs que prendra l'image en fonction du profil choisi.

3 Choisissez le profil du papier utilisé en cliquant dans la case du profil affiché et cochez **Simuler le papier et l'encre**.

4 Survolez avec la souris ou cliquez sur ce triangle pour afficher à l'écran les couleurs de la photo que l'écran ne peut pas reproduire. C'est votre profil écran qui sert de référence.

5 Survolez avec la souris ou cliquez sur le triangle de droite pour afficher les couleurs de la photo non imprimables. C'est le profil choisi en (3) qui sert de référence.

CHOISIR LE MODE DE CONVERSION **La fonction Épreuvage écran donne de bonnes indications pour faire ce choix. Mais elle n'a rien d'absolu. Les triangles d'alarme sont là pour vous rappeler la relativité des choses. Vous ne voyez pas vraiment le résultat réel. C'est cependant amplement suffisant pour faire un choix en matière de mode de conversion.**

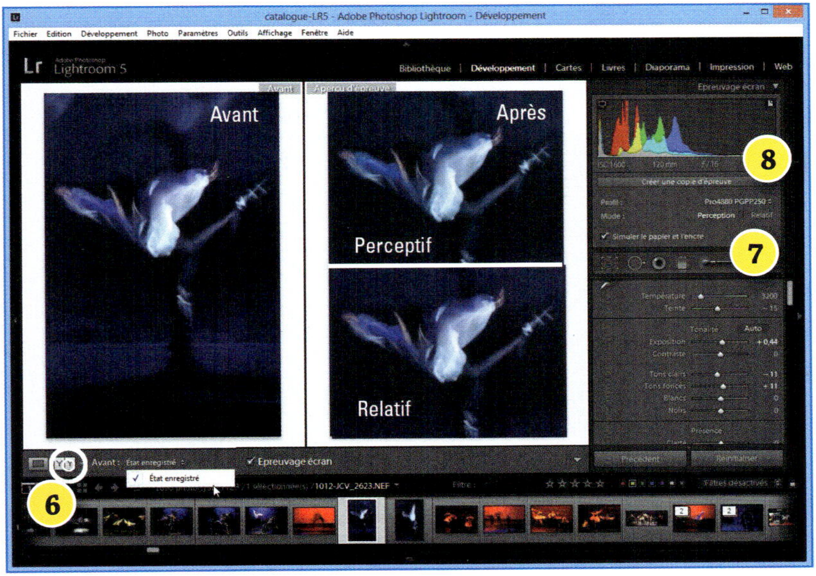

6 Passez en mode **Comparaison Avant / Après**. Il vous permet de comparer la matrice au rendu sur papier. Si la vue **Avant** correspond à la photo originale, copiez les paramètres de la matrice (le dernier historique ou le dernier Instantané) vers la photo pour comparer la matrice aux simulations papier (cf. points (6) et (7) fiche **038**).

7 Permutez entre les options **Perceptif** et **Relatif** pour vous faire une idée du mode de conversion qui donne un résultat le plus proche de la matrice que vous souhaitez imprimer.

8 Notez que vous pouvez cliquer sur **Créer une copie d'épreuve**. Vous exploiterez cette possibilité dans la prochaine fiche.

Préparer un tirage Galerie, corriger l'épreuve

Quand vous avez choisi un profil, Lightroom vous permet de corriger le côté terne et plat que prend votre photo en apportant des corrections non pas à la matrice, mais à une copie virtuelle qu'il crée pour servir d'épreuve. Il faut vous souvenir des limites de votre écran. C'est mieux de faire cela à partir d'un tirage papier.

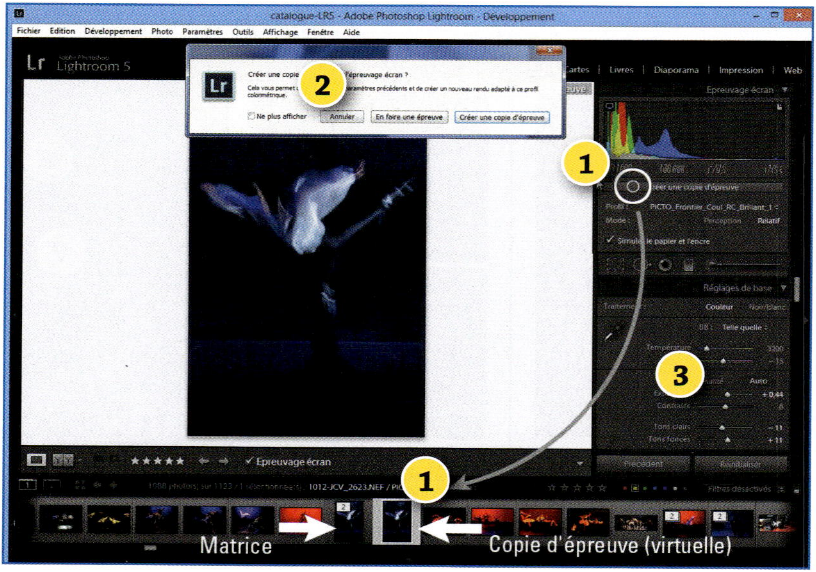

1 Cliquez sur **Créer une copie d'épreuve**. Lightroom crée une copie virtuelle et **lui donne le nom du profil papier utilisé**.

2 Si vous ne l'aviez pas fait, dès que vous touchez à un curseur pour réaliser une correction, Lightroom vous le propose.

3 À partir de là, tous les outils de correction de Lightroom sont à votre disposition pour travailler votre copie d'épreuve. La matrice de départ reste ainsi intacte.

LES SUBTILITÉS DU MODE DE COMPARAISON AVANT / APRÈS Il permet, en mode Epreuvage écran, de visualiser la différence entre le rendu papier et la matrice. Cela vous donne la possibilité de modifier la copie d'épreuve qui servira pour l'impression et l'impression sur le papier choisi uniquement. Cela vous permet aussi de comparer le rendu de la matrice sur différents papiers pour vous aider à faire votre choix.

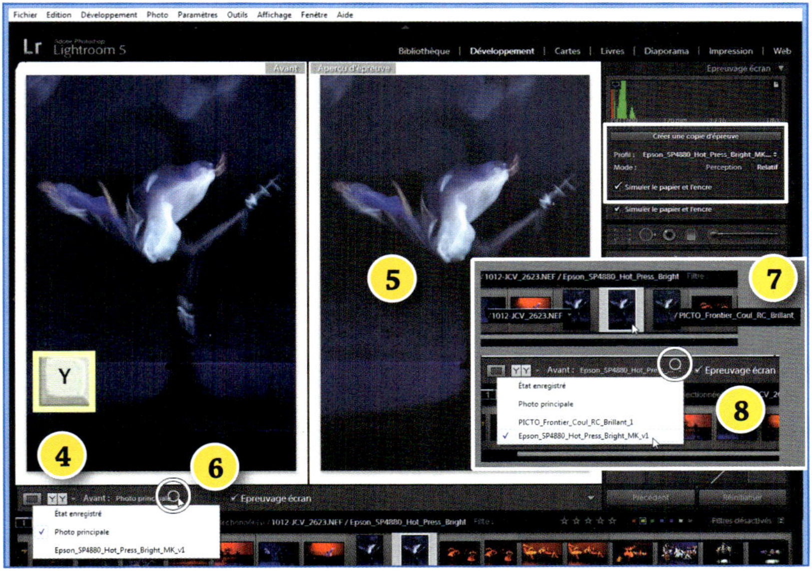

4 Passez en mode **Comparaison** (Y).

5 Visualisez les corrections que vous faites sur l'aperçu d'épreuve.

6 Cliquez sur ce triangle à têtes opposées pour choisir à quoi comparer vos corrections : à la matrice = **Photo principale** ou à l'état de conversion initial dans le profil choisi (indicateur de progression).

7 Faites plusieurs copies d'épreuve pour différents papiers en partant chaque fois de la matrice.

8 Comparez maintenant le rendu d'un de ces papiers au rendu de l'autre en choisissant dans la liste des possibilités de comparaison.

Imprimer à domicile, réglage des paramètres

Imprimer chez soi est un véritable plaisir. En revanche, il faut savoir que cela coûte très cher. Le prix de l'encre au millilitre surpasse celui du plus cher des grands parfums. Si néanmoins vous souhaitez vous offrir ce luxe, alors faites les choses dans les règles de l'art, comme indiqué dans cette fiche.

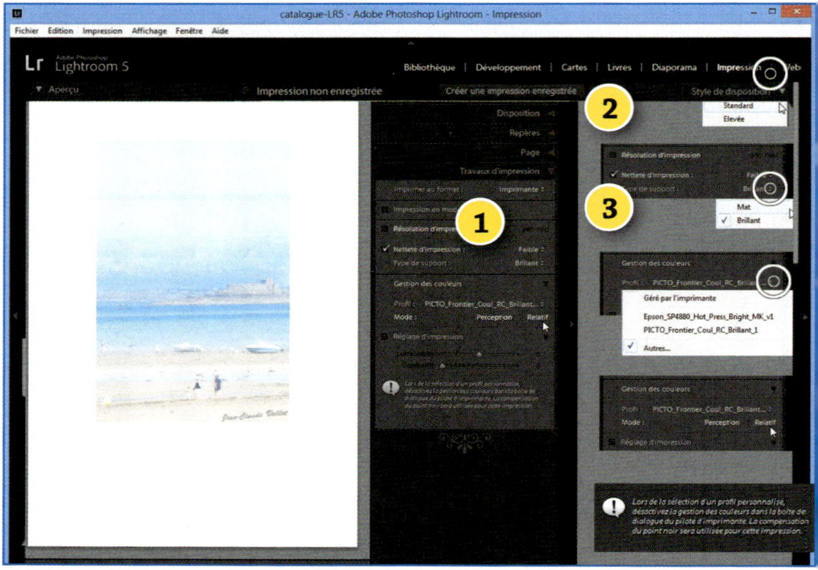

1 **Résolution d'impression** doit avoir été réglé en amont, quand vous avez choisi la taille du papier. Essayez de toujours tirer en résolution native.

2 Définissez l'accentuation de sortie (**Netteté**). Elle est fonction de la dimension du tirage (Lightroom en règle la valeur en tâche de fond) et de la nature de l'image. Choisissez **Élevée** pour les photos avec de la matière, comme les paysages, **Faible** pour les portraits et les pastels, **Standard** quand vous hésitez entre les deux.

3 Indiquez aussi le type de papier que vous avez choisi. On n'accentue pas de la même façon une photo sur papier **Mat** que sur papier **Brillant**. Ce dernier a, par nature, plus de contraste qu'un papier mat.

NE LAISSEZ JAMAIS L'IMPRIMANTE GÉRER LES COULEURS **Le réglage des paramètres de gestion des couleurs à l'impression est l'aboutissement de tout le travail de préparation effectué dans le module Développement (choix du papier, choix du mode de conversion et corrections à partir du rendu papier simulé par l'épreuvage d'écran). Vous ne pouvez pas laisser l'imprimante saccager tout cela par inadvertance !**

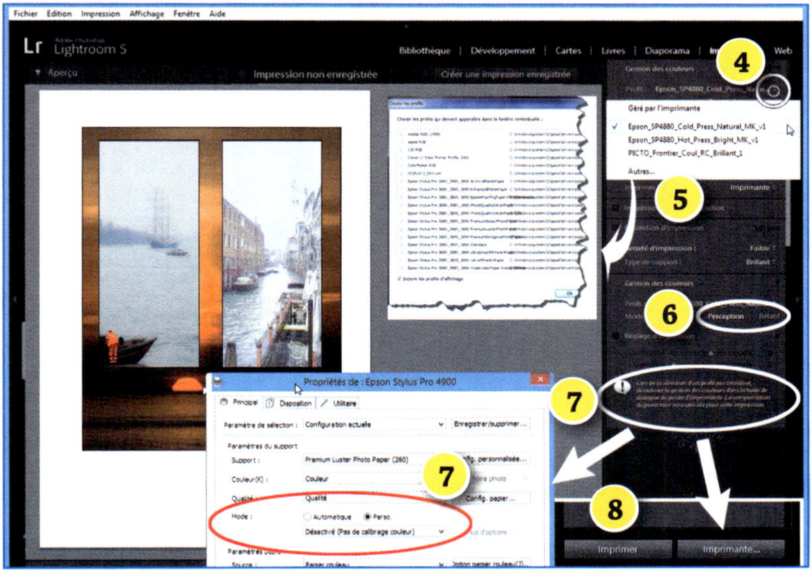

4 Choisissez le **profil** papier-imprimante évalué dans l'épreuvage.

5 Cliquez sur **Autres...** si le profil n'est pas dans la liste affichée et sélectionnez-le parmi tous ceux enregistrés sur votre système d'exploitation...

6 Choisissez le mode de conversion que vous avez décidé d'utiliser.

7 Lisez ces recommandations et cliquez sur **Imprimante**. La boîte de dialogue de votre pilote d'imprimante s'ouvre, vérifiez que vous avez désactivé le calibrage couleur.

8 **Imprimer** court-circuite le pilote et les vérifications.

Note : Il va de soi que vous imprimez la copie virtuelle qui porte le nom du profil de papier choisi.

Préparer une impression pour un prestataire externe

Lightroom vous offre la possibilité d'enregistrer sous la forme d'un fichier JPEG, tout le travail que vous avez réalisé dans le module Impression. Cela va de la mise en page aux valeurs RVB qui définissent les couleurs de la photo après que vous ayez réglé leur mode de conversion dans l'espace de couleurs d'arrivée retenu. En général, c'est un profil papier-imprimante, mais cela peut aussi être un profil sRGB chez certains prestataires de services.

Quel profil associer à votre fichier JPEG ?

Avec les grands labos (Picto, Darkroom, Négatif plus, etc.) utilisez les profils papier-imprimante qu'ils vous fournissent en ligne. Choisissez le mode de conversion qui vous semble le plus approprié comme vous l'avez vu lors de l'Épreuvage d'écran.
Ces laboratoires assurent une gestion des couleurs rigoureuse. Leur système d'impression est capable de lire et d'exploiter toutes ces informations.
Vous obtiendrez un résultat absolument conforme aux ordres que vous aurez donnés, mais attention : pour les commandes en ligne, vous êtes totalement responsable des réglages que vous faites. Personne ne rectifiera votre fichier. Vous avez donc intérêt à avoir, vous même, une gestion des couleurs rigoureuse et un écran parfaitement calibré. Dans ces conditions, ces prestations sont accessibles à un prix raisonnable.

Avec les labos grand public : utilisez un profil sRGB. Tous sans exception présument que c'est dans cet espace de couleurs que sont définies les photos qui leur sont envoyées. Ils n'ont pour la plupart aucune capacité à gérer les couleurs. Sélectionnez, dans Épreuvage écran, le profil sRGB et choisissez le mode de conversion qui vous paraît le mieux adapté à votre photo. Certains, comme Photoweb, communiquent à titre indicatif des profils ICC correspondant aux imprimantes et papiers qu'ils utilisent : vous pouvez les utiliser sans réserve, ce sont des espaces sRGB à peine modifiés.
En revanche, dans tous les cas, vous devez faire bien attention à interdire toute sorte de modification ou d'amélioration automatique de vos photos lors de la commande.

Le problème de la résolution dans Imprimer JPEG !

Lightroom rééchantillonne systématiquement la résolution pour atteindre la valeur de 300 ppi. C'est une norme absurde mise en place par les prestataires de services grand public pour « garantir » à leurs clients la qualité d'impression escomptée. Pour passer outre et rester en résolution native, vous devrez suivre les indications décrites ci-contre.

DE L'INTÉRÊT D'UTILISER LES SERVICES DE PRESTATAIRES EN LIGNE **Outre les économies réalisées qui ne sont pas négligeables, le recours à des prestataires extérieurs vous permet aussi d'imprimer en grand format sans avoir besoin de vous équiper d'imprimantes professionnelles... Voyez dans la fiche suivante comment utiliser Dimensions personnalisées pour préparer une impression dans n'importe quelle dimension.**

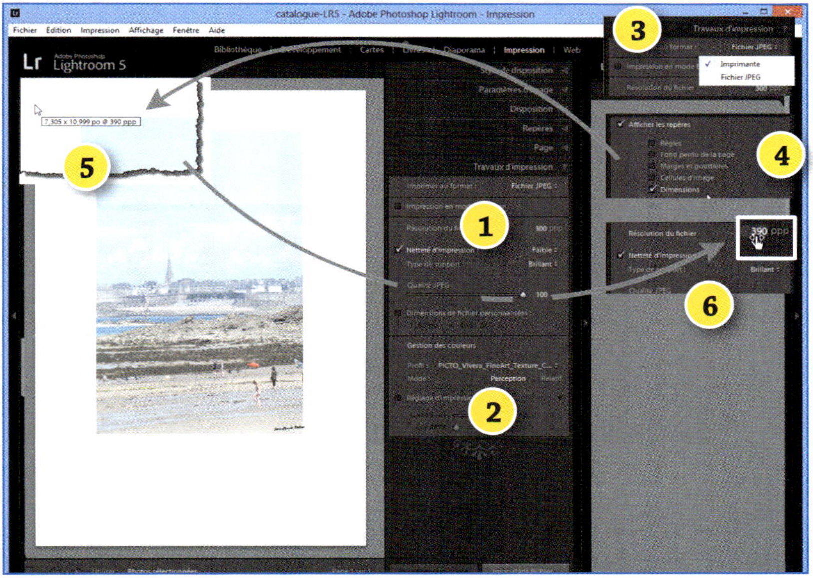

1 Réglez les paramètres **Netteté** comme précédemment.

2 Réglez les paramètres de **Gestion des couleurs** comme indiqué dans la page précédente.

3 En ce qui concerne la Résolution, passez en mode **Imprimante**.

4 Activez l'affichage du repère **Dimensions**.

5 Relevez la valeur de la résolution native du fichier.

6 Revenez en mode JPEG et corrigez la valeur de la résolution pour revenir à la résolution native.

Note : Pour Qualité JPEG, vous pouvez descendre jusqu'à un taux de compression de 60 % qui représente un bon rapport qualité-poids.

Utiliser Dimensions personnalisées, archiver

L'option **Dimensions de fichier personnalisées** permet deux choses. Elle vous évite d'avoir à télécharger et installer le pilote d'une imprimante professionnelle pour pouvoir régler des tirages sur des papiers de grandes dimensions. Elle permet aussi de réaliser des mises en page personnalisées pour une publication Web ou Livre.

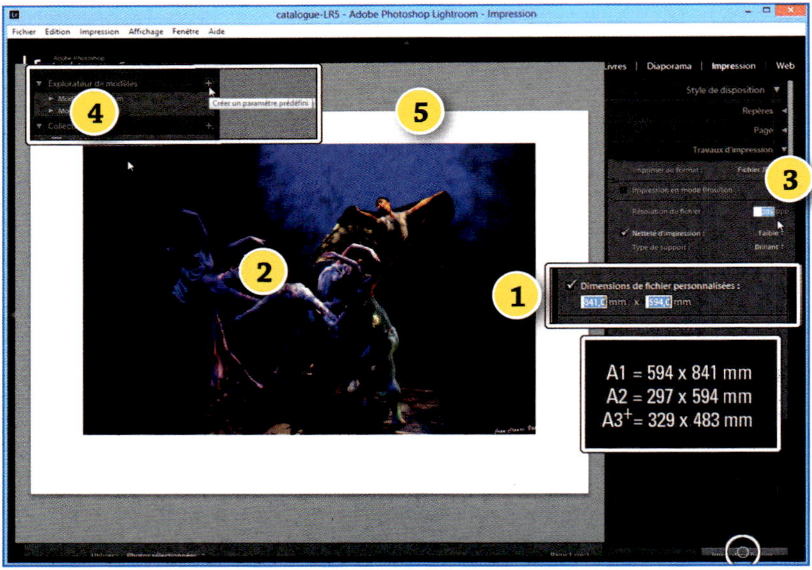

1 Définissez les dimensions du tirage. Attention, les fonds perdus n'existent plus, vérifiez avec votre imprimeur si ce paramètre doit être pris en compte lors de votre mise en page.

2 Réglez la mise en page.

3 Définissez la résolution pour une impression (cf. fiche **075**). Choisir 96 ppi pour un usage sur le web.

4 Pensez à l'enregistrer dans les **Modèles utilisateur** pour un usage ultérieur.

5 Lancez l'impression dans un dossier.

Note : Pour utiliser ces mises en page dans le module **web** ou **livre**, il faudra importer dans Lightroom ces nouvelles images.

ENREGISTREZ VOS IMPRESSIONS Vous ne pouvez utiliser cette nouvelle fonction qu'après avoir imprimé votre projet sur votre imprimante ou l'avoir enregistré sous la forme d'un fichier JPEG. Lightroom enregistre sous forme de collection absolument tout : les photos et les réglages que vous avez faits, le choix d'imprimante, les réglages pilote jusqu'au profil choisi. C'est la grande différence avec l'enregistrement de modèles.

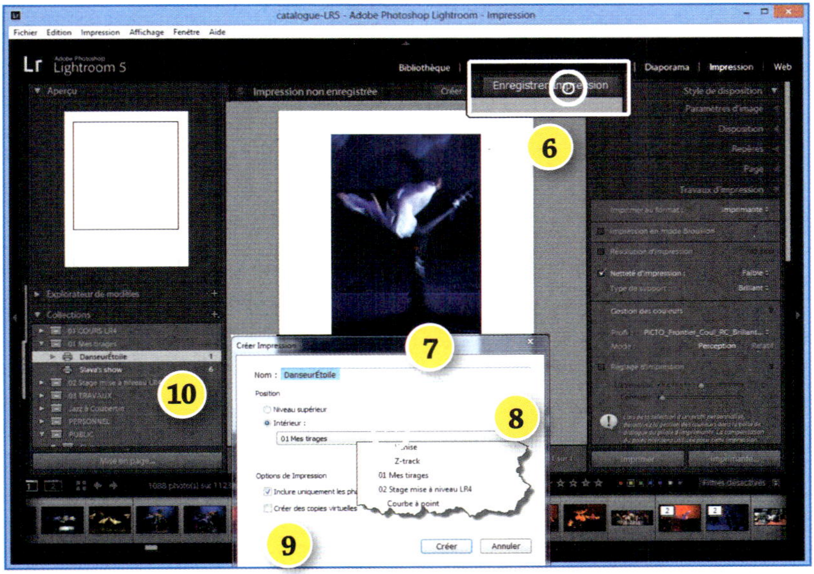

6 Cliquez sur **Enregistrer Impression**.

7 Donnez un nom à cette collection.

8 Choisissez l'emplacement où l'enregistrer.

9 Associez-y les photos.

10 Quand vous avez besoin de refaire une impression à l'identique, sélectionnez la collection enregistrée et cliquez sur **Imprimer**. N'oubliez pas de charger le bon papier dans l'imprimante !

CHAPITRE 11

PERSONNALISER UN MODÈLE DE GALERIE

Découvrir les points clés de l'interface

L'espace de travail du module Web est interactif. « What you see is what you get » (WYSIWYG). Au fur et à mesure que vous apportez des modifications à l'agencement de votre galerie, vous voyez exactement ce que verront vos lecteurs quand ils consulteront cette page web.

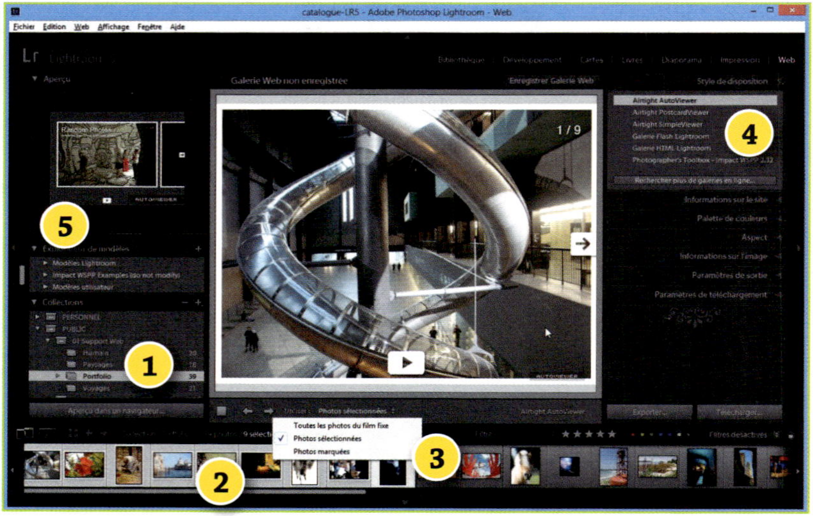

1 Sélectionnez une collection.

2 Sélectionnez un nombre réduit de photos.

3 Choisissez l'option **Photos sélectionnées**. Cela permet un rafraîchissement plus rapide de l'aperçu calculé après chaque modification.

4 Cliquez sur chaque **style de disposition** pour voir le type de mise en page qu'il offre. L'interface est interactive : cliquez sur les flèches et les vignettes pour naviguer dans ces galeries comme vos lecteurs le feraient sur le Web.

5 Explorez les variantes offertes dans l'onglet **Explorateur de modèles**.

FLASH OU HTML Pour l'heure, seul le format HTML est universel. Apple a exclu toute utilisation du format Flash sur ses produits phares, iPhone et iPad. Vous devez donc faire un choix : opter pour des galeries Flash et faire une croix sur les possesseurs d'iPad, ou tirer un trait sur les galeries Flash pour ne publier qu'en HTML.

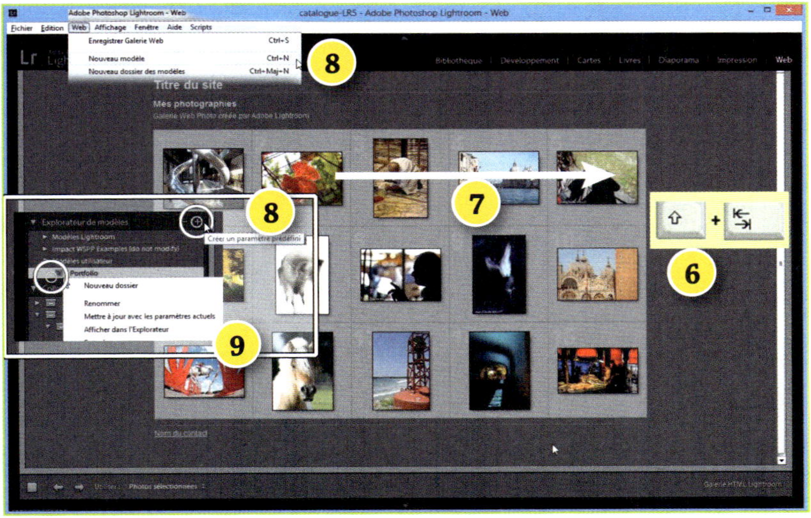

6 Passez très souvent en mode d'affichage plein écran (**Maj** + **Tab**) pour juger des dimensions de ce que vous faites (place des vignettes, taille des photos en grand format).

7 Ayez présent à l'esprit que vous pouvez organiser dans le module **Bibliothèque** l'ordre d'enchaînement des photos (tri par **ordre utilisateur**).

8 Pensez à sauvegarder votre travail en enregistrant votre projet en cours de développement sous un **nouveau nom de modèle**.

9 Mettez-le régulièrement à jour par clic droit sur son nom de modèle (**Mettre à jour avec les paramètres actuels**).

Décrire votre site

Pour régler la mise en page de vos galeries, utilisez le panneau latéral droit et procédez intuitivement de haut en bas. Observez attentivement à quoi correspondent les interventions que vous faites. Consultez cette fiche et les suivantes pour vous familiariser avec les commandes un peu délicates à utiliser.

1 Cliquez dans ces cases de texte pour modifier les libellés **Titre du site**, **Titre de la collection** ou **Description de la collection**.

2 Vous pouvez également cliquer directement dans la zone des titres pour faire vos modifications.

3 **Description de la collection** supporte le html. Faites des renvois à la ligne en insérant le code **
** dans votre texte à l'endroit du renvoi.

4 Cliquez sur le retour chariot pour appliquer vos corrections.

Note : Il n'existe aucune possibilité pour modifier le style de ces textes (police, taille, couleurs).

PERSONNALISER UN MODÈLE DE GALERIE 081

DESCRIPTION DE LA COLLECTION C'est une ligne de commande qui ne se trouve que dans les modèles de base de Lightroom : Galerie HTML Lightroom et Galerie Flash Lightroom où elle est cachée sous Affichage / À propos de ces photos. Vous pouvez en supprimer la mise en œuvre afin d'alléger votre présentation. Vous pouvez aussi y insérer du code HTML pour créer des liens vers d'autres pages déjà publiées.

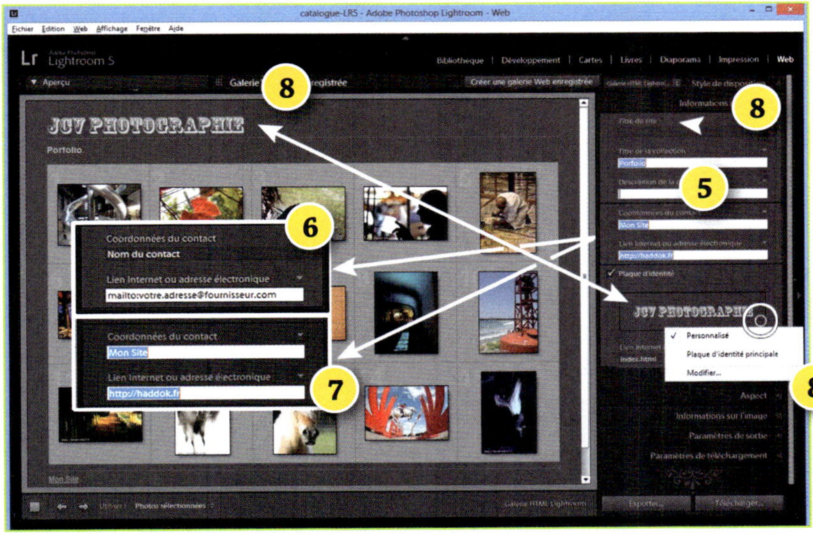

5 Cliquez et effacez le contenu d'une case de texte. La rubrique disparaît de l'aperçu.

6 Donnez une indication discrète de « contact » en utilisant la formule **mailto:votre.adresse@fournisseur.fr** dans la case **Lien Internet** ou **adresse électronique**. Vous déjouerez les robots et éviterez ainsi les spams.

7 Vous pouvez indiquer aussi à la place le nom de votre site, si vous en avez un.

8 Vous pouvez remplacer le titre du site par une **Plaque d'identité** qui offre plus de possibilités. Dans ce cas, laissez le titre vide. Pour revoir les réglages de la Plaque d'identité (cf. fiches **072** et **073**).

Choisir les couleurs

Dans tous les modèles qui vous sont proposés, vous réglez les différentes couleurs qui définissent la présentation de votre galerie dans l'onglet Palette couleurs... Si vous ne savez pas à quoi correspondent certaines définitions de couleurs ; faites un essai avec une couleur très criarde de manière à la remarquer facilement.

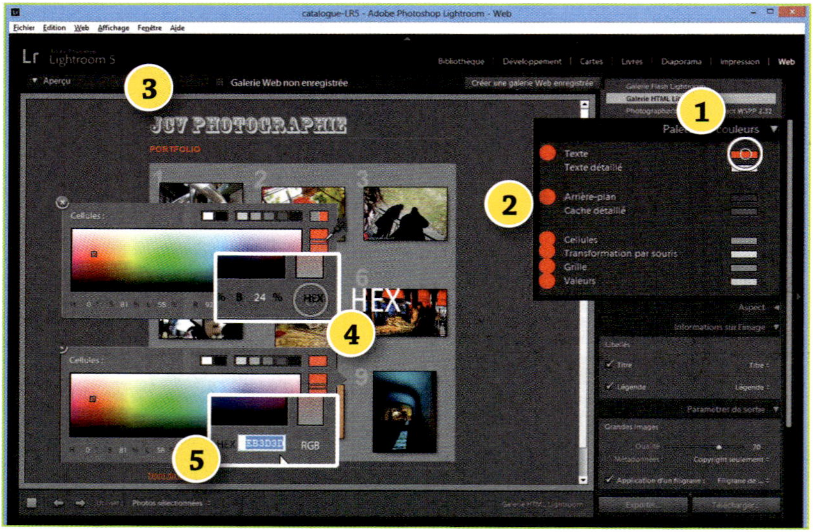

1 Cliquez sur un sélecteur pour modifier la couleur d'un paramètre.

2 Tous les paramètres pointés en rouge sont visibles en affichage **Grille** dans les modèles HTML. Vous n'aurez donc aucun mal à les identifier. Dans d'autres modèles (Flash), vérifiez que les options **Informations sur l'image** sont actives.

3 Consultez ce site Kuler pour mieux harmoniser les couleurs de votre projet (http://kuler.adode.com).

4 Cliquez sur **HEX** dans le sélecteur de couleurs.

5 Reportez les valeurs hexadécimales trouvées sur Kuler Adobe dans cette case de saisie.

PASSEZ EN MODE GRANDES IMAGES **L'interface est interactive. Cliquez sur une vignette pour passer en mode de visualisation Grandes images quand vous travaillez sur un modèle HTML. Pour les autres modèles, en particulier la gamme des styles de disposition Airtight, les choix de couleurs sont simples et évidents.**

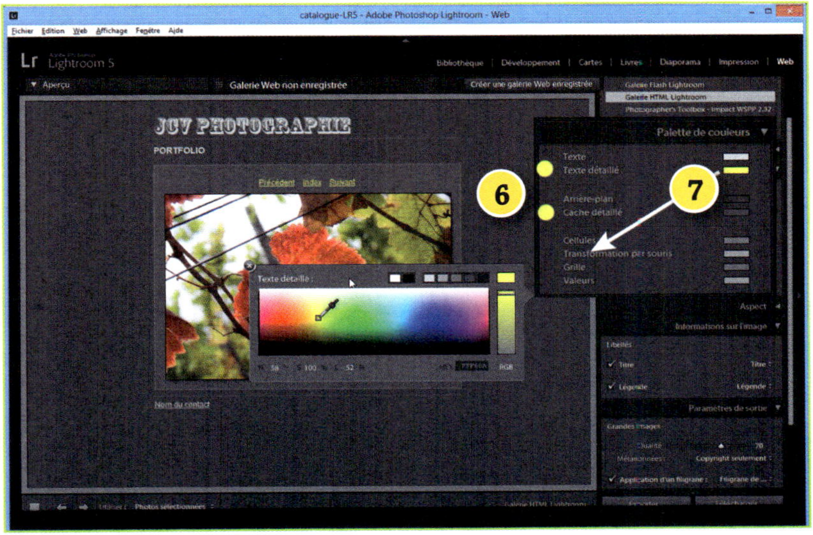

6 Ces deux paramètres pointés en jaune, **Texte détaillé** et **Cache détaillé**, ne sont visibles qu'en mode **Grandes images**.

7 Utilisez la même procédure que décrite dans la page précédente pour choisir vos couleurs.

Identifier les paramètres essentiels

Il n'est pas évident de comprendre à quoi correspondent un certain nombre de paramètres. C'est surtout vrai pour les trois styles de disposition Airtight. Vous allez pouvoir trouver ce qui vous manque dans les pages suivantes, style après style.

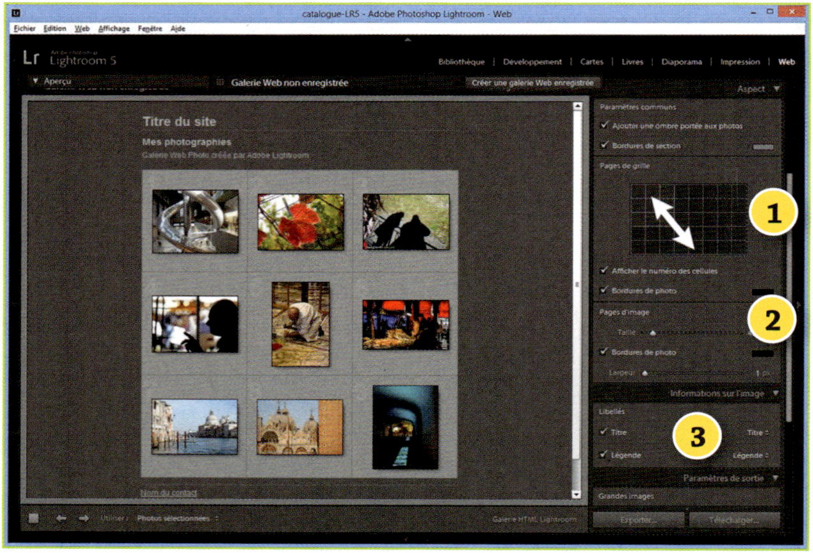

1 Cliquez-glissez dans **Pages de grille** pour déterminer la largeur et la hauteur de la page d'accueil de vos galeries. C'est le nombre de lignes et de colonnes qui joue.

2 Définissez la taille de vos grandes photos dans **Pages d'image**. Attention aux images verticales. C'est la taille de la plus grande dimension de vos photos que vous définissez. Peu d'écran supportent plus de 600 à 700 pixels de hauteur d'image. Il faut penser à l'en-tête de l'explorateur Internet de vos visiteurs.

3 Les **Informations sur l'image** sont affichées sur les pages **Grandes images**. Elles sont assez élégantes. Pensez à renseigner **Légende** et **Titre** de vos images dans le module **Bibliothèque** si vous voulez les utiliser.

LE PARAMÈTRE QUALITÉ ET LE POIDS **Dans la plupart des modèles de galerie, vous trouvez un curseur Qualité. Il détermine en fait le taux de compression des fichiers JPEG qui seront exportés. Sur le web, l'ennemi, c'est le poids. Celui-ci dépend de la taille de vos grandes images et du taux de compression. Une compression de l'ordre de 60 à 70 % représente un bon rapport Qualité-Poids.**

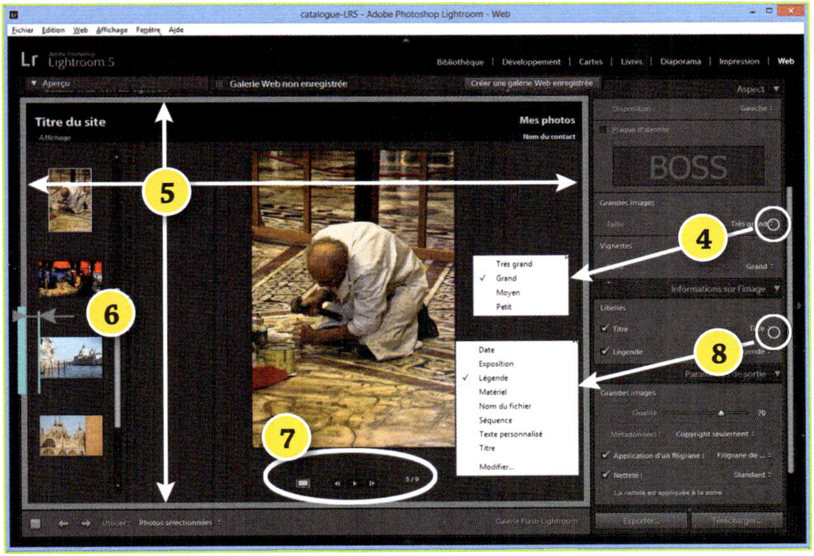

4 Réglez la taille des **Vignettes** et des **Grandes images**. Cela détermine la taille de la page publiée.

5 Les dimensions de la page. Notez sur l'illustration précédente l'ascenseur vertical, sur la droite du cadre. Il est très gênant.

6 Vous n avez aucune possibilité de contrôler la marge qui sépare le bord du cadre des vignettes.

7 Les commandes de défilement, que vous n'avez aucune possibilité de modifier non plus.

8 **Titre** et **Légende** permettent de renseigner chaque photo de façon personnalisée et élégante.

Utiliser les modèles AutoViewer PostcardViewer

Les trois styles de disposition Airtight sont très dynamiques. Ils n'ont qu'un inconvénient, ils fonctionnent en Flash et souffrent de ce fait de l'ostracisme que développe Apple vis-à-vis de ce format de diffusion.

1 Réglez la taille de la page de votre galerie en jouant sur le curseur **Taille** de **Grandes images**. Visualisez votre mise en page en passant en plein écran (**Maj** + **Tab**).

2 Réglez l'espacement entre les images à l'aide du curseur **Remplissage**.

3 Utilisez comme le feront vos visiteurs les commandes de défilement. Vous pouvez régler la durée d'affichage des images en mode diaporama avec le curseur **Durée de la diapositive**.

4 Vous n'avez aucune possibilité de régler l'aspect des légendes qui s'affichent dans le coin gauche de l'image. Elle est illisible sur cet exemple.

PERSONNALISER UN MODÈLE DE GALERIE 084

POSTCARDVIEWER, LUDIQUE ET DYNAMIQUE **C'est certainement la plus dynamique des galeries de Lightroom ! Vous serez peut-être un peu désorienté par le fonctionnent des commandes de réglage. Les termes sont peu explicites et les commandes relativement complexes à utiliser. Vous agissez sur trois paramètres, Colonnes, Facteurs de zoom et Taille des Grandes images, dont les actions sont imbriquées.**

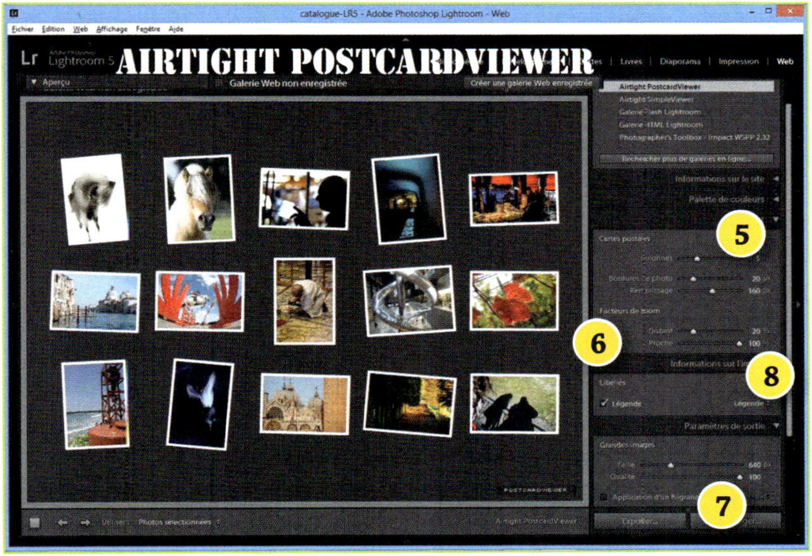

La taille de la page de votre galerie sur le web est définie par trois paramètres, **Colonnes**, **Facteurs de zoom** et **Taille** des **Grandes images**.

5 Choisissez le nombre de colonnes.

6 Réglez la taille des vignettes avec **Distant**.

7 Définissez la taille des **Grandes images** avec le curseur **Taille**.

8 Le curseur **Proche**, quant à lui, définit la taille, en pourcentage de la taille des grandes images, que prendront toutes les images quand vous cliquerez sur une vignette. Le laisser à 100 %.

Utiliser Airtight SimpleViewer

SimpleViewer est une galerie Flash un peu plus élaborée que la galerie Flash standard de Lightroom. Vous y maîtrisez davantage de paramètres, mais comme dans toutes ces galeries Airtight, il n'y a pas beaucoup de place réservée à sa description.

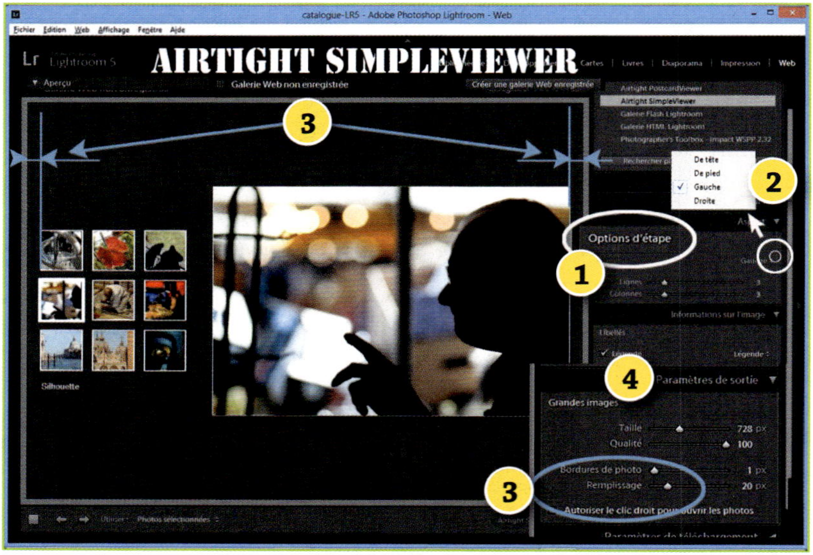

1 Définissez dans **Options d'étape** le nombre de lignes et de colonnes des vignettes.

2 Réglez leur position par rapport à l'image principale.

3 Jouez sur **Remplissage** pour régler les marges qui séparent vignettes et photo principale des bords de la page web.

4 Définissez la taille, le taux de compression et si vous le souhaitez un liseré d'encadrement dans **Paramètres de sortie / Grandes images**. Notez que vous devez conjuguer l'action sur les deux curseurs **Remplissage** et **Taille** pour trouver le bon équilibre.

L'INTÉRÊT DE L'ONGLET INFORMATIONS SUR LE SITE **Les informations que vous enregistrez dans les différents champs de l'onglet vont constituer une sorte de carte d'identité de votre page web sur Internet.**
Pour anticiper sur le prochain chapitre, voici une petite explication.

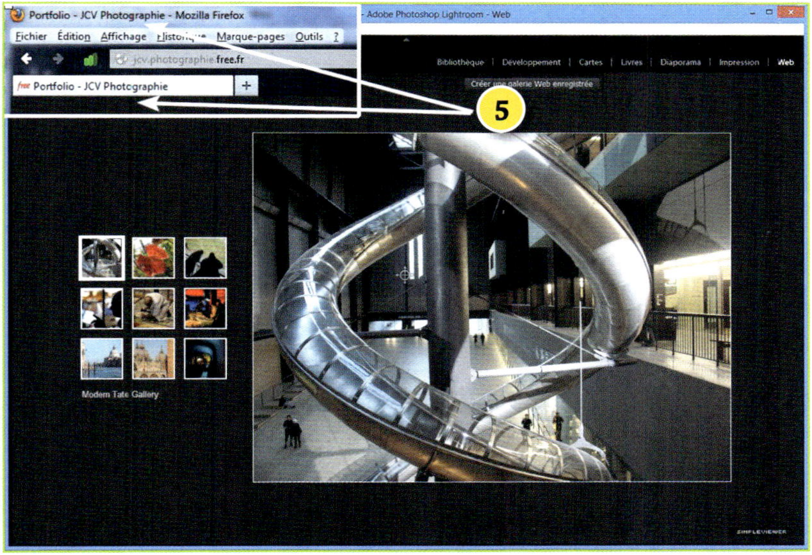

5 Voici en illustration la galerie réglée dans la page précédente et téléchargée sur un espace d'hébergement gratuit offert par un fournisseur d'accès très connu.

Comme vous pouvez le noter, le titre du site s'affiche dans l'explorateur Internet et sert de titre à la page (bien le choisir, donc).

Ces informations sont relativement importantes dans la mesure où elles interviennent dans le référencement des sites par les robots des principaux moteurs de recherche.

Aller plus loin, installer des plugins

Allez jusqu'au bout de l'exploration des moyens que Lightroom met à votre disposition pour gérer vos galeries. Quand vous commencerez à être gêné par les limites du module, il sera toujours temps d'installer les plugins de quelques développeurs de génie pour aller plus loin !

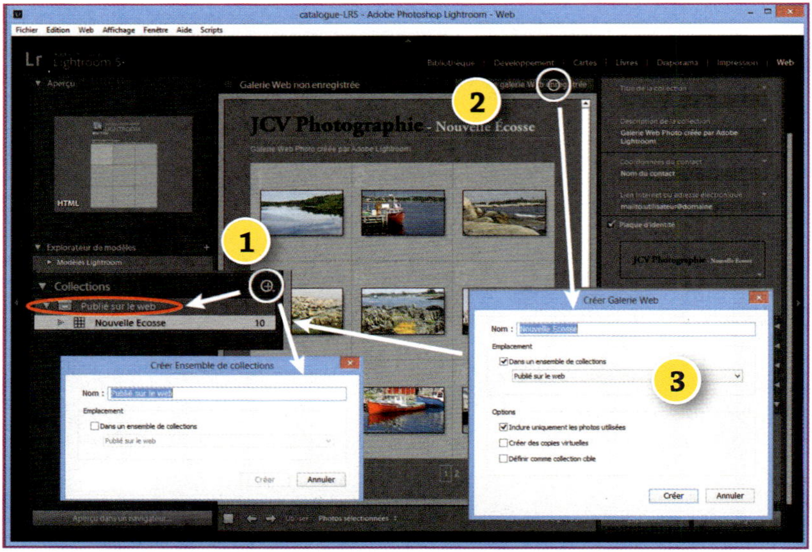

Pour tenir un registre de ce que vous avez publié :

1 Créez un **Ensemble de collections** « Publié sur le web ».

2 Cliquez sur **Enregistrer Galerie Web** et enregistrez chacune des galeries que vous publiez sur votre site dans cet ensemble de collection.

3 Pensez à cocher la case **Dans un ensemble de collections** et choisissez l'ensemble « Publié sur le web » que vous avez créé.

Note : Vous pouvez aussi créer un Service de Publication pour vos galeries publiées ou à publier (cf. fiche **016**).

PASSEZ À L'ÉTAPE SUIVANTE : INSTALLEZ DES PLUGINS **Les possibilités offertes par Lightroom sont suffisantes pour publier un petit portfolio de vos meilleures images. Dès que vous voudrez passer à quelque chose de plus étoffé, vous ferez appel aux plugins de Tim Arms et Matthew Campana qui ont respectivement créé WSPP et TTG Galleries. Apprenez à les installer avant de les utiliser.**

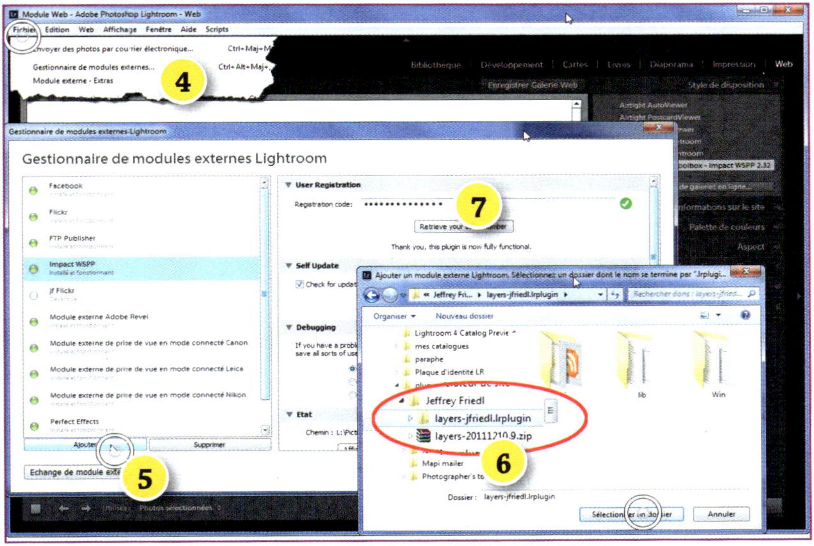

4 Sélectionnez l'option **Gestionnaire de modules externes** du menu **Fichier** (PC) **Lightroom** (Mac).

5 Cliquez sur **Ajouter**.

6 Conduire Lightroom jusqu'au plugin que vous avez téléchargé. C'est en général un dossier qui se termine en .lrplugin.

7 Activez le plugin après l'avoir sélectionné dans la liste des extensions déjà installées dans le **Gestionnaire de modules externes**.

Une excellente vidéo, sur le site de l'auteur : **http://haddok.fr** vous aidera à prendre en main WSPP.

CHAPITRE 12

LE MODULE CARTE

Découvrir l'interface

Une connexion Internet est indispensable pour utiliser le module Carte. Il doit avoir accès à Google Map. Il faut en outre avoir accepté d'activer le géocodage inversé (paramètres Catalogue / onglet Métadonnés). Sa principale qualité réside dans le plaisir ludique qu'il procure !

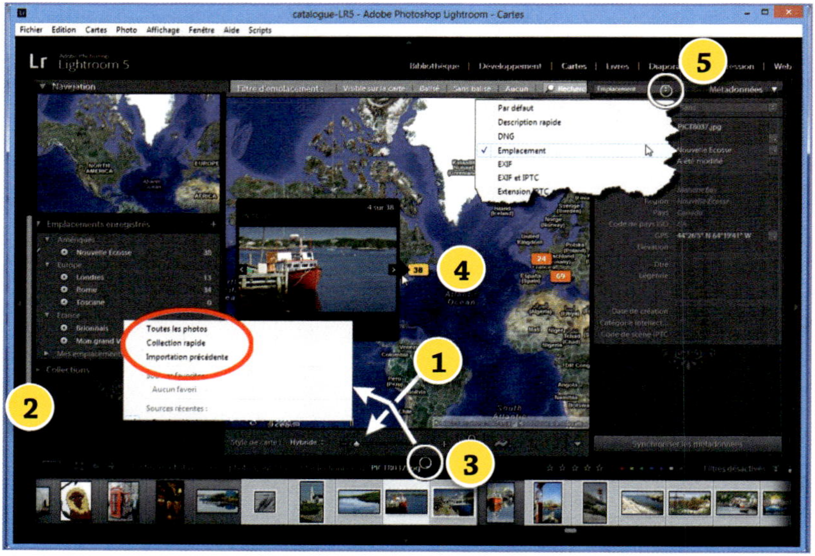

1 Changez d'échelle avec le curseur d'échelle ou à l'aide de la roulette de la souris.

2 Choisissez les dossiers ou collections des photos sur lesquelles vous voulez travailler.

3 Lightroom n'affiche sur la carte que les photos des dossiers et collections sélectionnés. Si vous voulez toutes les voir, cliquez ici et choisissez l'option **Toutes les photos**.

4 Cliquez sur un repère pour afficher la Visionneuse, il devient jaune. Les photos de l'emplacement apparaissent dans la Bande film et sont sélectionnées.

5 Cliquez ici pour choisir le type de métadonnées affichées à droite.

LE PRINCIPE DU GÉOCODAGE INVERSÉ Les plus hauts responsables du programme jurent que Google ne répertorie aucune photo pendant les transactions. Il se contente de récupérer les coordonnées GPS attachées aux images pour transmettre à Lightroom les informations de lieu (ville, région, pays) que Lightroom stocke dans les métadonnées des images de sa banque de données (le Catalogue).

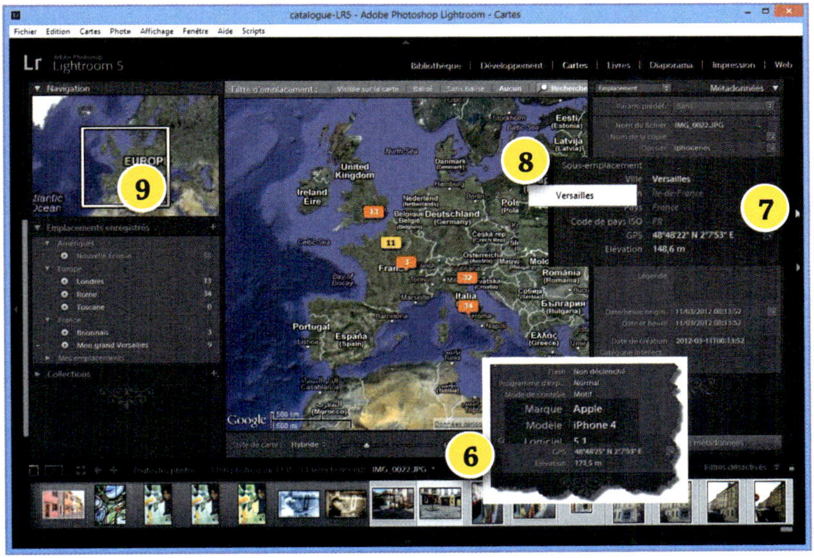

6 Ces photos ont été faites avec un iPhone qui enregistre dans les métadonnées du fichier les coordonnées et l'altitude du lieu de prise de vue.

7 Les informations transmises par Google sont inscrites en grisé. Ce ne sont, à ce stade, que des suggestions.

8 Cliquez sur le nom des champs pour que la suggestion s'illumine. Cliquez sur la suggestion pour l'accepter. Le libellé change d'aspect.

9 Faites glisser votre souris dans l'onglet **Navigation** pour circuler plus vite à la surface du globe, puis cliquez une deuxième fois pour afficher votre choix sur l'écran principal.

Placer vos photos sur la carte manuellement

La plupart des Reflex numériques n'ont pas encore de fonction GPS intégrée. Vous pouvez corriger cela en assignant manuellement une position estimée à vos photos sur la carte. Rassemblez celles sur lesquelles vous voulez travailler dans une collection rapide et suivez la procédure ci-dessous.

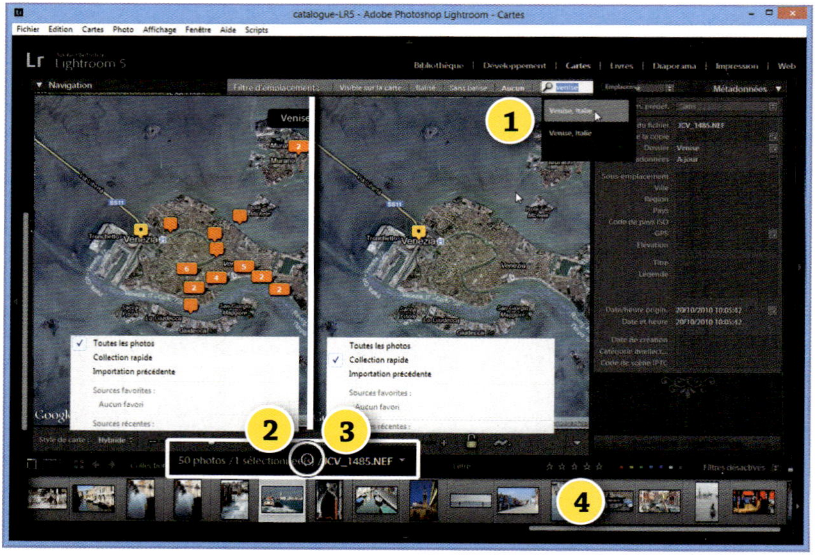

1 Tapez le nom de la ville la plus proche du lieu de prise de vue.

2 Sélectionnez l'option **Toutes les photos**. Si vous aviez déjà placé des photos à cet emplacement, leurs repères apparaissent.

3 Sélectionnez maintenant l'option **Collection rapide**. La carte se vide de tous ses repères. Lightroom fait place nette pour que vous ne soyez pas gêné dans votre travail par les emplacements affectés précédemment.

4 Toutes les photos de la collection rapide s'affichent dans la Bande film.

À PROPOS DE LA DIFFUSION DE VOS PHOTOS SUR GOOGLE **Ce n'est pas parce que vous épinglez vos photos sur une carte Google, qu'elles deviennent publiques. Tant que vous n'avez pas fait une démarche extérieure à Lightroom pour installer des photos sur Google Map ou Google Earth, la position de vos photos reste du domaine privé. Il n'y a que vous qui puissiez les voir sur la carte Google, et à partir de Lightroom uniquement.**

5 Cliquez et glissez vos photos une par une ou par groupe à l'emplacement où vous vous souvenez les avoir prises.

6 Immédiatement après que vous ayez lâché votre photo, ses coordonnées GPS s'affichent et Google fait ses suggestions d'emplacement que vous devez confirmer (cf. fiche **087**).

7 Pour ne pas risquer de déplacer intempestivement pendant vos manipulations des photos déjà placées sur la carte, gardez le cadenas verrouillé. Ne le déverrouillez que pour ajuster une position.

8 Utilisez les ressources de la barre de **Filtre d'emplacement** pour masquer les photos déjà placées.

Utiliser un relevé d'itinéraire GPS

Lightroom est capable d'utiliser les relevés d'itinéraires enregistrés avec un GPS ou un Smartphone. Il réconcilie l'heure de prise de vue avec celle à laquelle ont été enregistrés les points du parcours par le GPS. Les deux horloges doivent, bien sûr, être calées sur la même heure. L'enregistrement GPS doit être fait au format .gpx.

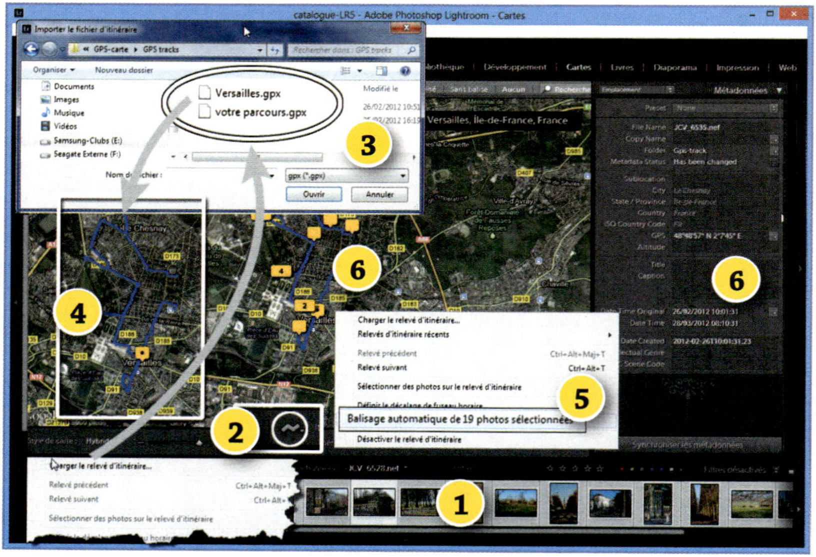

1 Sélectionnez toutes les photos que vous avez faites en même temps qu'un relevé d'itinéraire.

2 Cliquez sur le symbole **Relevé d'itinéraire GPS**. Sélectionnez **Charger le relevé d'itinéraire**.

3 Conduisez Lightroom jusqu'au fichier en **.gpx** de l'itinéraire que vous avez enregistré sur votre ordinateur.

4 L'itinéraire s'affiche en bleu.

5 Cliquez de nouveau sur le symbole et choisissez l'option **Balisage automatique de XX photos sélectionnées**.

6 L'emplacement des photos est reporté sur la carte. Leurs métadonnées sont mises à jour.

UTILISEZ VOTRE SMARTPHONE POUR ENREGISTRER UN ITINÉRAIRE Beaucoup d'applications le permettent. Une des plus populaires est sans doute Geotag Photo. Elle est bi-plateforme, iOS et Android. Ne vous laissez pas impressionner par le guide d'utilisation en anglais, son emploi est très intuitif grâce aux instructions de l'interface en français.

Enregistrez vos emplacements favoris

7 Sélectionnez toutes les photos.

8 Cliquez sur le signe **+** de l'onglet.

9 Donnez un nom à ce nouvel emplacement. Vous pouvez organiser vos emplacements par dossiers.

10 Définissez le rayon qui délimite la zone. Choisissez, si besoin, l'option de protection **Privé**.

11 En cliquant sur la flèche en bout de ligne, vous accédez aux divers emplacements. Rappelez-vous que pour voir les photos à leurs emplacements vous devez avoir sélectionné l'option **Toutes les photos**.

CHAPITRE 13

PRODUIRE UN LIVRE

Concevoir un projet

Un livre doit commencer dans la Bibliothèque. C'est le lieu privilégié pour rassembler et organiser en séquence les images d'un projet de livre. À ce stade il est intéressant de créer une collection, spécifique au projet, composée de copies virtuelles. Vous devez ensuite définir sur quel support vous allez publier l'ouvrage.

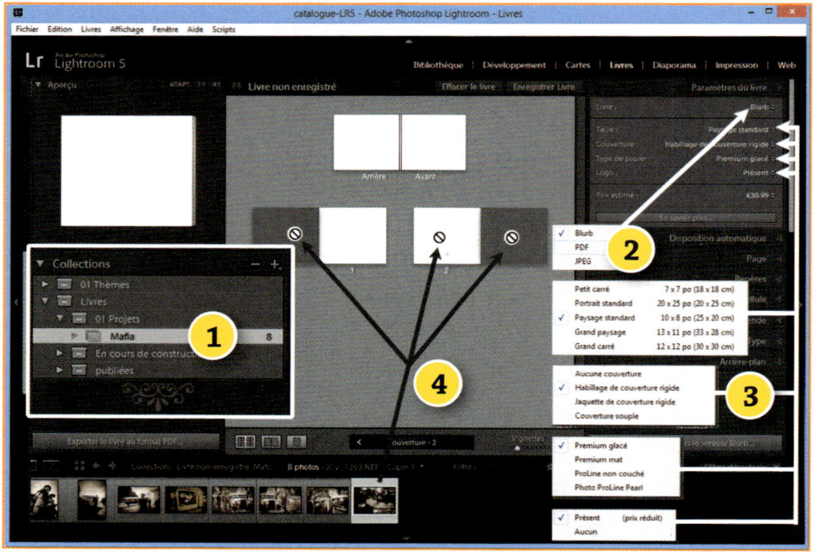

1 Créez un ensemble de collections **Livres** dans lequel vous rassemblerez vos projets sous forme de collections de photos en copies virtuelles, de projets en cours et de livres publiés.

2 Définissez ensuite le type de support sur lequel vous voulez publier : livre papier chez Blurb, PDF pour un livre papier à façon ou une publication numérique, JPEG pour un assemblage personnel.

3 Définissez les paramètres du support choisi, ici **Blurb**.

4 Chez Blurb comme chez tout imprimeur, ces trois pages ne sont pas imprimables. Notez par ailleurs qu'une couverture est imprimée sur un papier différent de celui des pages.

LES FORMATS DE MISE EN PAGE SONT TOUJOURS IMPOSÉS **C'est une contrainte. On ne peut pas s'en dégager même en utilisant les options PDF et JPEG. Si vous désirez faire une impression à façon, il faudra prévoir un rognage en fonction des dimensions du papier utilisé à l'impression. Pour publier sur le web en numérique, vous devrez vous contenter des formats proposés, ce qui induira la présence de bandes à la diffusion.**

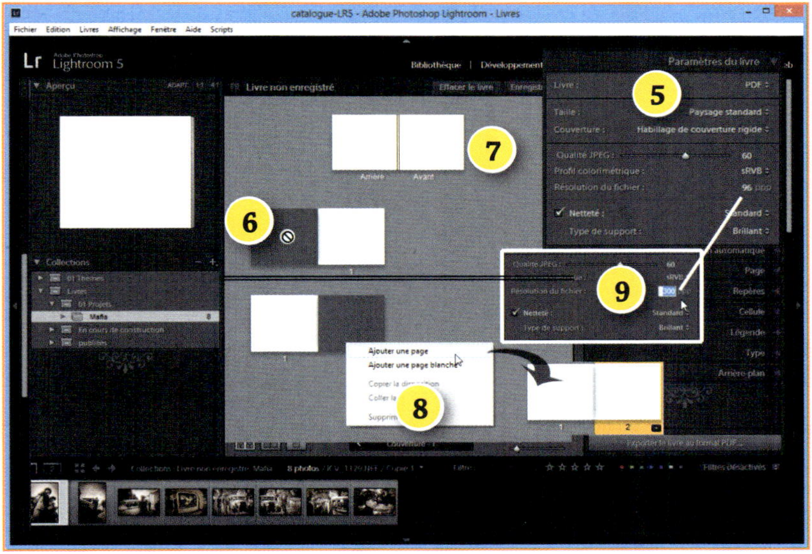

5 Choisissez l'option **PDF** ou **JPEG** pour une publication personnelle.

6 Si vous choisissez une option avec couverture, cette page n'est pas imprimable, elle est donc inutilisable.

7 La page de couverture et son verso non imprimable peuvent vous gêner pour une publication numérique.

8 Optez alors pour un modèle sans couverture. La page non imprimable disparaîtra quand vous rajouterez une page. Vous perdez en revanche l'accès aux modèles de pages de titre.

9 Réglez les autres paramètres en fonction du support de sortie.

Partir du bon pied

Lightroom garde toujours en mémoire le dernier stade de développement auquel vous êtes arrivé, quel que soit le module. Cela a de quoi désorienter plus d'un utilisateur. C'est la raison pour laquelle vous avez intérêt à adopter la routine de travail développée ici.

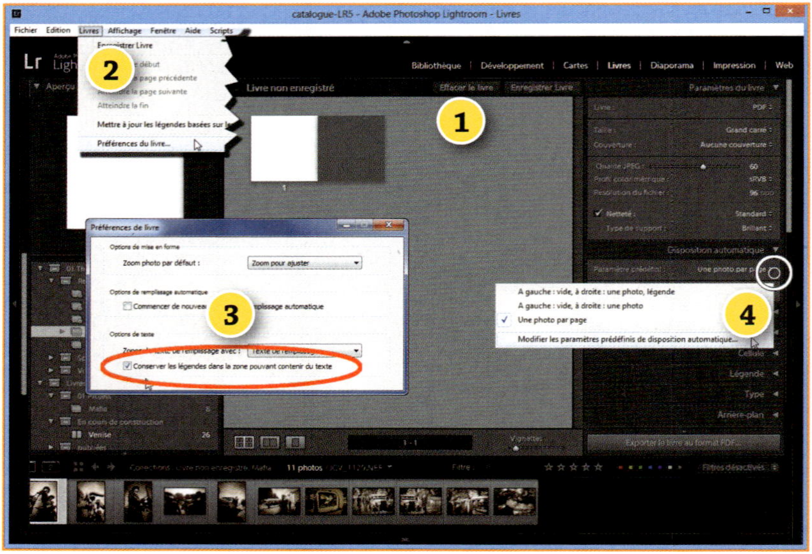

1 Si, quand vous basculez dans le module **Livres**, vous tombez sur un travail précédent, cliquez sur **Effacer le livre**. Vous ne risquez rien dans la mesure où, s'il s'agit d'un projet sérieux, vous l'aurez enregistré comme indiqué plus loin.

2 La première fois que vous utilisez le module **Livres**, cliquez sur le menu **Livre/Préférences du livre...**

3 La seule case qui compte est **Conserver les légendes dans la zone pouvant contenir du texte** (elle évite que le texte soit rogné à l'assemblage). Les autres options sont modifiables en cours de route.

4 Réglez ensuite les **paramètres prédéfinis de disposition automatique** en cliquant sur l'option **Modifier les paramètres prédéfinis...**

L'INTÉRÊT DU MODE DE DISPOSITION AUTOMATIQUE Vous pourriez construire votre livre page par page, photo par photo. Compte tenu de la taille réduite des vignettes dans la Bande film, mieux vaut organiser l'enchaînement des photos dans le module Bibliothèque et utiliser le mode Disposition automatique pour dégrossir le problème. Vous aurez tout le loisir ensuite d'affiner la mise en page de votre projet.

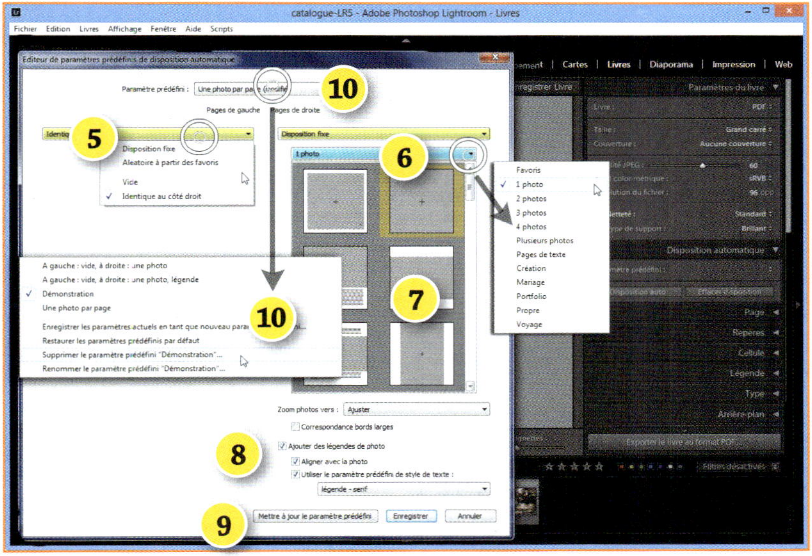

5 Définissez la structure de vos doubles-pages dans ces options (les mêmes de chaque côté).

6 Choisissez dans la liste des modèles de mise en page celle qui correspond au nombre de photos que vous voulez publier par page.

7 Choisissez un modèle.

8 Aucune de ces options n'est fondamentale. Tout est modifiable par la suite.

9 Enregistrez vos réglages pour une utilisation ultérieure.

10 Sélectionnez les réglages prédéfinis périmés et cliquez dans un deuxième temps sur **Supprimer**.

Modifier l'enchaînement des pages et des photos

La fonction Disposition automatique n'est qu'une aide au démarrage. C'est à partir de là que le réglage de la mise en page personnalisée de votre livre commence. Vous allez découvrir que vous pouvez tout changer dans la limite des modèles disponibles. Il y en a plus de cent quatre-vingts.

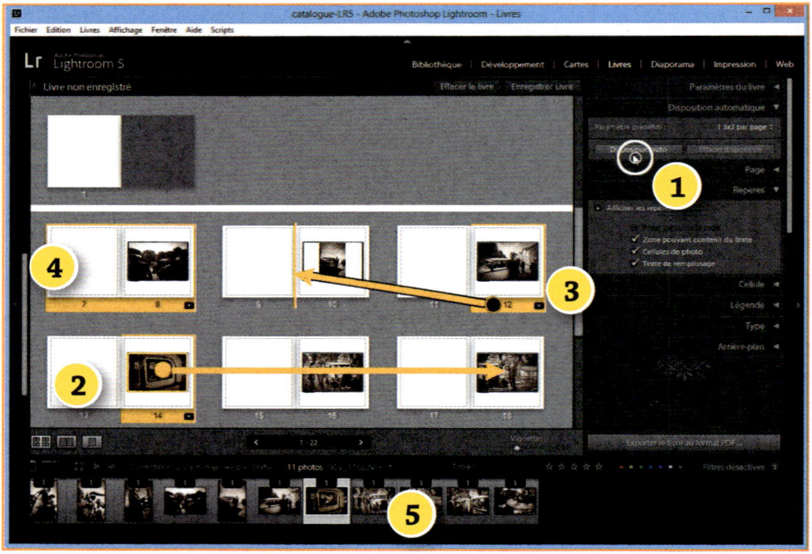

1 Cliquez sur **Disposition auto**, les pages se déploient selon un enchaînement appelé « chemin de fer ».

2 Cliquez sur une image et faites-là glisser sur une autre. Les deux photos permutent.

3 Sélectionnez une page en cliquant dessus. Déplacez-la où vous voulez en la saisissant par sa base jaune.

4 Sélectionnez plusieurs pages en maintenant la touche **Ctrl** enfoncée. Vous pouvez déplacer ainsi une ou plusieurs doubles-pages de la même manière qu'en (3).

5 Identifiez les photos utilisées dans la Bande film au chiffre qu'elles portent.

LA CRÉATION D'UN LIVRE DEMANDE DU TEMPS Après de premiers ajustements, vous utiliserez les moyens de visualisation pour juger du résultat. Vous laisserez mûrir votre projet. Vous serez peut-être amené à ajouter des photos, à en enlever. Il est donc primordial de sauvegarder votre projet, en l'enregistrant sous forme de collection.

6 Boutons de visualisation : chemin de fer, planche, page.

7 Enregistrez votre livre.

8 Définissez dans quel ensemble de collections placer cette nouvelle collection particulière. Elle va conserver les photos et toutes les modifications que vous serez amené à effectuer au fil du temps.

9 Choisissez d'enregistrer toutes les photos ou seulement celles qui sont utilisées. Vous avez encore le temps de le faire sous forme de copies virtuelles.

10 Supprimez la collection initiale. Elle ne sert plus à rien.

Trouver vos repères dans l'interface

Utilisez les icônes en bas de page pour passez en mode de visualisation Double-page ou Pleine page. Vous pouvez aussi double-cliquer sur une page. En double-cliquant sur le bandeau jaune, vous revenez en mode Chemin de fer. Passez en mode Loupe en double-cliquant sur une cellule texte ou photo.

1 Cochez **Afficher les repères**.

2 Matérialisez les **Fonds perdus** au rognage lors du façonnage du livre.

3 La cellule photo est matérialisée par cette zone grise. Elle est masquée quand une photo est installée (4). Vous pouvez aussi décocher ce repère.

4 Survolez la photo avec la souris. La cellule photo s'affiche aussi sous forme d'incrustation jaune.

5 **Zone de texte** (liseré gris). Tous les textes et en particulier les textes accompagnant les photos (légendes, commentaires) sont contraints à l'intérieur de cette zone (cf. fiche **095**).

LES POSSIBILITÉS DE TRAITEMENT PAR LOTS DU MODULE LIVRES **Dans certaines circonstances, vous aurez besoin d'utiliser les capacités de sélection globale décrites ci-dessous. Notez que ces méthodes ont un champ d'application limité au mode de visualisation sous lequel vous travaillez. En mode Chemin de fer, elles s'appliquent à toutes les pages, en mode Planche (double-page) ou pages, aux seules pages visibles.**

6 Cliquez sur le menu **Édition**.

7 Choisissez l'option **Sélectionner toutes les cellules de texte** quand vous voulez changer le style de texte de tout le livre ou d'une double-page (cf. fiche **096**).

8 Choisissez l'option **Sélectionner toutes les cellules de photo** quand vous voulez régler les marges entre les photos et leurs cellules (cf. fiche **097**).

9 Utiliser la touche **Ctrl** enfoncée pour sélectionner individuellement plusieurs cellules de photo ou texte comme pour les pages.

10 Explorez les options des menus contextuels ouverts par **clic droit**.

Ajuster la mise en page des photos

Le module Livres fonctionne autour de la notion de modèle de mise en page. Vous n'avez toujours pas, avec Lightroom 5, la possibilité de définir une mise en page sur mesure. En revanche, vous allez pouvoir moduler la mise en page de vos livres en jonglant d'une page à l'autre entre les quelques cent quatre vingt modèles.

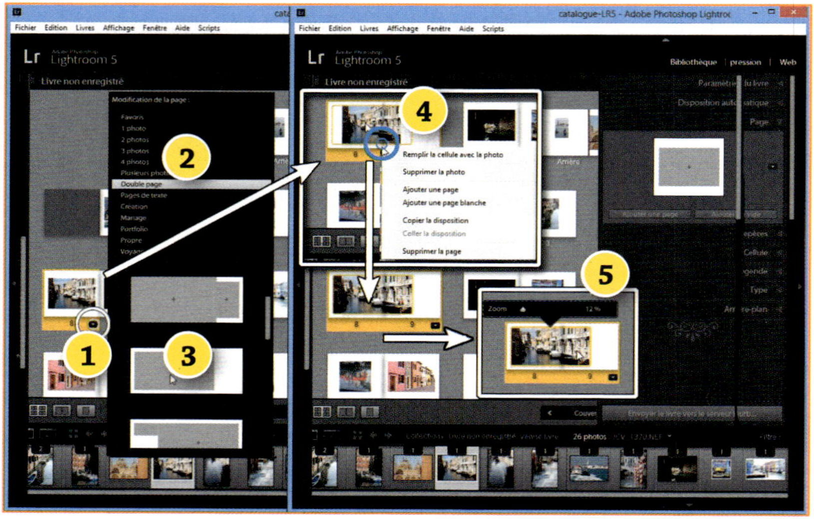

1 Sélectionnez une ou plusieurs pages et cliquez sur l'icône **Modifier la mise en page**.

2 Choisissez le nombre de photos que vous voulez présenter dans cette page.

3 Choisissez un modèle parmi la variété de ceux qui sont présentés sous forme de schémas.

4 Quand une image ne remplit pas sa cellule photo, vous pouvez faire un recadrage à la volée en utilisant l'option **Remplir le cellule avec la photo** (dans le menu contextuel).

5 Pour aller plus loin dans le recadrage, sélectionnez la cellule et utilisez le curseur **Zoom**. Dans tous les cas de recadrage, utilisez la souris pour replacer la photo dans la cellule.

LA RÉSOLUTION D'IMPRESSION **Lors d'un recadrage ou même quand vous utilisez des fichiers un peu faibles, vous pouvez rencontrer des problèmes de résolution quand vous imprimez chez Blurb. Le minimum préconisé est de 200 ppi, mais vous pouvez descendre jusqu'à 150 sans risque. Dans les autres options (PDF et JPEG), c'est vous qui déterminez la résolution. Lightroom rééchantillonne alors les fichiers en conséquence.**

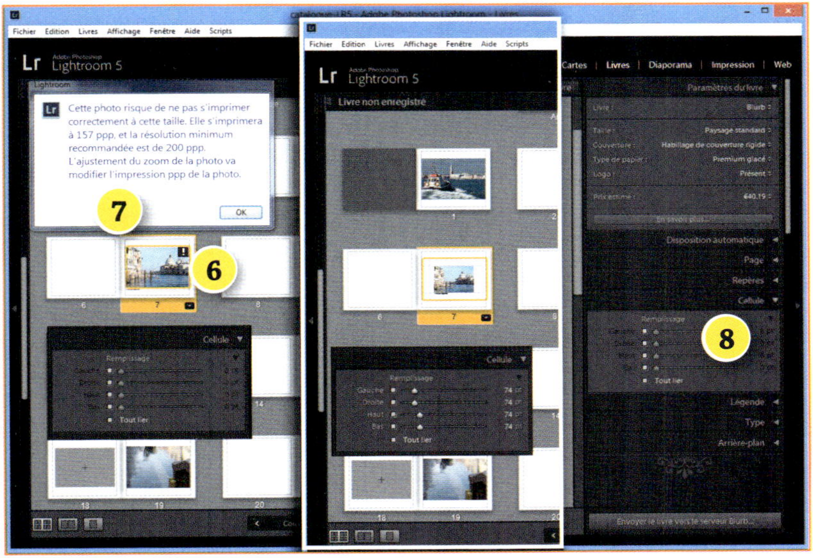

6 Un point d'exclamation est une alarme de résolution. Cliquez dessus pour accéder à l'information.

7 Comme indiqué, vous pouvez réduire le taux de **Zoom** pour retrouver une résolution acceptable.

8 Si les dimensions de votre fichier photo sont un peu faibles, vous pouvez aussi jouer sur les marges de la cellule (cf. page suivante) pour diminuer la taille de l'image imprimée et augmenter la résolution en conséquence.

Associer du texte à vos photos

Vous avez pléthore de moyens pour insérer du texte dans vos livres. Il existe des modèle de page de pur texte, des modèles mixtes, texte et photos. Enfin vous pouvez utiliser toutes les ressources des textes associés à chaque cellule photo et à chaque page.

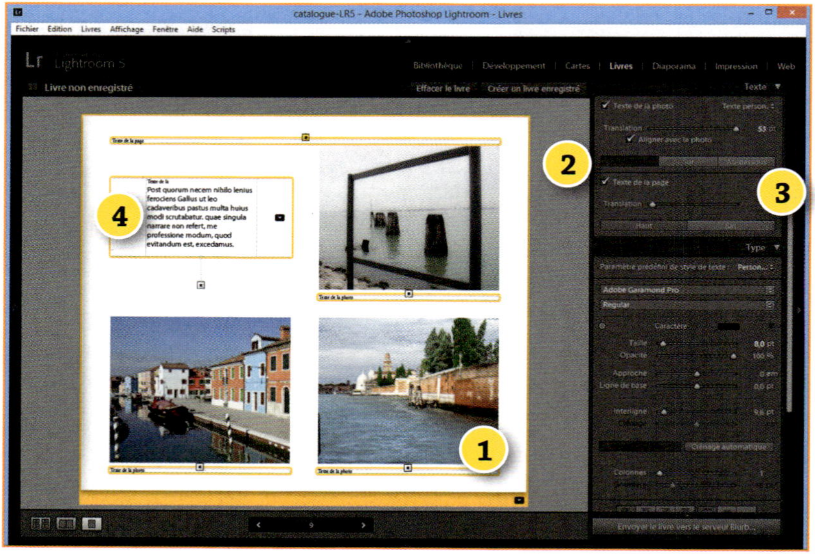

1 Sélectionnez une ou toutes les cellules de texte pour que l'onglet **Texte** soit actif (ici toutes).

2 Cochez en fonction de vos besoins les options **Texte de photo** ou **Texte de page**.

3 Réglez la position de la cellule **Texte** en fonction de la photo à l'aide de la case **Aligner avec la photo**, des **boutons de position** et du curseur **Translation** ou de la souris.

4 La zone du **texte de la photo** est extensible. Elle accueille un texte étoffé dans la limite de ses possibilités d'ajustement (bord supérieur ou inférieur de la cellule photo. Position par rapport à la photo) (cf. fiche **097**).

LES AUTRES POSSIBILITÉS D'AJOUTER DES ZONES DE TEXTE DANS VOS PAGES **Vous avez la possibilité de modifier la disposition d'une page pour y intégrer une partie texte. Sélectionnez un modèle de page avec cellule texte et photo. Passez, pour changer, par l'onglet Page en ayant pris soin de sélectionner la page que vous voulez modifier. Vous ajouteriez sinon une page vide à la fin de votre livre.**

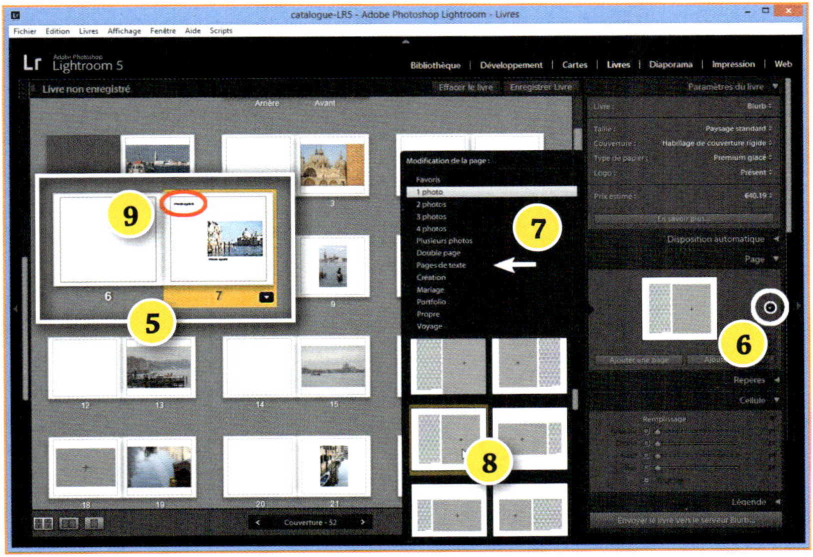

5 Sélectionnez la page que vous voulez modifier (en jaune).

6 Cliquez sur cette icône dans l'onglet **Page**. (Variante / cf. fiche **096**).

7 Selon vos besoins, sélectionnez dans la liste le modèle qui est le mieux adapté (texte, une ou plusieurs images associées au texte).

8 Choisissez la mise en page. Elle est appliquée immédiatement.

9 Vous repérez les zones de texte de la page à l'aide du texte de remplissage qui est automatiquement généré (option choisie dans **Préférences du livre**). C'est un pense-bête qui n'est jamais imprimé si vous l'oubliez.

Travailler la mise en forme de vos textes

Les ressources offertes par l'onglet Type (Police en français) vont bien au-delà du réglage de la taille, de la couleur et des variantes de la police. Elles permettent d'ajuster dans ses moindres détails le style de texte que vous souhaitez appliquer. Il faut qu'une zone de texte soit sélectionnée pour que cet onglet soit actif.

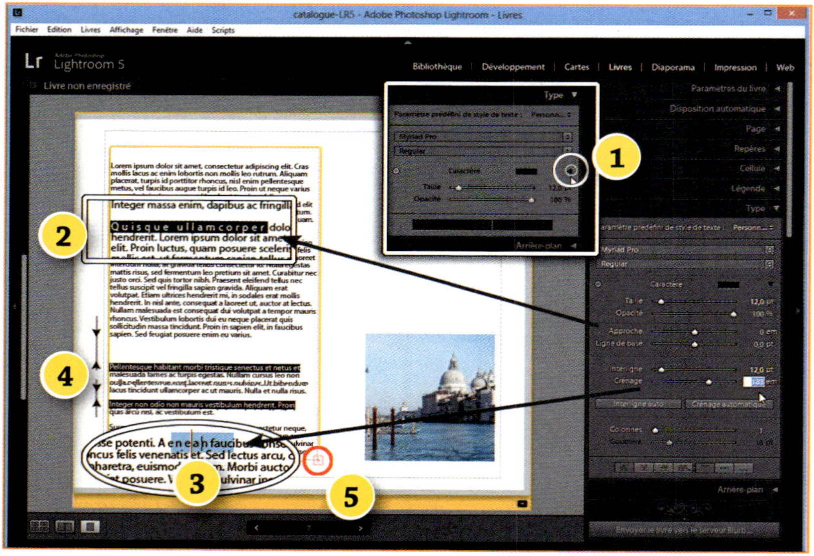

1 Déployez, si besoin, toutes les options en cliquant sur la flèche noire.

2 Surlignez un ensemble de mots pour modifier l'espacement entre les lettres avec le curseur **Approche**.

3 Glissez votre curseur et cliquez entre deux lettres d'un même mot pour espacer les lettres avec le curseur **Crénage**. Il est désactivé quand vous surlignez un mot ou une phrase.

4 Surlignez une ou plusieurs lignes et modifiez l'espacement entre elles avec le curseur **Interligne**.

5 Cette croix rouge indique que vous avez du texte en excédent qui ne sera pas imprimé. **Ctrl** + **A** vous permet de le sélectionner en entier pour réduire la taille de la police.

ENREGISTREZ VOS STYLES DE TEXTE SOUS FORME DE RÉGLAGES PRÉDÉFINIS **La première ligne de l'onglet Type permet d'enregistrer comme Paramètre prédéfini de style de texte les paramètres actuels. Vous pourrez ainsi les appliquer à ce projet ou à tout autre, sur une partie de texte, les textes d'une page, d'une double-page ou de l'ensemble d'un livre en utilisant les moyens de sélection (cf. fiche 093).**

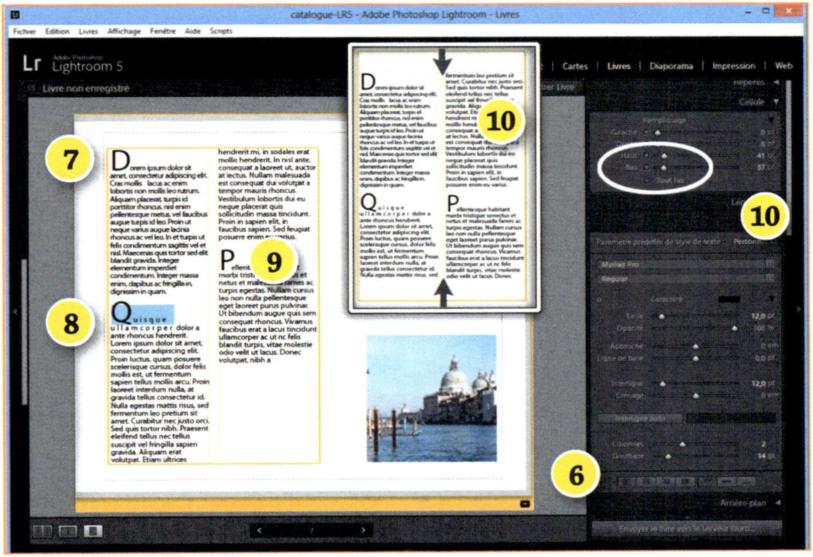

6 Jouez sur les paramètres **Colonnes**, **Gouttière** et les boutons d'**alignement** pour créer des colonnes.

7 Sélectionnez la première lettre d'un paragraphe et changez la taille de sa police substantiellement.

8 Sélectionnez la ligne complète et modifiez l'**Interligne** pour éviter un chevauchement.

9 Cliquez juste devant la première lettre après votre lettrine et jouez sur le **Crénage** pour rapprocher le reste du texte de la lettrine.

10 Décochez **Tout lier** et jouez sur les marges haute et basse pour équilibrer vos colonnes.

Note : Explorez aussi les possibilités du curseur **Ligne de base**.

Personnaliser vos mises en pages et les enregistrer

Lightroom 5 apporte un début de solution à la création de modèles personnalisés. Réglez la mise en page (photos ou texte) avec les curseurs Remplissage. Vous allez pouvoir enregistrer cette « sorte » de modèle dans les pages personnalisées et l'appliquer dès lors à d'autres pages avec néanmoins quelques restrictions...

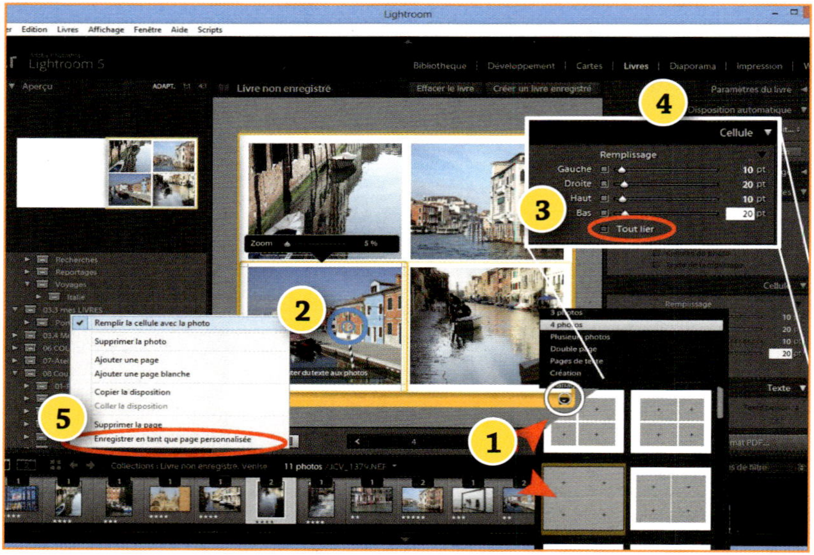

1 Cliquez sur l'icône **Modifier la mise en page**. Choisissez dans **4 photos** la mise en page avec quatre cellules photos sans marge.

2 Sélectionnez chaque cellule et par clic droit appelez le menu contextuel et choisissez l'option **Remplir la cellule avec l'image**.

3 Décochez la case **Tout lier** (actif quand une cellule est sélectionnée).

4 Réglez chaque curseur individuellement et de façon complémentaire à la cellule voisine pour obtenir une marge constante entre les cellules.

5 Cliquez droit dans la page et choisissez **Enregistrer en tant que page personnalisée**.

LES NOMBREUX MOYENS DE PERSONNALISER UNE MISE EN PAGE **Vous pouvez aussi jouer avec les curseurs Remplissage pour régler la mise en page de tous vos textes. Vous pouvez « détourner » les cellules de texte photo pour disposer des commentaires à coté de vos photos de façon judicieuse. Sachez cependant que Lightroom n'enregistre pas tous ces réglages dans vos pages personnalisées, loin s'en faut !**

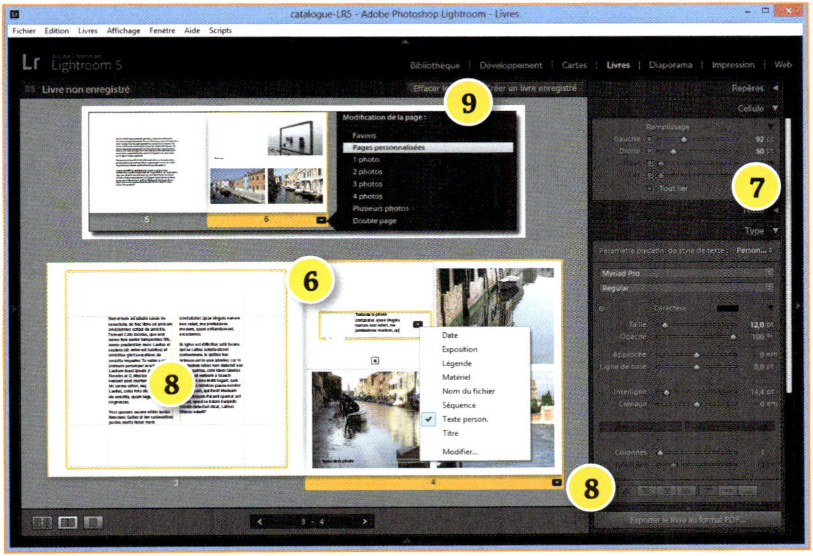

6 Sélectionnez une cellule photo vide, choisissez l'option **Sur** dans l'onglet **Texte** et avec la souris saisissez la cellule de texte associée pour régler sa position verticale.

7 Utilisez les curseurs **Remplissage** pour régler la position des textes.

8 Utilisez le curseur **Colonnes** de l'onglet **Type** pour créer une mise en page sur plusieurs colonnes de vos textes (Pages texte ou Légendes photos).

9 Enregistrez ces modèles dans vos **Pages personnalisées**. Appliquez-en un à une nouvelle page. Seuls les réglages réalisés avec les curseurs **Remplissage** sont appliqués.

Organiser vos favoris, explorer une autre voie

Vous constaterez à l'usage qu'il n'est pas très commode de choisir dans la liste des modèles de page celui qui convient. Les vignettes sont très petites et peu lisibles. Une fois que vous aurez acquis un peu d'expérience, vous aurez donc intérêt à regrouper vos modèles préférés dans la liste de vos modèles favoris.

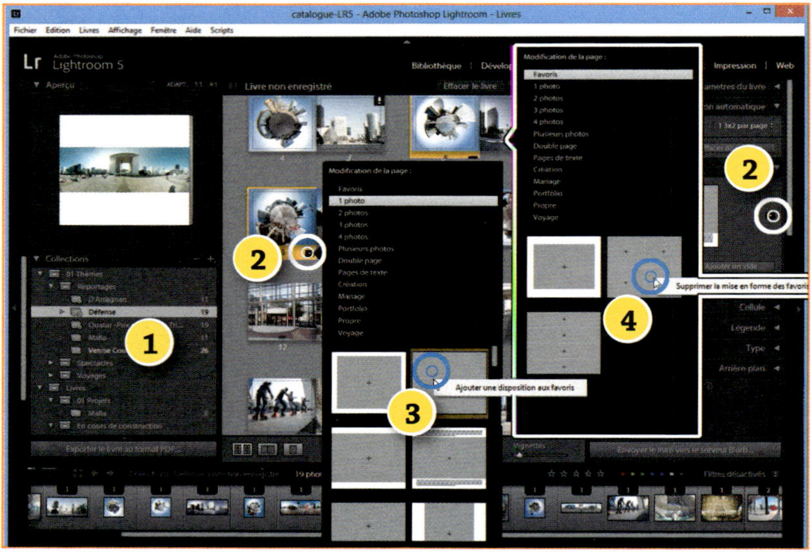

1 Utilisez un projet de livre, mais soyez très prudent.

2 Passez par une page ou par l'onglet **Page** pour accéder à la liste des modèles.

3 Retrouvez le modèle de mise en page que vous appréciez et faites un clic droit dessus (**Attention**, un clic direct modifierait la page du projet et fermerait la fenêtre). Puis cliquez sur **Ajouter une disposition aux favoris**.

4 Pour gérer vos favoris en éliminant certains modèles de disposition, faites l'inverse. Ouvrez la liste des favoris et, par clic droit, optez pour le menu **Supprimer la mise en forme des favoris**. Faites attention, un clic direct modifierait la page qui vous a servi à appeler l'option.

EXPLOREZ UNE AUTRE VOIE, DUPLIQUEZ UN PROJET **Rappelez-vous que Lightroom enregistre toutes les modifications apportées à votre projet au fur et à mesure. Or, il n'existe ni Historique, ni Instantané pour revenir facilement en arrière. Vous pouvez, en revanche, à un certain stade de développement, dupliquer votre collection projet. Ce qui vous permet d'explorer de nouvelles voies sans perdre le travail réalisé jusque-là.**

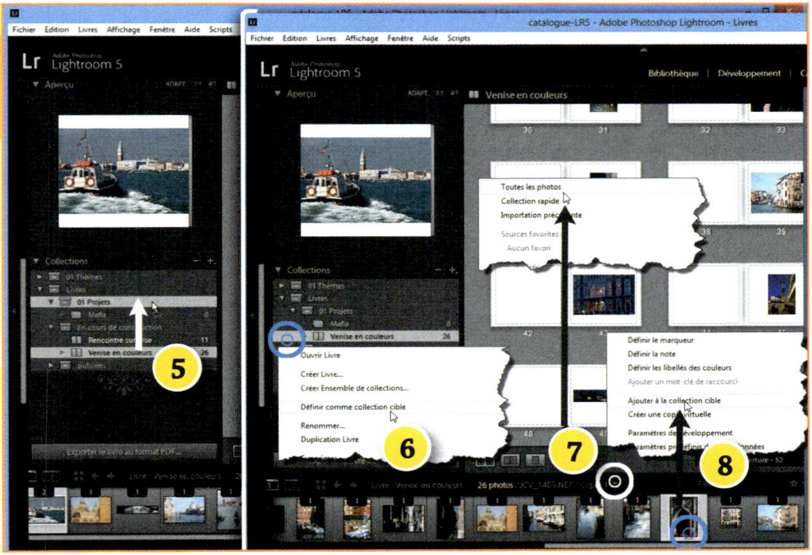

5 Faites un glisser-déposer de la collection livre en maintenant la touche **Ctrl** enfoncée dans un autre ensemble de collections. Votre projet de livre est dupliqué. Vous êtes prêt pour explorer une nouvelle voie avec les mêmes photos.

6 Pour ajouter de nouvelles photos à votre livre, procédez comme suit : clic droit, désignez la collection livre comme **Collection cible**.

7 Sélectionnez toutes les photos ou une collection rapide des photos à ajouter.

8 Par clic droit sur les photos à ajouter, choisissez l'option **Ajouter à la collection cible**.

Créer votre propre modèle de mise en page

Il n'est pas possible, à l'heure actuelle, de créer de toutes pièces un modèle de mise en page. Vous serez donc parfois limité par cette contrainte. Vous pouvez vous en dégager au cas par cas en utilisant les ressources du module Impression.

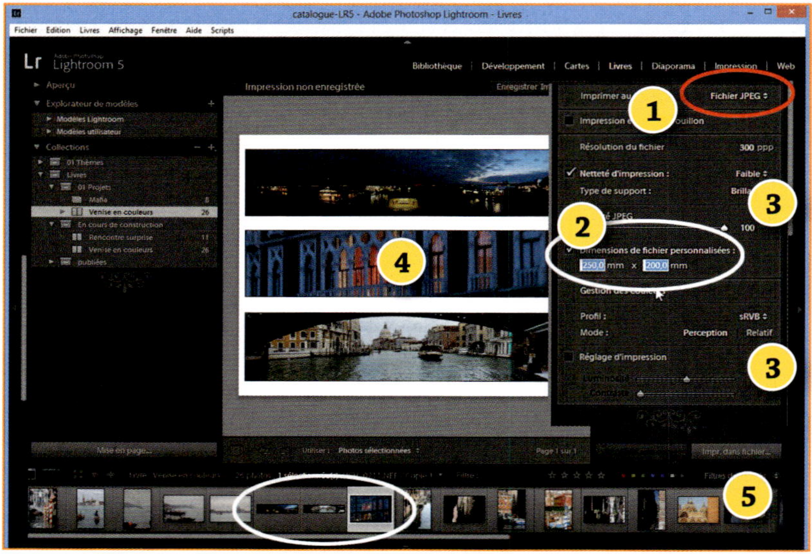

1 Dans l'onglet **Travaux d'impression** du module **Impression**, choisissez l'option **Imprimer au format Fichier JPEG**.

2 Réglez ici les dimensions du « papier » aux dimensions du livre.

3 Réglez les autres paramètres (**Résolution**, **Profil**) en cohérence avec les choix faits dans le module **Livres**.

4 Réglez la mise en page des photos à publier ainsi dans le livre.

5 Imprimez sous forme de fichier dans un dossier (si possible le même que celui des photos originales) et importez dans Lightroom ce nouveau fichier photo. Après l'importation, ajoutez-le à la collection de votre livre et utilisez-le dans un modèle permettant une photo en pleine page.

CRÉEZ UN FILIGRANE POUR VOS TEXTES L'onglet Arrière-plan, avec ses modèles de fonds Voyages et Mariages, est très intéressant à explorer. Vous découvrirez que vous pouvez créer vos propres ensembles de modèles de fonds composés des photos choisies à cet effet. Pour gérer ce nouvel ensemble et supprimer une photo de vos modèles, sélectionnez-la parmi les modèles et supprimez-la par clic droit dans l'onglet.

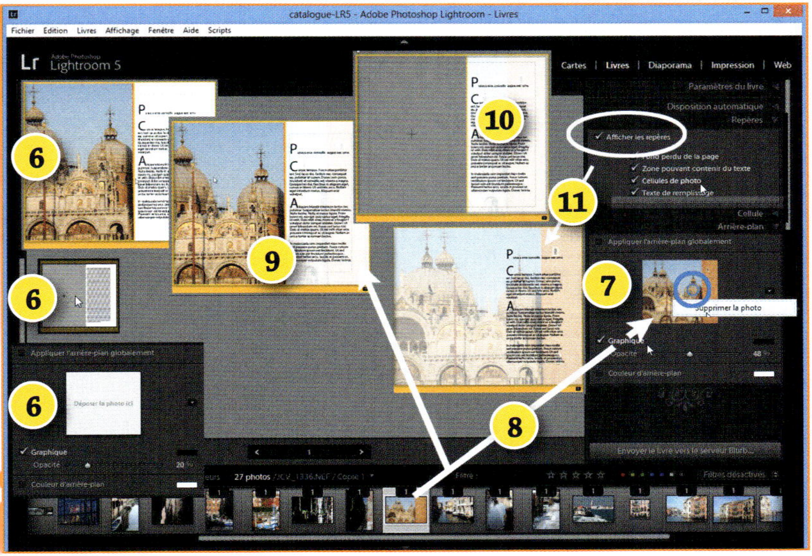

6 Le point de départ : un modèle de page avec texte et photo, arrière-plan non utilisé.

7 Vérifiez que la case **Appliquer l'arrière-plan globalement** est décochée et que celle de **Graphique** est cochée.

8 Glissez-déposez une photo dans la fenêtre de l'onglet **Arrière-plan**.

9 Le résultat est moyen. Clic droit, supprimez la photo.

10 Si le résultat est pire, c'est parce que la case **Afficher les repères** est cochée...

11 Décochez-la. Vous pouvez jouer sur le curseur **Opacité** pour régler l'intensité de ce filigrane.

Imprimer votre livre, créer une version tablette

Un livre est le plus bel écrin que vous puissiez offrir à vos photos. Les opérations d'impression ne sont plus qu'une formalité. Elles sont décrites ci-dessous. Rappelez-vous que l'impression d'un livre se fait en général en deux temps. On imprime la couverture sur un papier à fort grammage, puis les pages sur un papier plus fin.

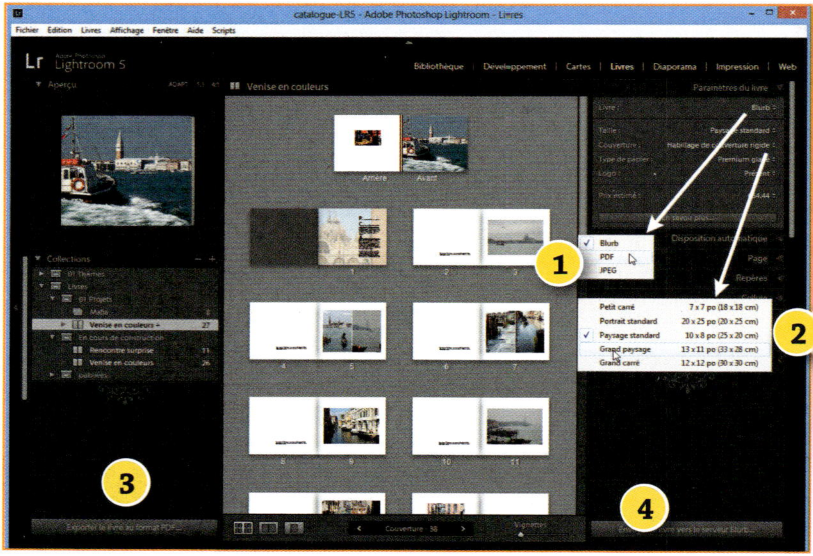

1 Vous pouvez changer jusqu'à la dernière minute de mode de production (**Blurb**, **PDF** ou **JPEG**).

2 Cela n'aura aucune conséquence tant que vous ne changez pas de format de livre. En revanche, il faudra vérifier en **PDF** et en **JPEG** que la résolution choisie vous convient.

3 C'est une sage précaution que de sortir votre livre au format PDF pour faire une dernière vérification grandeur nature avant de l'envoyer à l'impression chez Blurb. Ne soyez pas surpris d'avoir deux PDF : un pour la couverture, l'autre pour les pages.

4 Après avoir cliqué sur ce bouton, suivez les instructions de commande de Blurb. Selon la taille de votre livre, le téléchargement peut être long.

CRÉEZ UNE VERSION TABLETTE DE VOTRE LIVRE **Commencez par le dupliquer (touche Ctrl enfoncée), glissez-déposer votre livre dans un autre ensemble de collections, car vous allez devoir apporter quelques modifications à votre projet initial. Sur une tablette, vous « feuilletez » votre livre en faisant glisser les pages du PDF. Cela pose un certain nombre de petits problèmes que vous allez résoudre comme indiqué ci-dessous.**

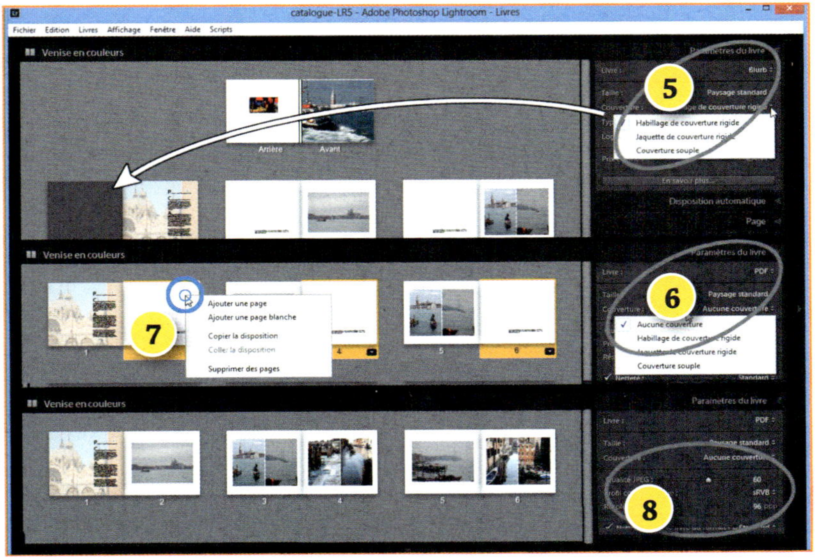

5 La mise en page Blurb avec couverture fait que le dos de celle-ci n'est pas imprimable et que le système génère un PDF séparé.

6 Pour éliminer ce problème, vous allez sélectionner une mise en page sans couverture. La présence de pages vides, dans ce projet, pose maintenant problème pour une lecture sur tablette.

7 Sélectionnez-les toutes (touche **Ctrl** enfoncée + **clic**). Puis par clic droit appelez l'option **Supprimer des pages**.

8 Avant de cliquer sur **Exporter le livre au format PDF**, choisissez une faible résolution et le profil **sRVB**. Il faut pour cela être en version **PDF**.

CHAPITRE 14

CRÉER UN DIAPORAMA

Régler l'interface de lecture du diaporama

Le panneau latéral gauche vous permet de sélectionner la collection sur laquelle travailler. La Bande film en conjonction avec la commande Utiliser permet de choisir quelles photos ou vidéos utiliser. Pour bien matérialiser la notion d'interface de lecture, lancez une lecture. Vous pouvez l'interrompre avec la touche Echap/Esc.

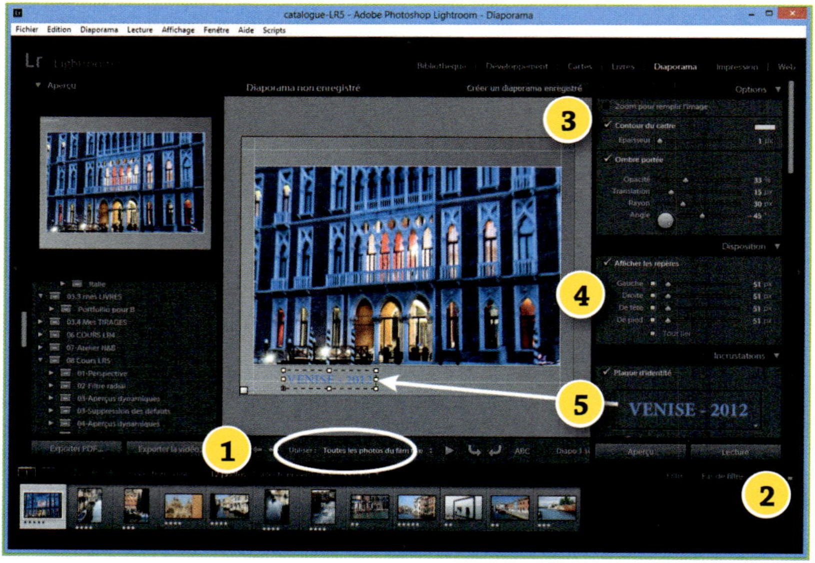

1 Commande **Utiliser**.

2 Lancez la lecture avec ce bouton. Arrêtez-la avec la touche **Esc/Echap**.

3 Si vous utilisez **Zoom pour remplir l'image**, pensez à repositionner votre image dans son cadre par cliquer-glisser.

4 Réglez la place de la photo dans le fond d'écran de projection. Par défaut les curseurs sont liés. Décochez la case **Tout lier** pour régler les marges individuellement.

5 Référez-vous à la fiche **072** pour utiliser la **Plaque d'identité**. Déplacez-la, vous verrez des points d'ancrage qui servent de référence pour définir sa position.

PLAQUE D'IDENTITÉ, FILIGRANE, INCRUSTATIONS, AFFICHENT DES INFORMATIONS En réalité, Incrustations remplace avantageusement les deux premiers. Vous avez la possibilité de combiner plusieurs Incrustations. En utilisant les options Titre et Légende, vous avez beaucoup de souplesse. Vous pouvez même ajouter un ou plusieurs textes personnalisés. Ce seront alors les mêmes sur chaque image.

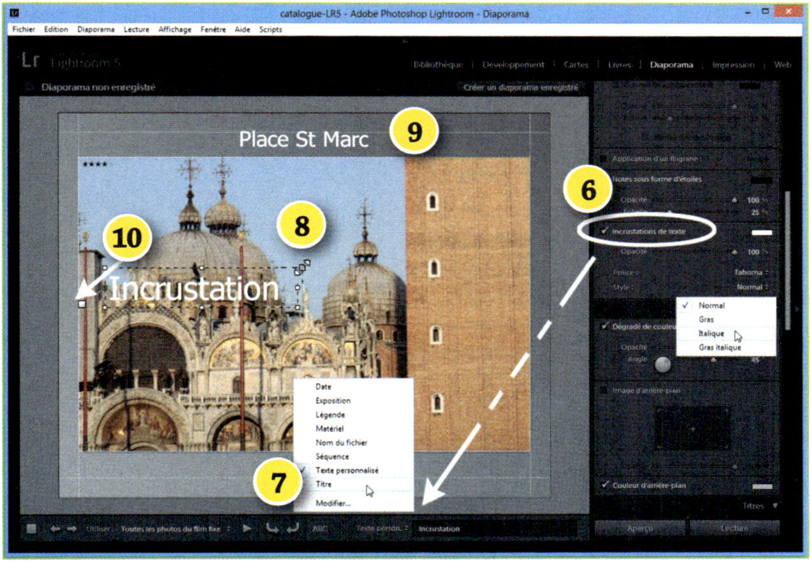

6 Cochez **Incrustations de texte**.

7 Choisissez l'option qui vous intéresse. À ce moment, les outils de mise en forme du texte deviennent actifs (Opacité, Police, Style).

8 Réglez la place qu'elle occupera et sa dimension avec votre souris. Au survol, la main sert à déplacer la double flèche à redimensionner. Cliquez à l'extérieur de la cellule pour enregistrer votre réglage.

9 Répétez l'opération autant que nécessaire. Activez une incrustation et utilisez la touche **Suppr** pour la supprimer.

10 Point d'ancrage.

Note : Consultez la fiche **017** pour ajouter un filigrane.

Finir de régler et produire un diaporama

Vous allez vite constater l'indigence de ce module en termes de synchronisation son/images et d'écrans d'accueil et de fin. Cela conduit les spécialistes des POM, petites œuvres multimédias, à se tourner vers des logiciels plus efficaces tels que PTE (Pictures to Execute) ou Proshow.

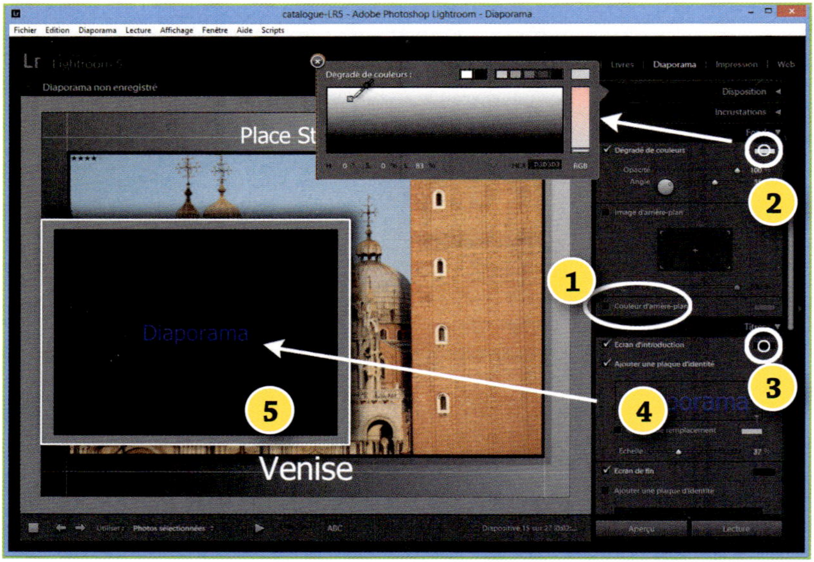

1 Utilisez **Couleur d'arrière-plan** et son sélecteur pour définir la couleur de fond de l'écran de projection.

2 Appliquez un gradient à la place d'une couleur unie. Réglez sa couleur et son intensité avec le sélecteur de couleur. Décochez **Couleur d'arrière-plan** pour que cela fonctionne.

3 Définissez ici la couleur de fond.

4 Créez vos écrans de début et de fin à l'aide des plaques d'identité. Elles n'offrent aucune possibilité de formatage de texte (renvoi à la ligne, alignement, etc.).

5 Ne désespérez pas. L'image de l'écran d'accueil s'affiche de façon très fugitive, mais elle réapparaît momentanément chaques fois que vous intervenez.

LE FORMAT VIDÉO, LE POIDS ET LA QUALITÉ D'IMAGE Là encore, Lightroom ne supporte pas la comparaison avec les logiciels de montage déjà cités. La qualité n'est pas au rendez-vous et le poids handicape beaucoup les possibilités de diffusion.

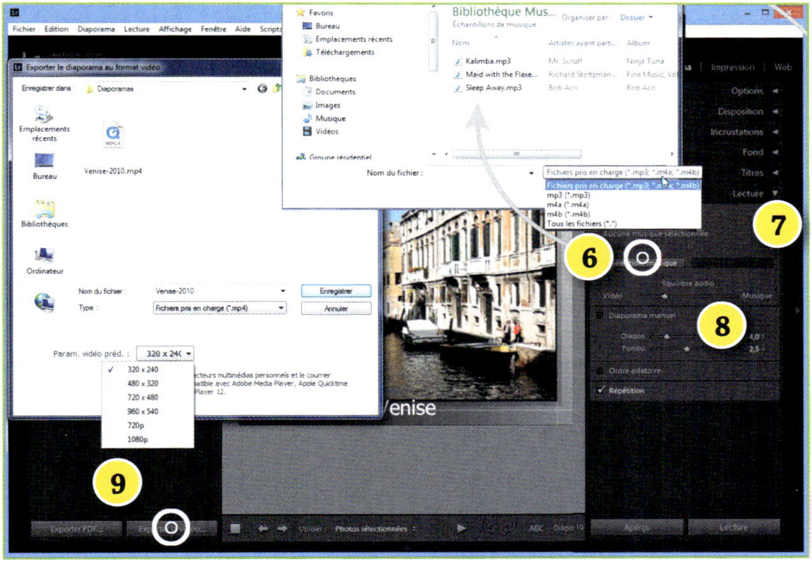

6 Sélectionnez une musique (mp3, mp4a, mp4b uniquement).

7 Le bouton **Ajuster à la musique** devient alors actif. Lightroom calcule le temps de présence à l'écran de chaque diapositive en fonction de la durée de la bande-son.

9 Si vous avez inséré une vidéo dans le diaporama, réglez l'équilibre des sons vidéo / musique.

9 Exportez votre diaporama sous forme de PDF ou de vidéo. Dans ce dernier cas, choisissez le format d'exportation dans la boîte de dialogue. Notez qu'en utilisant Adobe Acrobat Reader pour lire le PDF vous lisez aussi la piste son.

RACCOURCIS

LES RACCOURCIS CLAVIER

Ctrl +  Le raccouci des raccourcis, cette touche permet d'appeler le tableau des raccourcis du module dans lequel vous travaillez

LES PRINCIPAUX RACCOURCIS WINDOWS / MAC

Module Bibliothèque

Mode Grille	G
Mode Loupe	E
Zoom arrière/avant	Maj + =,- / /⌘=, -
Changer l'éclairage de fond	L
Comparer (deux à deux)	C
Ensemble (comparer plusieurs)	N
Marqueur retenue (blanc)	P
Marqueur rejetée (noir)	X
Marqueur neutre (gris)	U
Ajouter à la collection rapide	B
Masquer/retrouver la barre d'outils	T
Masquer/retrouver la barre de filtres	$
Masquer/retrouver les panneaux latéraux	Tab
Masquer/retrouver tous les panneaux	Maj + Tab

Module Développement

Accès au module	D
Afficher Avant/Après cote à cote	Y
Alterner entre Avant/Après	Maj + S
Réinitialiser les curseurs de réglages	Alt/option + clic
Permuter le recadrage portrait/paysage	X
Augmenter/diminuer la taille du pinceau	; ,
Masquer les points de contrôle	H
Afficher le masque en incrustation	O
Créer un Instantané	Ctrl + N / ⌘N

MÉMO

Barre de filtre masquée par touche $

Barre d'outils masquée par touche T

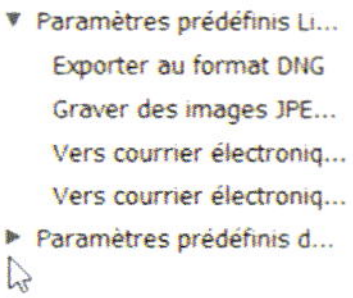

Triangles permettant de déployer ou contracter une arborescence

+ et - pour créer ou supprimer un item relatif à l'onglet où il se trouve

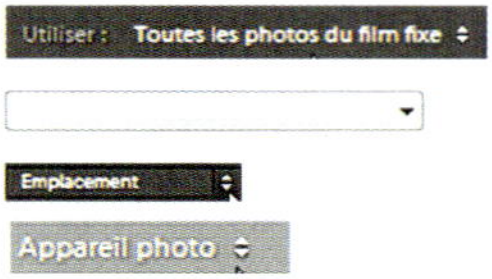

fenêtres et triangles donnant accès à un menu déroulant

Pavé numérique à utiliser en combinaison avec les flèches de déplacement clavier

Comparateur avant après intervention dans un onglet

 Clic gauche  Clic droit

INDEX

12, rue du Quatre-Septembre
75002 Paris
1ère Édition - Octobre 2013

Auteur : Jean-Claude Vallot

ISBN : 978-2-8224-0399-3